图说二十年

“浙江出版”发展现状与趋势研究

何成梁　蒋琤琤　孟珍真　陈矩弘　编著

上海教育出版社
SHANGHAI EDUCATIONAL PUBLISHING HOUSE

前言

preface

浙江优秀传统文化源远流长，素有“文化之邦”的美誉。上山文化、河姆渡文化、马家浜文化和良渚文化揭开了文明的新篇章，古越文化、和合文化、阳明文化等体现了浙江独特的精神气质，宋韵文化更是具有中国气派和浙江辨识度的重要文化标识。时钟拨回到现代，浙江又成为了中国革命红船启航地、改革开放先行地、习近平新时代中国特色社会主义思想重要萌发地，蕴藏着丰富的革命文化和社会主义先进文化。特别是习近平总书记在浙江工作期间，把马克思主义基本原理同浙江具体实际紧密结合起来，创造性地作出“八八战略”重大决策部署，把落实中央的要求和发挥浙江的主观能动性统一起来，给浙江留下了宝贵的思想理论财富。

文风拂面，满目胜景。浙江深厚的历史文化绵延了历史的长度、沉淀了文化的深度、体现了人民的温度，为浙江出版涵养了肥沃土壤，使其一次又一次地掀起文化高潮。特别是改革开放以来，浙江出版走上全新的发展道路，至今仍在不断地续写辉煌。2023 年 6 月，《光明日报》社和《经济日报》社联合发布第十五届“全国文化企业 30 强”名单，浙江出版联合集团再度入选。自 2008 年“全国文化企业 30 强”名单首次发布以来，浙江出版联合集团已连续十五届入选，是浙江省唯一一家届届入选的文化企业，也是全国届届入选的七家企业之一。因此，浙江出版在我国出版行业中既是一道独特的风景，也有着举足轻重的地位。研究浙江出版，总结和挖掘其出版规律，对全国出版行业的发展有着重要的参考价值与借鉴意义。

本书采集了浙江省 2000 年至 2020 年之间的出版数据。上限设定为 2000 年，主要是因为 2000 年底，浙江出版联合集团在原浙江出版总社的基础上成立，经浙江省政府授权，统一经营和管理原浙江出版总社范围内的全部国有资产。浙江出版联合集团的成立，使浙江出版统一了目标、集中了力量、整合了资源，为我们的数据提取提供了可能性。数据来源主要有两部分：浙江出版联合集团下属出版社 2000 年至 2019 年的数据来源于浙江出版集团数字传媒有限公司的数据库；其余数据经过比较与筛选，主要采集自浙江图书馆的官方网站。值得一提的是，本书编写启动时间早，涉及数据量大，编写时间较长，为了保证时效性，编者酌情增加了（2020 年之后）近几年具有典型性的案例与发展情况，作为现状的补充介绍。

为了更好地呈现数据分析过程，本书运用了知识图谱可视化工具。通过可视化工具，完成从数据到可展示、可阅读、可认知的知识图谱的转化过程，简洁、直观地展示各家出版社的出版概况、出版规模、图书年出版量、作者情况、开本情况、获奖情况、责编书目统计等信息，尝试以此梳理浙江出版产业二十年来的发展规律和各家出版社二十年来的发展轨迹。当然，数据与信息的选取来源于平台，或有未录入的数据存在，由此可能导致与真实情况存在一定出入，但大数据所展示的趋势与规律依然对浙江出版的发展研究有一定的价值与意义。

此外，红旗出版社由《求是》杂志社和浙江日报报业集团重组而成，是中央级别媒体与地方媒体机构展开合作的有益尝试，其总部设于北京。且红旗出版社在浙江转制重组始于 2010 年，鉴于其跨区域的特殊性以及 2010 年前数据的缺失，本书未将其纳入统计和叙述范围。另需说明的是，本书主要统计的是以图书出版为主的 14 家出版社，对以电子、音像制品出版为主的 7 家出版机构的出版数据未作统计。

本书分为五部分，第一部分为浙江省出版产业发展的概况，第二至第四部分为浙江 14 家出版社的细化分析与解读。根据出版社的类型，本书将 14 家出版社分为综合出版社、专业出版社、社团和大学出版社三大类。杭州出版社与宁波出版社是服务地方的综合性出版社，因此与浙江人民出版社同属综合类出版社。本书第五部分为浙江出版发展特征与未来趋势，基于数据与案例，对浙江出版二十年发展的特征进行了阐释，对未来的发展方向与趋势进行了展望。

本书的撰写得到了杭州电子科技大学融媒体与主题出版研究院韩建民教授团队的大力支持，特别是韩建民教授、蒋琤琤副教授、陈矩弘副教授、王洁老师、赵知行老师等对本书的理论研究、实证分析和路径构建倾注了大量心血。本书最终能够出版，也离不开上海教育出版社编辑的辛勤耕耘。在此一并表示感谢。

对历史最好的致敬，就是创造新的辉煌。期待志同道合的朋友们，能够一起爱出版、乐出版，为出版添砖加瓦。

何成梁

2025 年 1 月 1 日

2020

目录

Contents

第一章 浙江出版发展概述

一、浙江出版发展历史 / 3

二、浙江图书出版现状 / 8

第二章 浙江综合出版社发展概况

一、浙江人民出版社 / 21

二、杭州出版社 / 41

三、宁波出版社 / 53

第三章 浙江专业出版社发展概况

一、浙江文艺出版社 / 65

二、浙江教育出版社 / 80

三、浙江少年儿童出版社 / 99

四、浙江人民美术出版社 / 117

五、浙江科学技术出版社 / 134

六、浙江古籍出版社 / 151

七、浙江摄影出版社 / 168

第四章 浙江社团、大学出版社发展概况

一、西泠印社出版社 / 189

二、浙江大学出版社 / 200

三、中国美术学院出版社 / 210

四、浙江工商大学出版社 / 222

第五章 浙江出版发展特征与未来趋势

一、主题出版高质量、精品化发展 / 235

二、浙江元素的品牌建设向纵深推进 / 241

三、数字出版产业链完成整体建构 / 246

四、浙江出版“走出去”双向发展 / 249

第一章

浙江出版发展概述

2000—2020

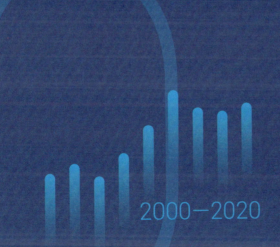

2000—2020

一、浙江出版发展历史

浙江人杰地灵，素有“文物之邦”的称誉。早在唐代中叶，浙江就出现了雕版印书业。公元 824 年，唐代著名诗人元稹在为白居易的《白氏长庆集》所作的序中说：“扬、越间多作书模勒乐天及予杂诗，卖于市肆之中。”[①] 这表明，在唐代江浙一带已经有雕版印刷的图书上市流通，这是古代浙江出版活动的最早记载。

两宋时期是古代浙江出版活动的一个高峰时期。北宋时期，浙江成为全国四大刻书中心之一，宋代浙江杭州的刻书业尤为繁荣昌盛。宋代著名学者和藏书家叶梦得在《石林燕语》中说：“今天下印书，以杭州为上。”[②] 宋代杭州所出版的图书，不仅雕印技术精良，而且纸张、刻板的材质俱佳，这从一个侧面反映了古代浙江出版业的高度发达。

南宋时期，浙江出版业得到进一步发展。南宋建都临安（今杭州）后，杭州一跃成为全国政治文化中心，也是全国的出版中心，雕版印刷业极为繁荣。据王国维的《两浙古刊本考》序中载：“北宋监本刊于杭者，殆居太半，南渡以后，临安为行都，胄监在焉，版书之所萃集。”[③] 当时许多宋版名著如《资治通鉴》《辽史》《金史》都在浙江出版。宋代浙江出版业比较繁荣的城市除杭州外，绍兴、湖州、嘉兴、金华、宁波、台州等地都是重要的出版业基地，刻印了不少大部头书籍。如台州地区刊刻的《资治通鉴音注》《通鉴释文辨误》，宁波刊刻的王应麟《玉海》《困学纪闻》等，在当时都有较大的影响。

除了官刻事业外，南宋时期，浙江民间刻书也相当兴盛。当时杭州书坊林立，规模较大的书坊达十余家之多，其中最著名的书坊是陈起、陈思父子创办的陈解元书籍铺。该书坊在南宋时期刊刻了大量的唐宋人的小说和诗文集，总计数量不下 100 种[④]，这在中国古代图书出版印刷史上是前所未有的。

元代浙江地区仍然是全国较为重要的图书出版地，当时朝廷下令将《辽史》《金史》《宋史》《文献通考》等重要史书均交

---

① 转引自：张树栋，庞多益，郑如斯，等．中华印刷通史［M］．北京：印刷工业出版社，1999：95.
② 转引自：顾志兴．浙江出版史研究：中唐五代两宋时期［M］．杭州：浙江人民出版社，1991：15.
③ 万斌．浙江文化概论［M］．杭州：浙江人民出版社，2010：255.
④ 同上．

2020

由浙江刊刻。

明代，浙江地区的私刻和坊刻事业较为发达，其中以湖州、嘉兴、杭州等地最盛。明朝中叶以后，湖州的刻书业异军突起，超过了杭州，与当时的金陵齐名，成了全国重要的刻书业中心。明代著名学者胡应麟曾说："近湖刻、歙刻骤精，遂与苏、常争价。"[①] 当时湖州著名的刻书家有凌（凌濛初）、闵（闵齐伋）两家，凌家刊刻了《孙子参同》等，闵家刊刻了《春秋》《左传》等。两家均采用当时最先进的双色和多色套印技术出版图书，开中国古代套色出版印刷图书的先河。

清代初期，由于统治者大兴文字狱，许多图书出版者无辜受到牵连，以致人人谈书色变，浙江出版业一度萎缩。至嘉庆以后，浙江出版业才开始渐次复兴，同治六年（1867），浙江官书局成立，这是浙江历史上创办的第一个官办专业出版机构。浙江官书局存世 40 余年间，刊刻了 100 多种图书，对促进浙江文化事业的发展起了积极的作用。清代末期，随着"西学东渐"之风吹向浙江，浙江开风气之先，相继出版了《中外新报》《利济学堂报》《甬报》《算学报》《杭州白话报》《经世报》等介绍新学的刊物，以及《浙江潮》《萃新报》《东浙杂志》《武风鼓歙》等宣扬民主革命思想的刊物。1904 年，浙江成立了一家专门研究金石篆刻艺术的出版机构——西泠印社。西泠印社成立后，出版了一批金石篆刻类图书，为保存和研究传统文化作出了贡献。

民国时期，上海成为全国的出版中心，浙江毗邻上海，许多浙江人士奔赴上海创办出版机构。当时著名的出版机构如商务印书馆、中华书局、世界书局等都是浙江人创办的。但浙江本地的出版业在全国仍然具有一定的影响力，当时的浙江官书局、西泠印社、浙江图书馆、嘉业堂、抱经堂、宋经楼书局、正中书局等均出版了不少有影响力的图书。

民国时期浙江出版业界的重大出版活动主要有《浙江通志》和"四明丛书"的出版。《浙江通志》于民国 3 年（1914）开始编纂，至民国 37 年（1948）完成初稿，历时 34 年，全书共计 240 余册。"四明丛书"始辑于民国 19 年（1930），民国 38 年（1949）收尾，前后共收书 178 种。

民国时期，浙江文化界人士还搜集、整理出版了不少古籍及地方文献，如"嘉业堂丛书""吴兴丛书""求恕斋丛书""留余草堂丛书""抱经楼丛刊""海盐张氏涉园丛刊"等。这些丛书中搜集了不少当时罕见的宋元孤本或稿本，为保存和弘扬中国传

① （明）胡应麟 . 少室山房笔丛［M］. 上海：上海书店出版社，2009：44.

统文化作出了贡献。

1937 年，全国性抗战爆发后，浙江大片土地沦陷，许多文化人士纷纷聚集于浙西南的金华、丽水等地，这些地方一度成为东南文化中心，出版业呈现出一片繁荣景象。据不完全统计，当时在金华、丽水地区成立的出版社、期刊社有 130 多家。在中共浙江省委的领导下，这些出版机构印行了《抗战新歌曲》《抗战漫画论》《动员周刊》《东南战线》《浙江妇女》《东南儿童》等抗战书刊。1944 年 6 月，中共浙东区党委宣传部在浙江余姚创办了浙东书局，同年 12 月改名为浙东韬奋书店。浙东韬奋书店在抗战期间出版了《论持久战》《新民主主义论》《论联合政府》《论解放区战场》《论共产党员的修养》《中国革命与中国共产党》《王贵与李香香》《兄妹开荒》等一系列革命书籍，对宣传抗战起到了重要的作用。抗战胜利后和解放战争时期，浙江革命根据地还创办了新浙东出版社、新路南出版社、鸡鸣社、燎原出版社、四明出版社等出版机构，出版革命书籍 200 多种，为浙江的解放作出了重要贡献。

中华人民共和国成立以后，浙江出版业在党的领导下取得了迅速发展。1949 年 5 月，新华书店浙江分店在西子湖畔诞生。1950 年 11 月，浙江省成立了大众出版社，这是新中国成立后浙江设立的第一家国营出版机构。1951 年 4 月 13 日，浙江省人民政府批准成立浙江人民出版社（图 1–1），大众出版社随即停办。

图 1–1　1951 年 4 月 13 日，浙江人民出版社成立时的办公楼

浙江人民出版社成立后，迅速组建起编辑出版队伍，按照党的出版方针政策，出版了一大批图书，为浙江社会主义革命和建设发挥了积极作用。

至 1956 年底，浙江省已初步形成了以浙江人民出版社、杭州印刷厂和全省各级新华书店为主体的出版、印刷、发行的社会主义出版业体系，为浙江出版业的繁荣发展奠定了基础。1957 年至 1976 年 10 月，浙江出版业在前进的道路上经历了曲折的发展过程。

20 世纪 70 年代末 80 年代初，浙江出版业借改革开放的春风，开枝散叶，一批专业出版社相继成立，出版规模日益扩大，图书品种日趋丰富，书刊质量明显提高。1979 年，浙江省新闻出版局根据党的十一届三中全会精神，积极支持出版社冲破思想禁锢，确立了“立足本省、面向全国”的出版方针。同年 12 月，浙江人民出版社（文艺编辑室）出版了傅东华翻译的美国作家玛格丽特·米切尔创作的长篇小说《飘》，冲破了地方出版社不能出版外国翻译作品的禁锢。1983 年，浙江文艺出版社建社之后，对《飘》进行了改版，并以精装、平装两种版本印刷，成为当时的现象级图书。在改革开放初期，《飘》的出版，推动了全国出版界的思想解放。《飘》的出版，正是浙江出版人冲破思想禁锢、大胆进行思想解放探索的生动实践。

20 世纪 80 年代，浙江出版业根据中共中央、国务院下发的《关于加强出版工作的决定》开始进行出版体制改革。按照专业化、小而专的要求，成立了一批专业出版社，如浙江人民美术出版社、浙江科学技术出版社、浙江文艺出版社、浙江少年儿童出版社、浙江教育出版社、浙江古籍出版社、西湖摄影艺术出版社（后改为浙江摄影出版社），一些高校如浙江大学、浙江美术学院（现为中国美术学院）、杭州大学也先后成立了出版社。为了加强对出版工作的领导和管理，1983 年 5 月，浙江省委、省政府决定成立浙江省出版总社。1987 年 7 月，浙江新闻出版局成立，与浙江出版总社合署办公，进一步加强了对出版工作的管理和领导。20 世纪 90 年代，浙江又建立了两家新的出版社，分别为宁波出版社和杭州出版社。至此，浙江全省已经形成了专业分工比较明确、各具特色、“小而专”的出版社群体。在进行出版机构改革的同时，浙江出版系统也开始进行出版管理体制改革，各出版社按照事业性质、企业化管理的要求，成为独立的经济实体。通过出版体制改革，有力地调动了出版社的积极性。1989 年，浙江人民美术出版社出版了大型历史文献画册《路》。同年 8 月 29 日，由中共中央文献研究室、新华社、广播电影电视部和浙江人民美术出版社联合主办的新书《路》的首发式在北京人民大会堂举行。《路》的出版发行，开启了国内地方出版社与中央学术研究机构合作出版领袖题材图书的先河。该画册由著名摄影家徐肖冰、侯波夫妇编著。他们在党和国家领导人身边从事摄影工作几十载，拍下了一个个弥足珍贵的历史镜头，真实地记录了老一辈中国共产党人为创建和建设新中国走过的艰难历程。《路》的出版受到党中央和社会各界的高度重视，也吸引了众多读者和全国多家媒体的关注和报道。

20 世纪 90 年代，浙江出版界开始探索适应社会主义市场经济体制的出版体制，浙江新闻出版局和浙江出版总社在认真总结改革开放以来出版工作经验后，提出在继续坚持“出好书、出人才、走正路”的同时，要将图书出版从重视总量增长阶段向优质高效阶段转移。1997 年，浙江省政府颁发《浙江省文化发展规划（1996—2010 年）》，明确要求图书出版要走优质高效发展之路，多出好书。

2000 年 8 月 7 日，浙江省委、省政府根据国家出版体制改革的要求，决定对省新闻出版局与省出版总社实行政事、政企分开。省新闻出版局独立建制，成为省政府的出版行政管理职能机构，总社保留其省政府直属事业单位性质。

2000 年 11 月 1 日，省政府正式下文，决定组建浙江出版联合集团（以下简称“集团”）。12 月，集团成立，浙江省出版总社的名称仍然保留，主要用于教材租型生产和发行。集团为省政府直属的事业性质企业化管理的综合性出版集团，初期办公地址仍为总社原址（杭州市体育场路 347 号），2005 年迁至杭州天目山路 40 号。2003 年，浙江出版联合集团作为首批全国文化体制改革试点单位之一，在全国率先启动“事转企”改制试点工作。经过 4 年努力，2007 年底，浙江出版联合集团及其下属出版企业均完成了明晰产权、做实资产、确立市场主体的“事转企”改制任务。通过转企改制，浙江出版业管理运行机制由传统的事业管理模式转变为现代企业管理机制。各出版社建立起现代化的企业管理制度，出版活力和实力得到进一步增强。

2015 年，浙江出版联合集团正式启动股份制改造工作。2016 年 5 月，经省委宣传部和省财政厅批复同意设立浙江出版传媒有限公司作为股改主体；同年 12 月 20 日，省政府批复同意集团股改总体方案，将浙江出版联合集团旗下浙江教育出版社集团、浙江省新华书店集团、浙江印刷集团、浙江人民出版社等 16 家二级单位进行资产重组并纳入上市范围。

2018 年 9 月 18 日，浙江出版联合集团完成股份制改造，变更成立控股子公司——浙江出版传媒股份有限公司，同年正式启动上市申报工作。2021 年 7 月 23 日，浙江出版传媒股份有限公司（简称“浙版传媒”，股票代码 601921）成功登陆 A 股市场，正式在上海证券交易所挂牌上市。

近年来，浙江文化市场持续繁荣活跃，出版规模和出版物品种跃居全国前列。自 2016 年至 2020 年，浙江省已连续四年蝉联全国省域书业销售“龙头”桂冠。浙江图书出版业不仅创下“四连冠”，还把全国书业的省域销售“峰值”提升至百亿元的新规模。2020 年，浙江图书出版业以 106.18 亿元的销售额，创下新中国史上全国省域书业年度出版物纯销售首逾百亿元的纪录，浙江成为全国书业第一个年纯销售额超百亿元的出版强省。

2019 年浙江开创先河，将《求是》杂志社和《浙江日报》报业集团联合重组红旗出版社，成立了红旗出版社有限责任公司，成为中央转制出版社中与地方集团重组的首家出版社。截至 2020 年，浙江全省共建立了西泠印社、浙江人民出版社、浙江人民美术出版社、浙江科学技术出版社、浙江文艺出版社、浙江少年儿童出版社、浙江教育出版社、浙江古籍出版社、浙江摄影出版社、浙江大学出版社、中国美术学院出版社、杭州出版社、宁波出版社、浙江工商大学出版社和红旗出版社 15 家图书出版社，另外还成立了浙江音像出版社、浙江电子音像出版社等 7 家从事电子、音像出版的机构。

党的十八大以来，浙江大力推进文化强省建设，大力弘扬社会主义核心价值观和中华优秀传统文化，文化出版事业呈现出一派欣欣向荣的景象。在出版方面，浙江出版市场规模稳定增长，图书出版品种不断增多，优质出版物不断涌现，整体出版水平已居全国出版第一方阵。近年来，浙江各类出版机构相继策划出版了一批“叫好又叫座”的精品图书，如，浙江人民出版社出版的《心无百姓莫为官：精准脱贫的下姜模式》、“习近平足迹”系列图书、《望道：〈共产党宣言〉首部中文全译本的前世今生》获中宣部“五个一工程”奖，浙江人民美术出版社出版的《陈云家风》、“老一辈革命家风采”（第一辑）等图书获中华优秀出版物奖，浙江教育出版社的“创新报国 70 年”大型报告文学丛书、浙江音像出版社的《红船缘》等一批图书入选中宣部主题出版重点选题目录。

总之，自新中国成立以来，浙江出版业经过 70 余年的发展，已取得了巨大的成就。截至 2020 年，浙江全省共建立 15 家图书出版社，7 家从事电子、音像出版的机构，逐步形成了涉及图书、期刊、音像、电子、数字等多种出版物，涵盖编辑、印刷、发行、物资供应、投资等全产业链的发展格局。

二、浙江图书出版现状

1. 浙江图书出版概况

1.1 出版规模

根据浙江省统计局发布的历年图书出版统计数据，浙江图书出版业呈现出稳步增长的趋势，自 2000 年至 2020 年，浙江所属的 14 家出版社（不含红旗出版社）共出版图书 202899 种（图 1–2）。

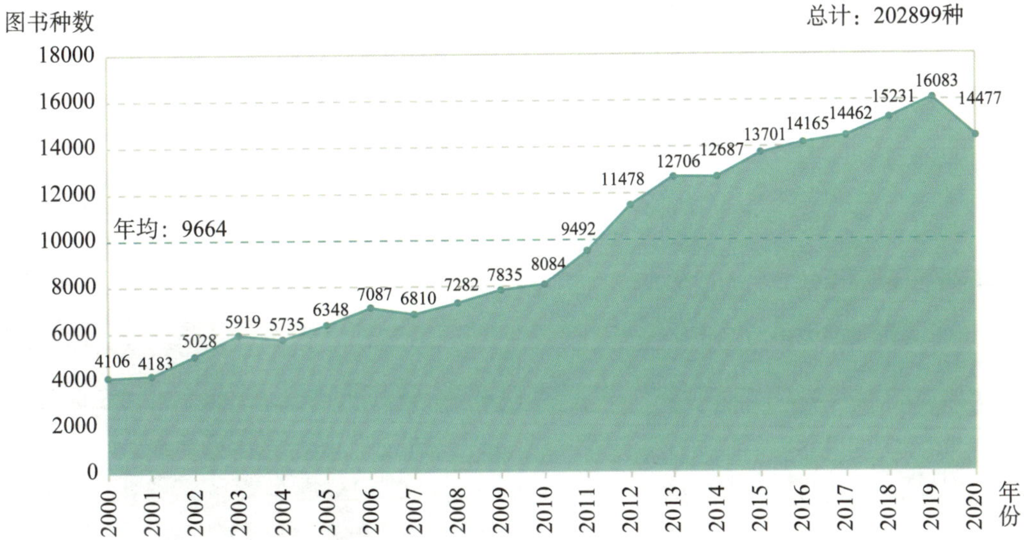

注：数据来源于浙江省统计局发布的各年度浙江省国民经济和社会发展统计公报

图 1-2　2000—2020 年浙江省各年度图书出版种数

由于统计局统计的相关图书名称、作者、内容、版本等各种数据信息缺失，为了便于详细和精准地考察浙江图书出版业的发展情况以及各家出版社的图书出版题材、内容及特征，本书仅以项目调研组从 2000—2020 年浙江出版联合集团数字公司采集的集团内部各家出版社图书出版数据和从浙江图书馆网站采集的其馆藏浙江其他各出版社出版的图书书目信息为基础进行分析。调研组所采集的书目具体数据肯定有一定缺失，缺失的原因包括但不限于以下两点：一是出版社录入数据不完整；二是浙江图书馆收录书目等资料不全。但经过与当当网等网站的数据比较，浙江出版联合集团数字公司的数据系统与浙江图书馆的数据相对较全，因此被选择作为数据库来源。数据库数据虽有缺失，但也已包含了浙江出版社的主要出版数据，可以从中看到浙江出版二十年的整体发展与特征，并进行未来趋势的展望，希望为浙江出版的发展提供一定的参考依据。根据项目组采集的图书出版数据——2000—2020 年间浙江 14 家出版社出版图书 100675 种（图 1-3），后面的细化分析即基于此数据开展。

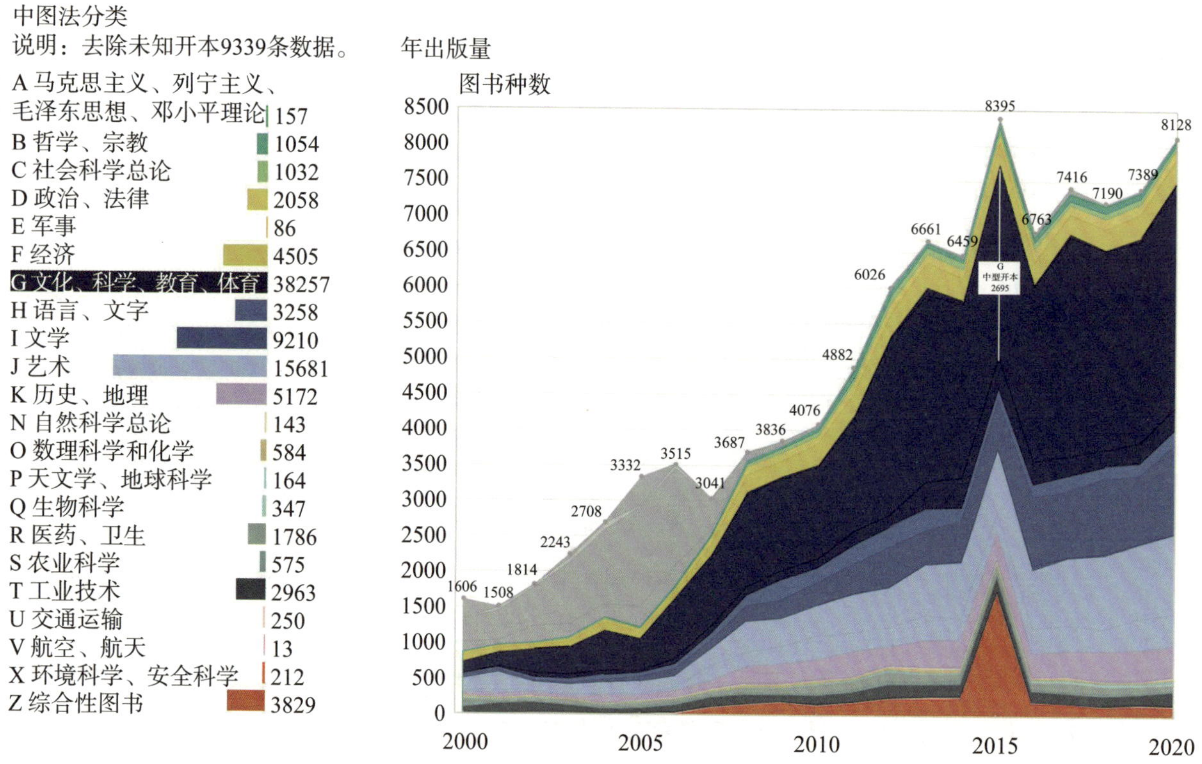

图 1-3　浙江省图书出版概况

从采集到的各出版社图书详细信息获知，2000—2020 年间，中国美术学院出版社出版图书 3795 种，浙江大学出版社出版图书 15362 种，西泠印社出版图书 5429 种，宁波出版社出版图书 4451 种，杭州出版社出版图书 4547 种，浙江文艺出版社出版图书 4576 种，浙江摄影出版社出版图书 4974 种，浙江少年儿童出版社出版图书 10337 种，浙江人民美术出版社出版图书 8923 种，浙江人民出版社出版图书 7911 种，浙江科学技术出版社出版图书 7843 种，浙江教育出版社出版图书 16971 种，浙江古籍出版社出版图书 3016 种，浙江工商大学出版社出版图书 2540 种。其中，所采集到浙江教育出版社、浙江大学出版社、浙江少年儿童出版社三家出版社的出版图书均超过 10000 种（图 1-4）。

说明：出版社按照成立时间先后排列。

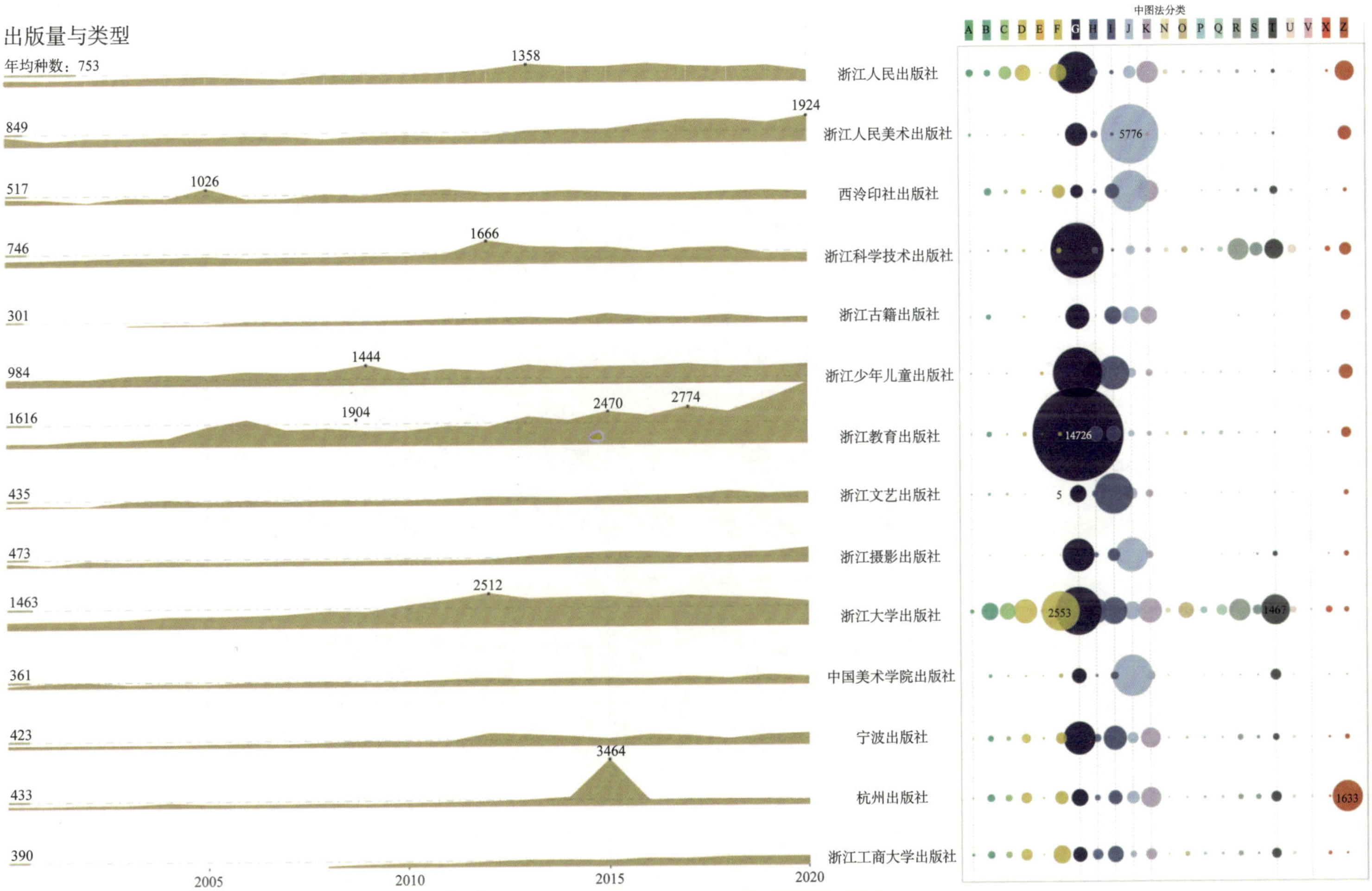

图 1-4　浙江各家出版社图书出版数量与类型

1.2 图书出版类型

出版类型是出版结构的重要研究方向之一，要研究出版类型，就要对图书进行分门别类——通常以《中国图书馆分类法》

作者国籍

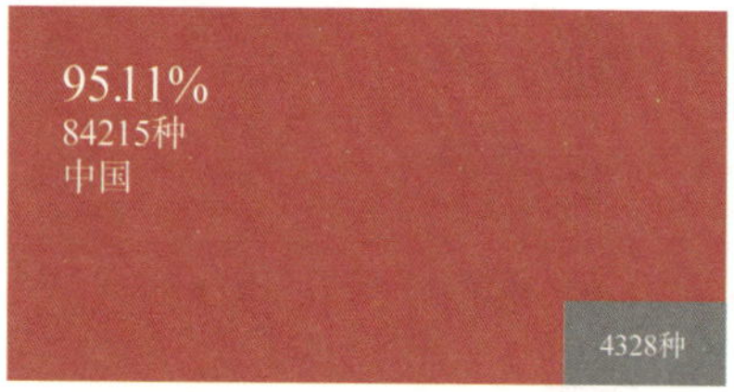

浙江出版集团负责外国作者图书的责编统计

作者国籍	责编	出版社	图书种数
美国	编辑1	浙江人民出版社	120
	编辑2	浙江人民出版社	72
	编辑3	浙江教育出版社	38
英国	编辑1	浙江教育出版社	33
	编辑2	浙江教育出版社	25
	编辑3	浙江少年儿童出版社	17
	编辑4	浙江文艺出版社	17
日本	编辑1	浙江人民美术出版社	29
	编辑2	浙江人民美术出版社	25
	编辑3	浙江少年儿童出版社	19

说明：
1.仅统计有作者数据的图书共计177086种，有12132种图书作者数据缺失。
2.右侧出版社-作者国家数据取非本国作者为第一作者相对应的图书，其中“第一作者”以原作者为准，译者、续写或其他形式的合作都不计入。
3.责编数据仅有浙江出版集团的8家出版社，其余6家出版社无责编数据。
4.责编的排名以负责作者的国籍分类，分别根据负责的图书种数排名。
5.责编信息只展示占比前4的作者国籍对应的国家，与负责图书种数前3的责编。
6.已去除未知责编的图书数据。

外国作者比例

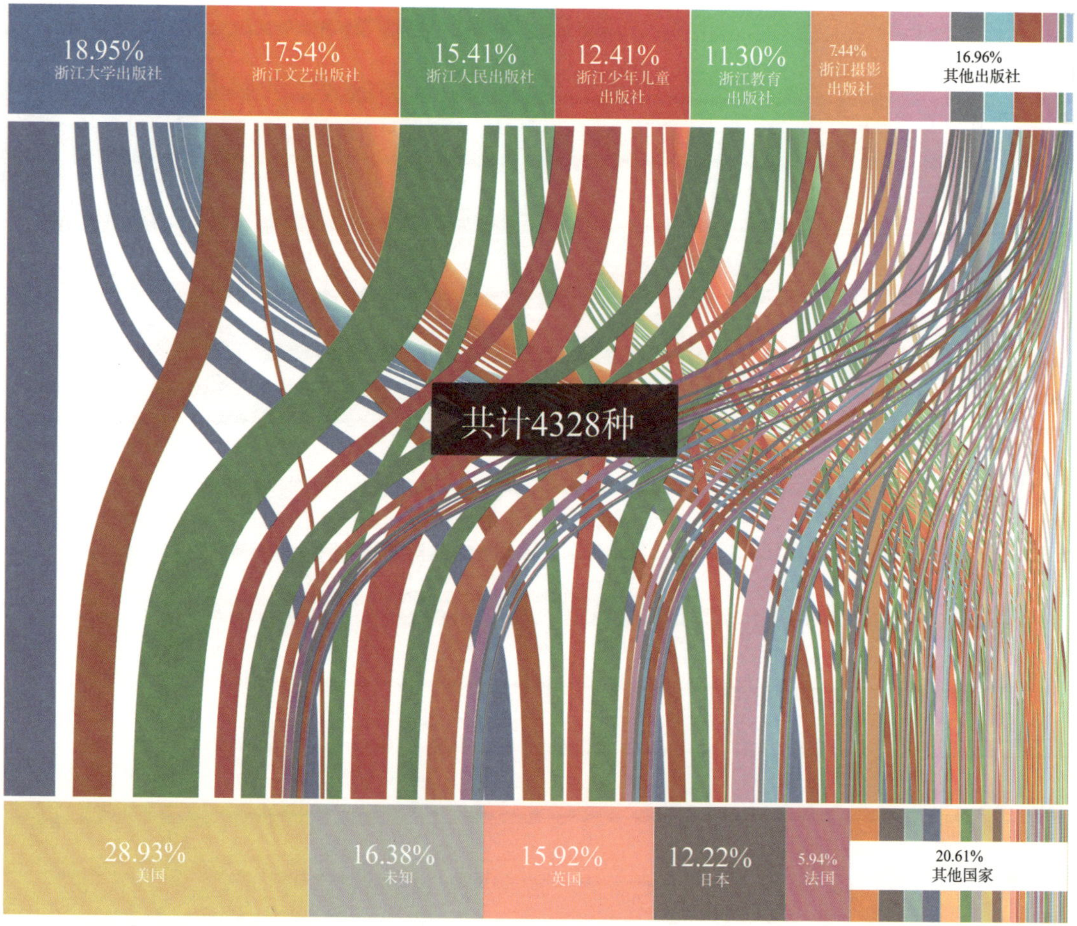

图 1-5　2000—2020 年浙江各出版社图书作者来源

为分类依据。[①]《中国图书馆分类法》是国内具有代表性的大型综合性分类法，是当今国内出版机构和图书馆使用最广泛的分类法体系（下文简称《中图法》）。

从图书出版的品种和类型来看，2000—2020 年间，浙江出版企业出版最多的图书为 G（文化、科学、教育、体育）类图书，共出版 38257 种，其次是 J（艺术）类图书，共出版 15681 种，出版数量较多的还有 I（文学）类图书（9210 种）、K（历史、地理）类图书（5172 种），F（经济）类图书（4505 种），Z（综合性）类图书（3829 种），H（语言、文字）类图书（3258 种）和 T（工业技术）类图书（2963 种）。

从所采集图书数据的作者国籍来看，浙版图书主要为中国作家创作，中国作家占比 95.11%，外国作家占比不到 5%。2000—2020 年，由中国作家创作的图书数量总计达 84215 种，外国作家创作的作品累计 4328 种。外国作家创作的作品出版数量较多的出版社有浙江大学出版社、浙江文艺出版社、浙江人民出版社、浙江少年儿童出版社和浙江教育出版社（图 1–5）。

引进的外国作家作品主要来自于美国、英国和日本三个国家。浙江人民出版社、浙江教育出版社的编辑均编辑出版过多部美国作家创作的图书，其中浙江人民出版社的一位编辑已累计编辑了 120 种美国作者创作的图书，是所有出版社中策划编辑国外作者作品最多的责任编辑。引进英国作家作品较多的是浙江教育出版社、浙江少年儿童出版社、浙江文艺出版社的相关编辑。引进日本作家作品较多的是浙江人民美术出版社、浙江少年儿童出版社的相关编辑。

1.3 图书开本类型

开本又称“幅面尺寸”，是出版物幅面大小的规格，占全张纸的几分之一即为几开本。开本主要是书籍进入装订阶段后所指示的书籍版面大小，常见的有 32 开（指裁切成 32 张，多用于一般书籍）、16 开（指裁切成 16 张，多用于杂志）、64 开（指裁切成 64 张，多用于中小型字典、连环画）。以此进行书籍大小分类，大型本 12 开及以上、中型本 16 至 32 开、小型本 36 开及以下。

从开本来看，2000—2020 年，浙江各出版机构出版的图书多以 16—32 开的中型开本为主，该开本类型的图书占整个图书数量的 88.50%，达 88044 种；12 开以上的大型开本和 36 开以下的小型开本占比较低，分别仅占整个图书出版的 10.11% 和

① 官振中，贺剑．基于收益管理考虑消费者选择和策略行为的动态定价问题研究［M］．成都：西南交通大学出版社，2014.

1.39%。中型开本以 16 开图书占比最高。例如，2015 年的浙版图书中，16 开图书出版数量高达 6136 种。之后的 2016—2020 年，16 开类型的图书保持在每年 4500 种以上（图 1-6）。

说明：去除未知开本数据1195条。

	2000	2001	2002	2003	2004	2005	2006	2007	2008	2009	2010	2011	2012	2013	2014	2015	2016	2017	2018	2019	2020
140开										3			6	3	3						
128开			4	6	5	2	2	7	4	3			1	20	4		8	2	3	16	8
100开															6						
108开							3		5	6				17				6			
96开					3	8												10			
80开		1	10				4	1			2			1	1		11				14
72开									6		1										
64开	14	21	25	40	25	17	50	8	26	7	8	9	14	52	30	150	27	33	14	69	22
60开								6													
54开																			6		
52开		1																			
50开		12	1	1	11									2							
48开			1		36	4	19	3	15	2	13	27	18	30	21	1	2	1	40	10	10
40开	3	1	1	5	10			2		6	12	22	21	7	19	2	12	6	5	1	
36开		1	1	8	16			1	29	4		1			1		19			1	8
35开			2	6																	
32开	504	641	647	860	761	787	734	576	593	668	654	748	772	969	798	1023	1081	1142	1261	1280	1096
B5	1			3	3	12	2	25	49	55	70	73	134	123	93	147	84	59	66	60	21
25开																				1	
24开	19	26	37	72	59	63	70	98	52	60	41	125	141	208	161	125	176	188	117	81	97
20开	1	16	26	21	50	28	52	46	13	40	28	28	42	59	41	41	52	53	52	74	42
18开			1	1	13	24	14	1	8	1	5	13		1	2	1	16	4	2		1
16开	430	632	760	904	1446	1653	2162	1840	2 550	2557	2660	3309	4367	4372	4488	6135	4552	5231	5040	5024	5953
15开																			16	11	13
14开																					1
12开	8		13	15	20	24	41	30	27	58	37	66	55	118	99	121	178	218	221	282	167
8开	92	32	123	129	112	157	243	196	219	229	328	252	246	464	589	536	435	419	294	449	597
6开	6	5	2				1	11	1	3	1		2	6	8	3	3	4	4		5
5开																			1		
4开	21	11	50	27	11	55	34	47	29	28	26	48	36	82	26	19	37	8	22	10	5
3开	4	4		8	3	18	4									2	18	9			
2开	44	38	99	75	101	83	58	85	36	85	115	100	72	71	24	53	29	8	10	2	
全开			1	1	3	2		6	4	5	13	10	8	19	9	2	3				

中型开本

10.11% 大型开本	中型开本 88.50% 88044种

图 1-6　2000—2020 年浙江图书开本情况

1.4 图书责任编辑

本项目选取了浙江出版联合集团中的 8 家出版社进行分析，其他 6 家出版社未获取相关责编数据。另外，本数据分析仅选择历年来图书编辑数量累积大于 350 种的责编。需要说明的是，由多位责编共同策划编辑的图书，本数据分析只选取主编辑，并排除未知编辑信息的图书 39859 条，共获得有效数据 60816 条。统计数据显示，2000—2020 年，浙江出版联合集团所属的浙江人民出版社、浙江古籍出版社、浙江教育出版社、浙江少年儿童出版社、浙江文艺出版社、浙江科学技术出版社、浙江人民美术出版社、浙江摄影出版社 8 家出版社共计 22 位编辑责编图书超过 350 种，33 位责任编辑负责编辑过 2 家不同出版社的图书（图 1–7）。

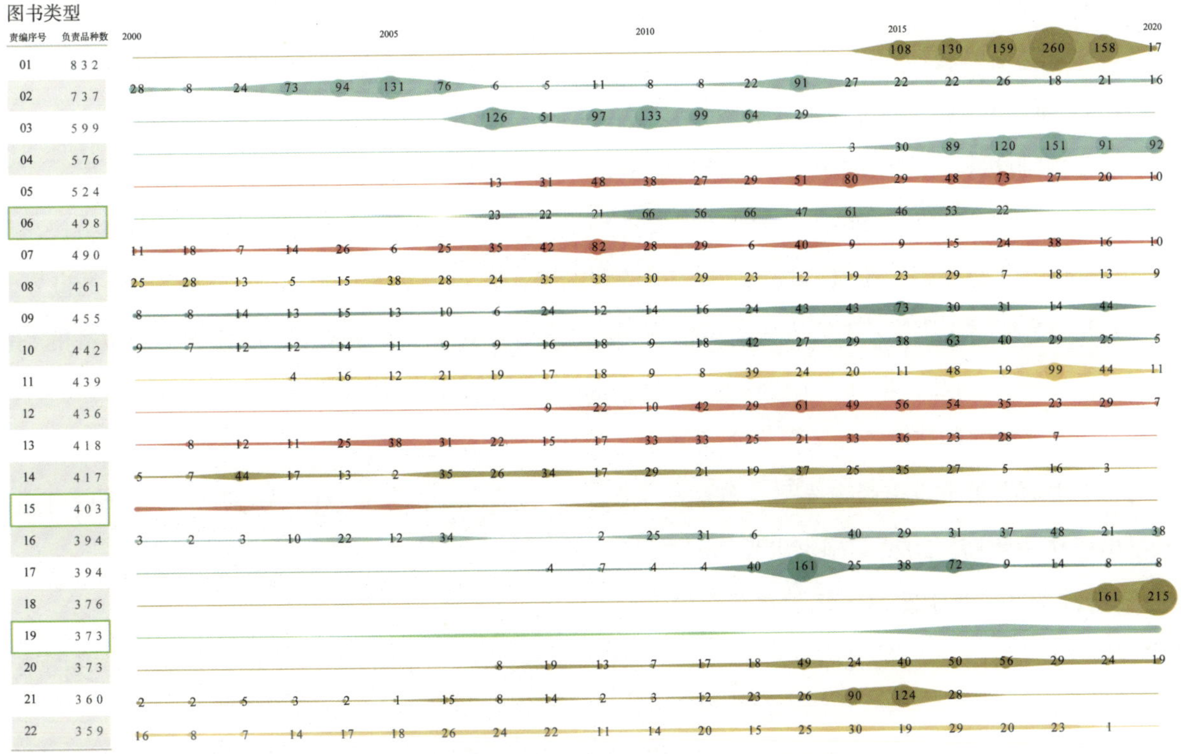

图 1–7　2000—2020 年浙江图书责任编辑责编种数统计

2. 浙江出版呈现持续增长态势

自 2000 年以来，尤其是党的十八大以来，浙江大力推进文化强省建设，大力弘扬社会主义核心价值观和中华优秀传统文化，文化出版事业和产业呈现出一派欣欣向荣的景象。浙江出版业发展整体呈现出稳步增长的样貌和态势。

2.1 出版市场规模稳定增长，图书出版品种不断增多，优质出版物不断涌现，整体出版水平已居全国出版第一方阵

由以上分析可以看出，2000—2020 年是浙江出版业快速发展的 20 年。无论是图书出版品种还是印数，都呈现出稳步增长的态势。目前，浙江省基本形成了以出版集团为龙头，以资产和年销售额超亿元出版社、全国印刷企业 100 强上榜企业等为骨干，规模化发展的出版产业布局，出版业总体经济规模已稳居全国前 10 名。以浙江出版联合集团为主体的出版发行集团，资产总额、主营业务收入和所有者权益均逾 100 亿元，成功跻身中国出版业的“头部集团”。在图书出版数量方面，截至 2021 年，全省年出版图书 16211 种，总印数 4.86 亿册，分别是 2012 年的 1.4 倍和 1.3 倍①。

近年来，浙江各类出版机构相继策划出版了一批选题新颖、叙事生动，深受读者喜爱的优秀图书，如浙江教育出版社的《迟到的勋章》和《粲然》、浙江少年儿童出版社的《逆行天使》和《上学谣》、浙江电子音像出版社和浙江人民出版社合作出版的《脊梁：共和国勋章获得者的故事》、浙江摄影出版社的《诗意栖居：在“浙”里看见美丽中国》和《巴金的世界》、浙江古籍出版社的《看见 5000 年：良渚王国记事》、浙江人民出版社的《此生只为守敦煌：常书鸿传》、浙江文艺出版社的《醒来》、浙江人民美术出版社的《红船故事》、浙江科学技术出版社的《疫情来临时：新型冠状病毒肺炎居家防护指南》等，以上图书在 2020 年第三届“浙版传媒好书”评选中均获得各种荣誉奖项。《脊梁：共和国勋章获得者的故事》《诗意栖居：在“浙”里看见美丽中国》还入选中宣部 2020 年主题出版重点出版物选题，《红船故事》入选“十三五”国家重点图书出版规划、2018 年度中宣部“原动力”中国原创动漫出版扶持计划、2020 年国家出版基金项目。

2.2 销售业绩持续增长，浙版图书市场效益显著提升

浙江图书出版业一向以务实、稳健著称，其行业主体浙江出版联合集团已稳居全国文化企业前列。在图书销售方面，自

① 王华山 . 数说“浙”十年：打造新时代文化高地　文化发展呈现新气象［EB/OL］.http：//www.nbwhcy.cn/Home/ContentDetail?id=7609&nid=3660.

2017 年浙江省图书销售以 81.92 亿元的销售额夺得年度销售桂冠以来，至 2020 年，浙江省已四次蝉联全国省域书业销售冠军。浙江图书销售不仅创下“四连冠”的佳绩，还把全国书业的省域销售“峰值”提升至百亿新台阶。2020 年，浙江图书出版行业以 106.18 亿元的销售额，创下新中国史上全国省域图书出版业年度图书纯销售额首逾百亿元的纪录，成为全国书业第一个图书年纯销售额突破百亿元的出版强省。

2020 年，浙江出版联合集团在全国图书出版集团总体经济规模排名中位居第七，其发行主体浙江省新华书店集团有限公司在全国发行集团总体经济规模排名中也位居第七。[①] 2020 年，浙江书业在疫情的影响下仍然取得了销售增长，还把其与省域销售第二的销售差扩大至逾 20 亿元，巩固了其全国书业的“龙头”地位。2021 年，浙江出版传媒股份有限公司的上市，势必进一步增强浙江出版业的实力。

浙江图书出版业之所以能取得全国图书销售桂冠的成绩，主要有以下几点原因：一是狠抓图书出版质量，严格选题把关，严抓三审三校制度落实，积极推进出版业高质量发展，着力打造新时代出版精品。二是发力网点建设，扩增销售。近年来，浙江出版行业秉持“思想引领时代、知识服务用户”的价值观，明确将实体书店建设成“对浙江新华产业体系具有基础性支撑作用的、充满活力的产业单元”的目标任务，大力推进门店空间再造和业态重组。积极加强书店阵地的特色性建设，根据区域实际情况，将门店按照旗舰店、标杆店、校园店、社区店四类特色店型开展分类转型升级。目前，浙江省内已建成 600 余家各种类型的图书实体网点。三是线上线下合力，博库书城、博库网与浙江新华携手，开展立体营销。三是加大跨域发行，浙江新华书店不断发展省外连锁经营，在北京、重庆、武汉等全国多个城市新开设了一批特色连锁书店。四是通过开展全民阅读节、读书月、浙江省中小学爱国主义读书活动、春风悦读盛典、之江好书节、新青年说等活动，带动图书销售。

2.3 出版“走出去”步伐加快，浙版图书海外传播力、影响力不断增强

近年来，浙江出版行业大力推动图书“走出去”，以此推动中国文化走出去，让外国读者认识中国，理解中国。近年来，浙江人民出版社的《之江新语》、浙江人民美术出版社的《中国绘画史图鉴》、浙江文艺出版社的《解密》《露天电影：苏童散文》

① 文东 .9 成省域销售增长　东西各拥百亿巨首［N］. 中国出版传媒商报，2023-03-24（17）.

《踏着月光的行板》等图书入选海外书展重点展示图书；浙江人民出版社的《漫画百年党史·开天辟地》、浙江文艺出版社的《醒来》、浙江少年儿童出版社的《奶奶的除夕夜》等图书入选重点版权图书。其中浙江人民出版社出版的主题图书《之江新语》，现已出版发行西文、德文、英文、法文、日文版，接下来还有多个语种将陆续翻译出版。据相关数据统计，2020 年，浙江出版联合集团共输出版权 351 项，输出国家包括美国、法国、意大利、德国、英国等 38 个国家和地区，版权输出数量位居全国前列。

近年来，浙江出版行业积极深入贯彻落实党中央、浙江省委关于文化出版工作的决策部署，坚持“思想引领时代、知识服务用户”的出版理念，努力打造优质出版产业集群，以“浙江之窗”展现“中国之治”，积极推动浙版图书“走出去”，增强中华文明传播力、影响力。自 2012 年始，集团下属出版社连续 11 年入选“中国图书海外馆藏影响力出版 100 强”，入选出版社数量逐年增加，浙版图书品质、思想价值、学术水平、作者知名度等各方面均获得海内外读者认可，有力促进了中国道路、中国理论、中国模式“走出去”。

在数字出版物海外馆藏影响力方面，浙江出版企业总体居于全国出版社的前列，从 2022 年排名榜单来看，浙江出版联合集团旗下的浙江文艺出版社位列第 13 名，浙江教育出版社位列第 32 名，浙江人民出版社位列第 37 名[①]。这表明浙江出版企业在出版“走出去”方面已经具备了一定的水平和竞争力。

进入新时代，浙江出版界将继续坚持以习近平新时代中国特色社会主义思想为指导，深入学习贯彻习近平文化思想，继续聚焦“文化强省”建设目标，深入推进新时代文化浙江工程，加快打造新时代出版高地，为建设社会主义出版强国做出新的更大的贡献。

① 叶蓉．浙江出版集团 7 家出版社入选“中国图书海外馆藏影响力出版 100 强”[EB/OL]. https: //baijiahao.baidu.com/s?id=1752369140819367328&wfr=spider&for=pc.

第二章

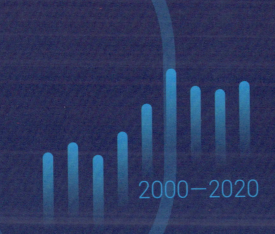

浙江综合出版社发展概况

2000—2020

20

2000—2020

一、浙江人民出版社

1. 浙江人民出版社历史沿革

浙江人民出版社成立于1951年，是一家综合性社科类出版社，主要出版哲学、政治、法律、经济、历史、文化等研究著作和相关的辞书、工具书，以及通俗理论读物、生活实用类图书和地方志。

建社之初，浙江人民出版社与浙江省新闻出版处合署办公，1952年7月与《农民大众报》合署办公。1953年《农民大众报》停办，部分报社人员进入出版社。1958年出版社迁至杭州市武林路196号（今武林路357号），1991年迁至杭州市体育场路347号。2007年“事转企”改制后，出版社更名为浙江人民出版社有限公司，简称“浙江人民出版社”。

在改革开放初期，1979年12月，原浙江人民出版社（文艺编辑室）出版了傅东华翻译的美国小说《飘》，冲破了地方出版社不能出版外国翻译作品的禁锢。它是中华人民共和国成立近30年来，除北京、上海以外的地方出版社翻译出版的第一部外国文学名著，它也是浙江出版史上唯一的“书中书”图书——在《飘》出版后的第二年，出版社专门出版小书《〈飘〉是怎样一本书》，详细介绍它的出版始末。《飘》的出版，推动了全国出版界的思想解放。

20世纪80年代，为缓解当时出书难、卖书难、买书难的矛盾，满足发展生产力对科技、艺术读物的需求，以浙江人民出版社美术编辑室为基础，浙江人民美术出版社于1980年1月独立建制；以浙江人民出版社科技编辑室为基础，成立浙江科学技术出版社。1983年，浙江人民出版社的文艺编辑室及外国文学编辑室、《当代少年》编辑室、文教编辑室等先后独立建制为浙江文艺出版社、浙江少年儿童出版社、浙江教育出版社。拆分之后的浙江人民出版社，成为一家以出版政治、哲学、社会科学、经济、文化、历史读物为主的社科类出版社，出版的专业性更强，出版特色更鲜明。

自1980年开展评选优秀图书活动以来，浙江人民出版社已先后有800多种图书在省、华东地区和全国各类图书评选中获奖，有数十种图书被列为全国总工会、共青团中央及本省振兴中华、青年成长等读书活动的推荐书。有一批图书出版后获得学术界、理论界专家学者的好评，受到《中国社会科学》《哲学研究》《经济研究》《历史研究》《中国社会科学季刊》（香港）、《人民日报》《光明日报》等权威报刊的好评。至今已有200多种图书与日本、美国等国家和地区的出版社签订了版权贸易合同，并从美国、英国、法国等国家引进了一批图书的版权，扩大了国际的文化交流。

浙江人民出版社坚持以传承先进文化为己任，至 2020 年底共出版图书 1.3 万多种，有 800 多种图书在省级、华东地区和全国各类图书评选中获奖。其中，3 种图书获中宣部“五个一工程”奖，5 种图书获国家图书奖（其中 2 种获中国出版政府奖），10 种图书获中国图书奖。随后，浙江人民出版社在 2006 年被新闻出版总署、人事部授予全国新闻出版系统先进集体称号。2008 年，在中国出版科研所组织的第五次全国国民阅读调查中，居“最受读者喜爱的出版社”第四位。

在发展道路上，浙江人民出版社始终坚持“服务大局、开拓市场、讲求品位、构建特色”的发展思路，一方面，以服务地方经济社会发展为己任，积极主动地配合省委、省政府的中心工作，认真完成交办的重大出版任务，完成了“科学发展观在浙江的实践丛书”“浙江改革开放研究书系”“浙江文化名人传记丛书”及《浙江通史》《公众防灾应急手册》等一大批重大出版项目；另一方面，适应读者需求和图书市场的变化，加大选题结构调整力度，集中优势资源，加强市场开发，开发了以胡鞍钢著作为代表的“中国国情研究图书”，以吴晓波著作为代表的“蓝狮子财经丛书”等品牌图书，在全国市场上具有较大的影响力和竞争力，取得了较好的社会效益和经济效益。

2. 浙江人民出版社出版现状数据分析

2.1 出版规模概况

项目统计浙江人民出版社 2000—2020 年期间出版图书近 8000 种，其中非义务教育类图书占图书出版总量的 82.99%，义务教育类图书占出版总量的 17.01%。

从 2000—2020 年浙江人民出版社的年出版量变化图来看，2000—2006 年的图书年出版量稳步提升，至 2005 年，图书年出版量首次突破 250 种（图 2-1）。

2007 年，浙江人民出版社经历“事转企”的出版社改革，改制成立浙江人民出版社有限公司。改制之后，该社图书的出版数量有了很大的增长，并于 2013 年达到最高峰，共采集到该年度出版图书数据 679 种，其中丛书出版 219 种，2016 年、2019 年分别为该社图书出版的第二、第三高峰。2020 年相较于 2019 年，图书出版总量略呈下降趋势。

说明：1.上层为丛书出版情况的气泡图，下层为图书出版量的季度堆叠图。
2.浙江人民出版社共计7910条数据，数据来自浙江出版联合集团。
3.[丛书册数占比=当年丛书册数/当年总出版量]。
4.月出版量变化中，色彩热力图表现的是月出版量增长率[月增长率=（当月-前月）/当月]。

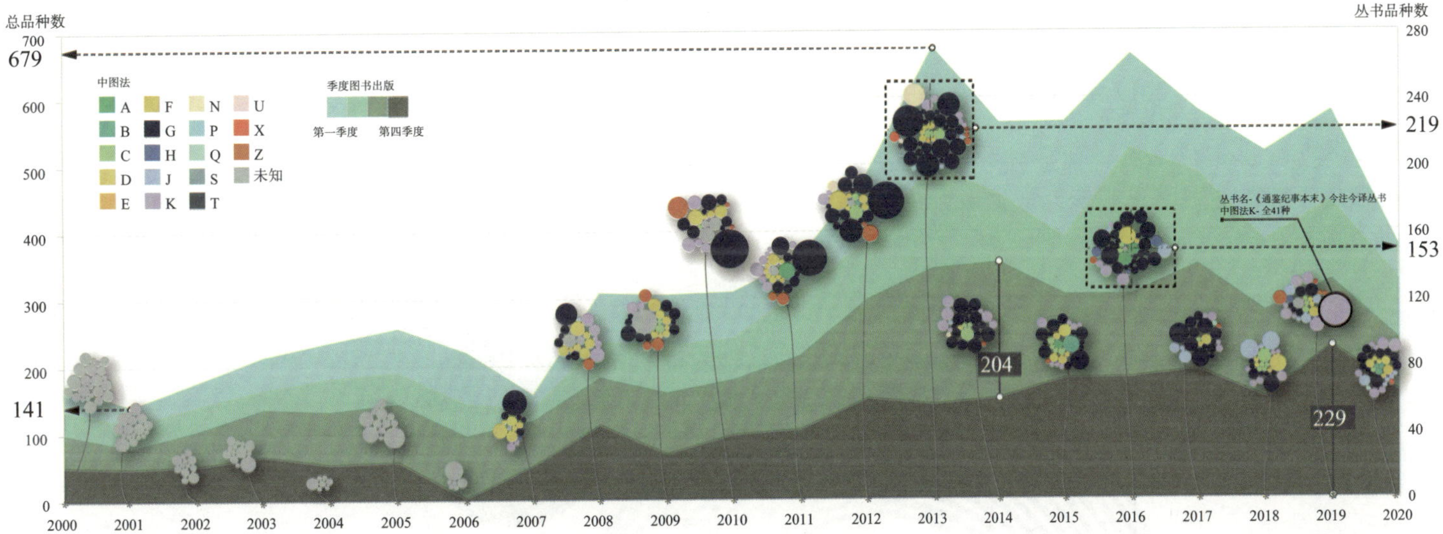

丛书品种占比的变化 5.91% 94.09%

	2000	2001	2002	2003	2004	2005	2006	2007	2008	2009	2010	2011	2012	2013	2014	2015	2016	2017	2018	2019	2020
丛书	45.14%	36.17%	15.17%	16.28%	5.91%	22.48%	9.46%	35.44%	30.00%	32.47%	51.28%	36.19%	35.99%	32.25%	18.23%	16.93%	22.90%	15.75%	15.55%	20.45%	21.05%
非丛书	54.86%	63.83%	84.83%	83.72%	94.09%	77.52%	90.54%	64.56%	70.00%	67.53%	48.72%	63.81%	64.01%	67.75%	81.77%	83.07%	77.10%	84.25%	84.45%	79.55%	78.95%

月出版量变化 月出版增长率 −91.67% 3800%

						2005					2010					2015					
一月	21	13	18	25	26	37	42	10	39	38	41	34	51	92	34	78	69	38	87	85	21
	8	5	4	18	24	9	17	5	18	11	20	4	32	11	24	11	41	27	26	27	8
三月	11	9	15	7	5	21	20	7	16	29	10	11	21	76	50	87	32	29	22	25	23
	19	5	9	14	12	12	20	4	23	27	20	19	25	45	42	22	58	39	37	25	29
	11	10	11	6	22	23	10	8	13	20	16	16	11	47	24	33	62	51	17	54	22
六月	5	19	16	8	15	11	17	5	17	23	25	63	49	62	36	30	100	49	51	39	38
	15	10	10	36	12	26	12	10	17	18	28	16	33	47	42	24	36	22	23	31	19
	15	8	13	19	39	30	57	15	13	42	38	36	51	46	69	61	57	74	33	27	37
九月	19	13	29	15	28	31	24	43	41	31	17	58	65	111	93	40	31	62	74	40	23
	16	21	29	26	23	24	2	19	20	25	16	38	19	52	34	27	28	28	39	85	4
	10	11	11	23	12	9	1	11	43	8	16	29	43	34	29	66	28	25	61	59	
十二月	25	17	13	18	19	25		21	50	36	65	38	89	56	88	88	126	140	51	85	156

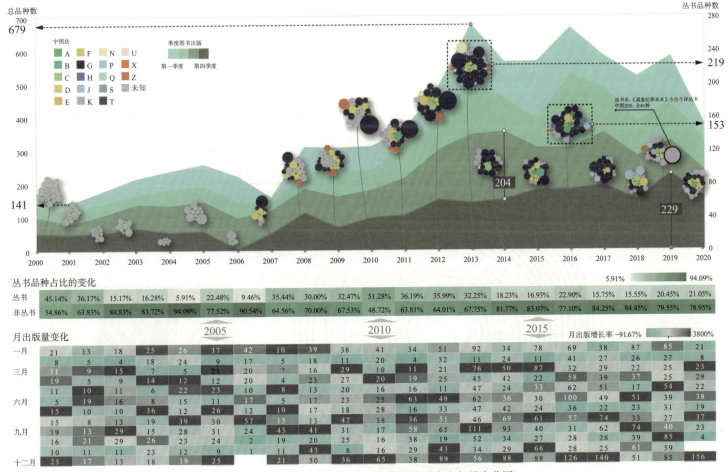

图 2-1　2000—2020 年浙江人民出版社图书出版量变化图

从丛书与非丛书的出版数量占比情况来看，除了 2010 年出版的丛书比重（51.28%）大于非丛书比重（48.72%）外，其他年份非丛书品种数均大于丛书品种数，丛书出版比重最低的年份是 2006 年，仅占 9.46%，相应地，该年度非丛书出版占比为历年最高，达 90.54%。

图书出版的月出版量在 20—30 种的居多，也存在出版峰值的月份，如 2012 年 12 月（89 种）、2013 年 9 月（111 种）、2016 年 12 月（126 种）、2017 年 12 月（140 种）和 2020 年 12 月（156 种），从图书月出版量可以看出，每年的 12 月份，图书出版量相对较高。

从非义务教育类图书出版统计数据来看（图 2-2），非义务教育类图书中丛书占比为 24.50%，共 1608 种，非丛书占比

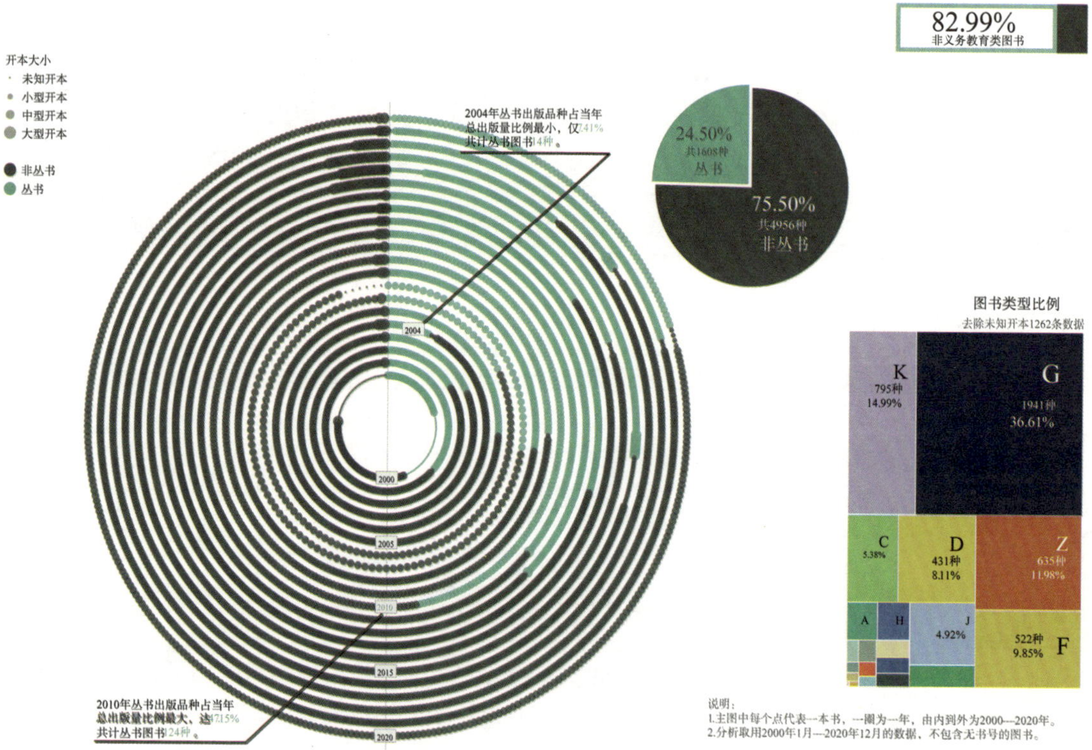

图 2-2　2000—2020 年浙江人民出版社非义务教育类图书出版情况总览

75.50%，共 4956 种。2006 年出版的非义务教育类图书为历年最少，仅 115 种，2013 年出版的非义务教育类图书数量为历年最多，共计 578 种，占该年出版总量的 85.12%。在丛书出版方面，2010 年丛书出版种数占当年总出版量的比例最大，达 47.15%，共计出版丛书 124 种。

从非义务教育类图书的月出版量来看，2000—2010 年间，该社图书月出版量大多在 40 种以下，2011—2020 年，该社图书月出版量整体呈现波动上升之势，其中月出版量大于 40 种的就有 42 个月份，有 7 个月份的月出版量大于 80 种。

从义务教育类图书出版统计数据来看（图 2-3），2005—2010 年的出版图书中丛书数量大于非丛书数量（2005 年之前无丛书统计数据），而此后非丛书的数量逐步增多，比重增大。2010 年丛书出版种数占当年总出版量比例最大，为 73.47%，共计出版丛书 36 种。在图书出版开本类型中，中型开本占绝大多数，共计 1083 种，占 80.46%，大型开本共 46 种，仅占 3.42%。

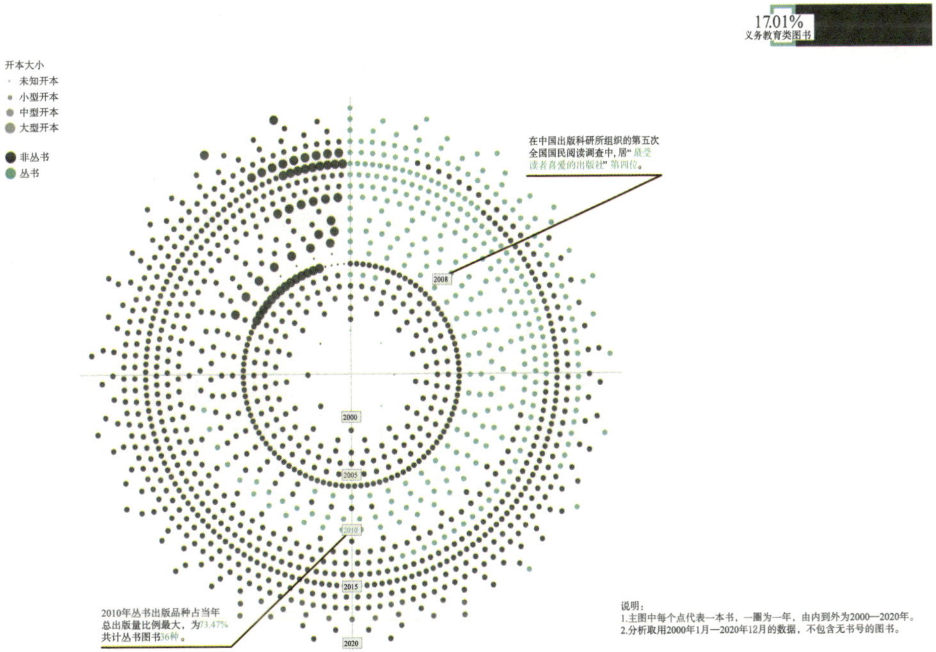
17.01%
义务教育类图书
开本大小
未知开本
小型开本
中型开本
大型开本
非丛书
丛书
在中国出版科研所组织的第五次全国国民阅读调查中，居“最受读者喜爱的出版社”第四位。
2000
2005
2008
2010
2015
2020
2010年丛书出版品种占当年总出版量比例最大，为73.47%共计丛书图书36种。
说明：
1.主图中每个点代表一本书，一圈为一年，由内到外为2000—2020年。
2.分析取用2000年1月—2020年12月的数据，不包含无书号的图书。

图 2-3　2000—2020 年浙江人民出版社义务教育类图书出版情况总览

从义务教育类图书的月出版量来看，单月出版数量超过 40 种的月份有 8 个，均集中在 2012 年底至 2018 年初。从年出版总量来看，2015 年该社出版的义务教育类图书数量最多，共计 170 种。

2.2 图书出版类型

已采集的浙江人民出版社 7910 条图书数据，除去未知图书类型的 1638 条数据，按照中国图书馆分类法的 A 类—Z 类 22 个基本大类划分，G（文化、科学、教育、体育）类图书占比最高，共有 2841 种，占比 45.30%，其次是 K（历史、地理）类共有 802 种，占比 12.79%，Z（综合性）类共有 654 种，占比 10.43%。

就非义务教育类图书的出版类型而言，除去未知开本的图书数据 1262 条，按照《中国图书馆分类法》的 A 类—Z 类 22 个基本大类划分，G（文化、科学、教育、体育）类图书 1941 种，占比 36.61%，为主要图书类别；其次是 K（历史、地理）类图书，有 795 种，占比 14.99%，仅次于 G 类图书；Z（综合性）类图书 635 种，占比 11.98%；F（经济）类图书 522 种，占比 9.85%；D（政治、法律）类图书 431 种，占比 8.11%；C（社会科学总论）类图书占比 5.38%；J（艺术）类图书占比 4.92%。由此可以看出，浙江人民出版社在图书出版类型上分布较为均匀，各种类型的图书均有涉及。

G 类是浙江人民出版社占比最多的图书类型，该类图书中，非义务教育类图书共 1941 种，九年义务教育类图书共 900 种。非义务教育的 G 类图书主要是各类课外读物、国内外名著，例如《鲁滨逊漂流记》《格列夫游记》《福尔摩斯探案集》《伊索寓言》《小王子》《假如给我三天光明》等。除此之外还有各类丛书，如“心视界”丛书、“童书馆”丛书等。此类丛书主要涉及科普、故事、技术等，具体包括心理学著作、医疗决策、能力培养、经济、体育、亲子教育等。

秉持继承弘扬地方历史文化的原则，浙江人民出版社出版了一批介绍杭州城市文化建设以及反映浙江各地历史和人文风貌的图书，具有鲜明的浙江地域文化特色。例如，“话说衢州”系列（共五卷），该系列着重反映了衢州文化积淀深厚、山清水秀、生机蓬勃、活力四射的城市形象，以达到全方位宣传衢州的目的；“杭州纪事”系列，客观记载了杭州政治、经济、文化和社会发展方面所发生的大事要事，以满足全市党员干部和广大社会科学工作者工作与研究之需；《温州改革开放 30 年》，作为“浙江改革开放 30 年研究系列地方篇”之一，该书系统总结、回顾了温州改革开放 30 年来所做的工作和所取得的成就。

浙江人民出版社所出版的九年义务教育类图书主要为教材和教辅读物。该社出版了众多紧密配合初、高中教材的辅助读物。例如，“初中自主学习课时集训”系列、“高中导学精编”系列、“高中新课程同步优化训练”系列、初中“课时特训”等，这些根据课程标准及教学大纲的要求编写的教学辅助资料，既有相关知识点介绍，又有配套的课后练习，有助于加深学生对各科知识点的理解和巩固，提高学习水平。

2.3 图书开本类型

除去未知开本类型的 97 条数据，浙江人民出版社的图书开本大小中，占比最高的是中型开本，共 7608 种（其中 16 开图书 5381 种，18 开图书 5 种，20 开图书 16 种，24 开图书 70 种，32 开图书 2136 种），约占总图书数量的 97.38%；大型开本共 152 种（其中 2 开图书 8 种，4 开图书 7 种，6 开图书 4 种，8 开图书 96 种，12 开图书 37 种）；小型开本共 54 种（其中 36 开图书 19 种，40 开图书 2 种，48 开图书 4 种，64 开图书 29 种）。

从 2000—2020 年浙江人民出版社开本变化数据图（图 2-4）中可以看到，除去未知开本大小的 97 条数据，非义务教育类

说明：去除未知开本的数据97条。

非义务教育类图书

中型开本

	2000	2001	2002	2003	2004	2005	2006	2007	2008	2009	2010	2011	2012	2013	2014	2015	2016	2017	2018	2019	2020
64开		1								1			1			3	11	1	4	2	5
48开																			1	3	
40开					2																
36开																	19				
32开	77	120	144	147	132	134	70	42	64	38	31	49	53	125	77	84	84	101	109	149	78
24开	1			2	2	2	1	1	4	1	5	11	2	4	2	4	10	5	8	4	1
20开									2								2	1	1	8	2
18开																	5				
16开	11	17	19	35	50	73	43	69	198	210	226	266	342	445	349	291	393	332	321	366	270
12开	1				2	1	1			1	1	1	2	2		8	9	2	4	1	1
8开		1			1				1	1		3	2	1	1	3	16	11	5	2	1
6开																		1			
4开																		3	4		
2开				1					1	1				1		4					

义务教育类图书

	2000	2001	2002	2003	2004	2005	2006	2007	2008	2009	2010	2011	2012	2013	2014	2015	2016	2017	2018	2019	2020
32开	2	2	5	15	33	34	27	12	5	14	10	1	15	14	10	5	19	2	1	1	1
16开			10	15	15	14	62	24	28	39	38	31	66	87	126	156	91	125	63	46	18
8开							14		7	1			5			9	9				2
6开										1	1		1								

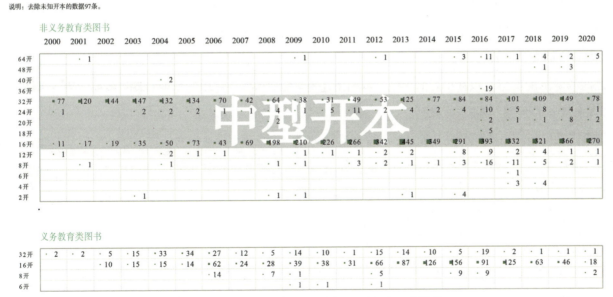

图 2-4　2000—2020 年浙江人民出版社图书开本情况

图书的开本大小随时期变化，数量逐渐向大中型图书偏移。可以看到前十年里非义务教育类图书主要以 32 开图书为主，所统计数据中该时期的 2002 年、2003 年的 32 开图书数量分别为 144 种和 147 种，是 2000—2020 年时期的峰值；且这十年内的小型开本和大型开本分别只有 4 种和 14 种。在 2000—2020 年中后期，32 开图书数量明显减少，而 16 开图书的数量显著增多，在 2016 年达到峰值，共 393 种；而大型图书（12—2 开）数量也明显增多，共 88 种。

义务教育类图书的开本类型较少，仅有 32 开、16 开、8 开、6 开。其中 16 开图书数量最多，共 1054 种，占比 78.31%。其次是 32 开图书，共 228 种，占比 16.94%，8 开图书 47 种，6 开图书 3 种。从开本变化来看，前期是以 32 开图书为主，其中 2005 年数量最多，共 34 种。而后期以 16 开图书为主，其中以 2015 年的数量最多，共 156 种。大型开本也集中在中后期。

从图书开本类型来看，除了常见的中型开本多用于各类课外读本和练习手册之外，大型开本类图书多为儿童启蒙类画作、摄影集、画册以及试卷类的教辅。例如，《云图：当代摄影与现代水墨的对话·水墨卷》，该画册为浙江省美术家协会副主席马锋辉根据知名摄影家杨晓光的摄影作品进行国画创作，并将国画和摄影作品整理结集出版而成，向读者展示祖国壮美河山；《大象夏姆》是一本为小朋友精心设计的动物绘本，绘本内容根据真实事件改写，精美的绘画和感人的文字，能够让小读者充分领略人与动物之间的深沉的情感。该社出版的大型开本图书还有“实战课堂——单元学业自测”系列、“托马斯和朋友超级趣味手工”系列以及各类教育挂图、书画藏品集等。

浙江人民出版社出版的小型开本图书多为学前教育类字词册，例如，“小巨童我的认知书”丛书集，该丛书从英国兄弟出版公司引进版权，精装彩印。在内容方面，“小巨童我的认知书”不仅文字生动有趣，还配以精美的图片，旨在帮助小朋友认知各种动物、水果、交通工具等。该社出版的“小博士学前学习手册”系列，具有“小开本、大容量”的特色，书中精心设计了启蒙阶段的词汇知识，用科学的教学方法使学习变得生动有趣。

2.4 丛书与非丛书

从非义务教育类图书来看，浙江人民出版社的非义务教育类图书中的丛书占比仅有 24.51%，非丛书占比 75.49%，丛书数量也逐年减少，并且 2000—2020 年非丛书的数量均为每年图书总数的一半以上，其中丛书出版数量最少的是 2004 年，该年丛书出版品种数仅占当年总出版量的 7.41%，共 14 种。2010 年非义务教育类图书的丛书出版数量最多，丛书出版品种数占当年总出版量比例最大，达 47.15%，共 124 种。

从义务教育类图书来看，丛书与非丛书占比差异不大，虽然在 2005 年以前，基本没有丛书出版，但在 2005 年之后，丛书的数量大幅增加，2006 年、2008 年、2009 年、2010 年四年的丛书出版数量均大于非丛书出版数量。与非义务教育类图书类似，2010 年也是义务教育类丛书出版的高峰时期，共出版义务教育类丛书 36 种，占该年义务教育类图书总出版数量的 73.47%，占比为历年最大。

该社的丛书出版类型包括书法类、城市研究类、历史类等，如“书法”“义乌文化丛书”“之江历史文化丛书”“浙江 60 年研究系列”“政治与社会译丛”等；还有教育类的教辅练习册，如“新课程 新同步”系列、“课时特训丛书”等。

从 2000—2020 年浙江人民出版社丛书出版分布图（图 2-5）可以看到此间每个月出版的不同类型丛书中的分册情况，丛书共计 1944 种，占全部图书的 24.57%。

从丛书的数量来看，2010 年之前出版的丛书数量较少，2010 年后基本每月都分布着丛书出版，且数量不断增多，尤其集中在 8、9 月份。2014 年的丛书出版气泡大，每月的气泡规模分布均匀，整体类型丰富，相类似的还有 2013 年、2016 年。2018—2020 年，丛书出版数量有所下降，且出现了单月份丛书出版空白的现象。

从丛书的类型上看，除去 2000—2008 年未知图书类型，从 2009 年开始，每年的丛书出版类型都以 G 类图书为主，而且数量规模也是最大的，尤其是 2010—2017 年，G 类是主要的丛书出版类型，而 8、9 月份也是该类丛书出版的高峰时期，从数据中也可以得知，该时段的丛书出版中，数量较多的是中学课程训练册，而 8、9 月份也是学生学期将要开始或伊始之际，对于课程训练册的需求较大，相对应的丛书出版数量也会增多，但近几年不仅丛书出版的数量减少了，G 类图书的出版也不再是丛书中的“数量巨头”了，开始走向多类型丛书出版齐头并进的发展趋势。

2000

图说
二十年

“浙江出版”
发展现状与
趋势研究

说明：
1. 本图主要展示20年间每个月出版的不同类型丛书中的分册。
2. 气泡越大，表示同系列的丛书分册越多。
3. 由于丛书品种数较多，同一系列书中有不同类型，在图上表现为多个气泡。
4. 丛书共计1944种，占全部图书的24.57%。

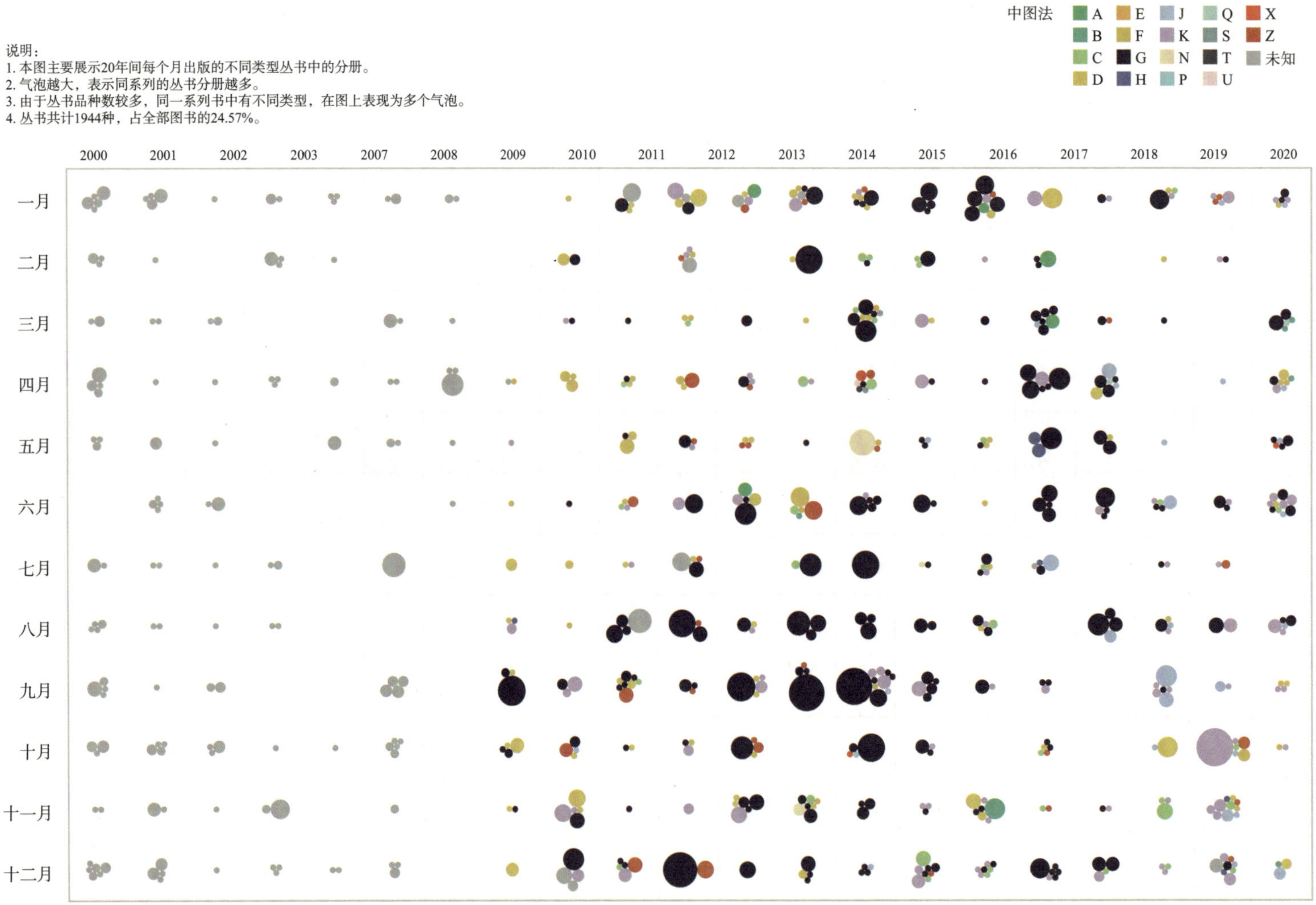

图 2-5　2000—2020 年浙江人民出版社丛书出版情况

2.5 图书责任编辑与作者

根据浙江人民出版社责任编辑品种数统计图（图 2-6），去除未知责编数据 280 条，累计负责图书超过 60 种的责编就有 34 名（部分图书可能由多位责编合作完成，仅采用主编辑为代表），其中负责图书超过 200 种的有 11 名，这几位责任编辑中，主要负责的图书出版都集中在中后期，每年 10—20 种。

书号 计数 1—161

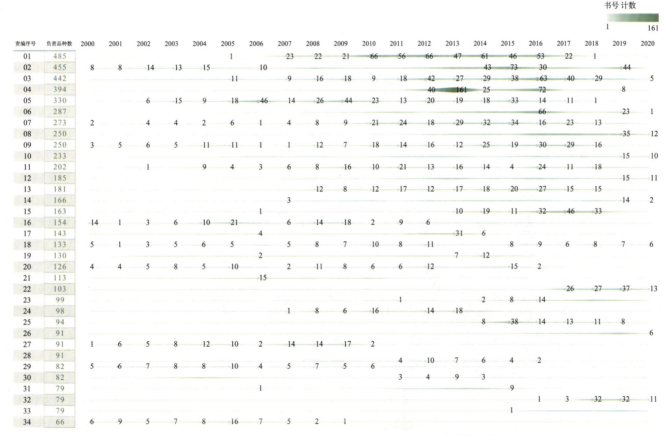

责编序号	负责品种数	2000	2001	2002	2003	2004	2005	2006	2007	2008	2009	2010	2011	2012	2013	2014	2015	2016	2017	2018	2019	2020
01	485						1		23	22	21	66	56	66	47	61	46	53	22	1		
02	455	8	8	14	13	15		10								43	73	30			44	
03	442						11		9	16	18	9	18	42	27	29	38	63	40	29		5
04	394													40	161	25		72			8	
05	330			6	15	9	18	46	14	26	44	23	13	20	19	18	33	14	11	1		
06	287																	66			23	1
07	273	2		4	4	2	6	1	4	8	9	21	24	18	29	32	34	16	23	13		
08	250																				35	12
09	250	3	5	6	5	11	11	1	1	12	7	18	14	16	12	25	19	30	29	16		
10	233																				15	10
11	202			1		9	4	3	6	8	16	10	21	13	16	14	4	24	11	18		
12	185																				15	11
13	181									12	8	12	17	12	17	18	20	27	15	15		
14	166								3												14	2
15	163							1							10	19	11	32	46	33		
16	154	14	1	3	6	10	21		6	14	18	2	9	6								
17	143							4							31	6						
18	133	5	1	3	5	6	5		5	8	7	10	8	11			8	9	6	8	7	6
19	130							2							7	12						
20	126	4	4	5	8	5	10		2	11	8	6	6	12			15	2				
21	113							15														
22	103																		26	27	37	13
23	99												1			2	8	14				
24	98								1	8	6	16		14	18							
25	94															8	38	14	13	11	8	
26	91																					6
27	91	1	6	5	8	12	10	2	14	14	17	2										
28	91												4	10	7	6	4	2				
29	82	5	6	7	8	8	10	4	5	7	5	6										
30	82												3	4	9	3						
31	79							1									9					
32	79																	1	3	32	32	11
33	79																1					
34	66	6	9	5	7	8	16	7	5	2	1											

图 2-6　2000—2020 年浙江人民出版社责任编辑责编种数统计

2000—2020 年浙江人民出版社作者出版量统计结果如图 2-7。除去未知作者的数据 1468 条，出版图书册数较多的作者 /

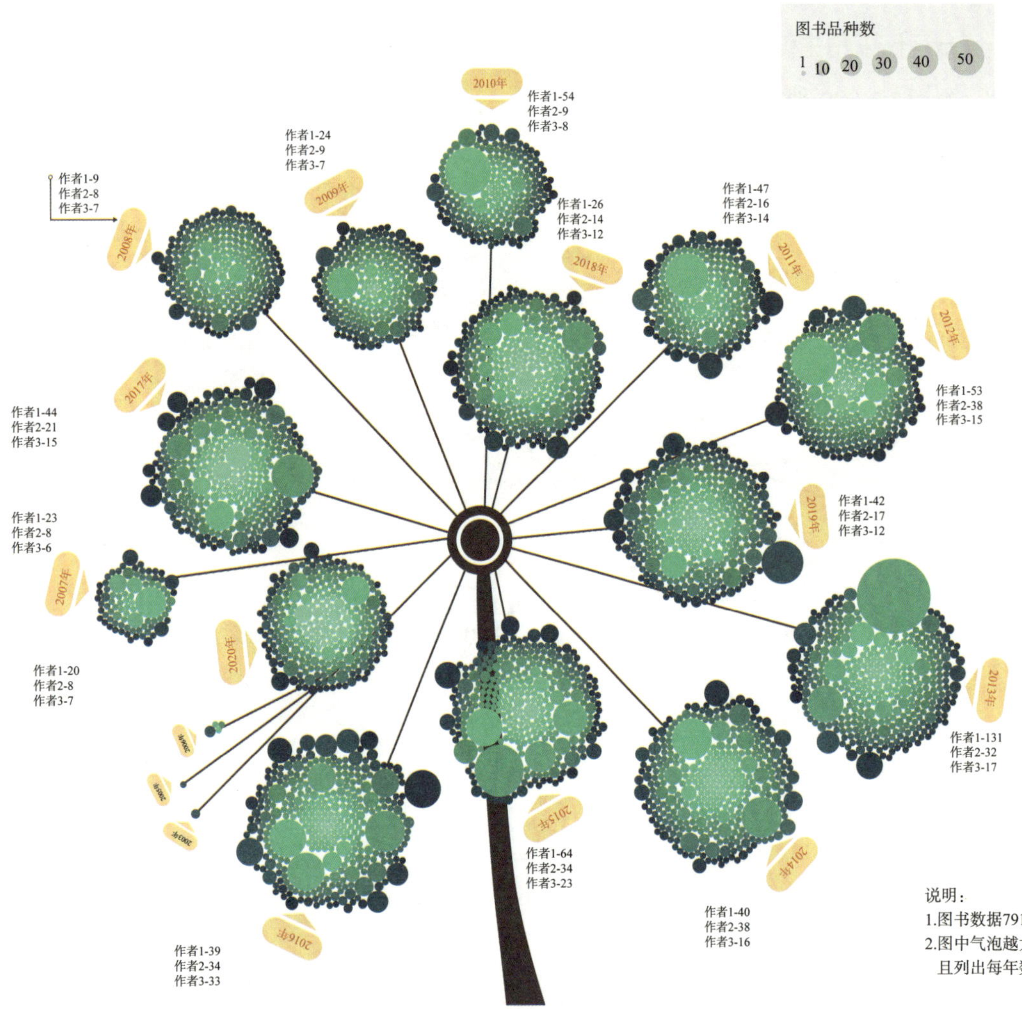

图 2-7　2000—2020 年浙江人民出版社作者出版量统计

编写组大都是课外练习册的编写组。例如，出版了 152 种图书的“学习与评价”编写组、出版了 55 种图书的《高中新课程同步优化训练》编写组、出版了 54 种图书的《高中学科常规训练》编写组、出版 33 种图书的《新课程 新同步》编写组等。而该类图书也分别是各个年份里出版图书量的前列，例如 2010 年的《高中学科常规训练》编写组以 54 种的出版量位居第一，2011 年的《高中新课程同步优化训练》编写组以 57 种的出版量位居第一，2012 年的《高中新课程同步优化训练》编写组以 53 种的出版量位居第一等。

除此之外，还有不少个人作者贡献了许多优质图书，其中有图书出版量位居第一的作者，共出版 283 种图书。该作者出版的图书均为九年义务教育类图书，其中“全程练习与评价”丛书，贯穿一年级至九年级的各个科目，该丛书为根据课程标准及教学大纲的要求编写的教学辅助资料，主要供学生练习及阶段学习成果评价之用。此外，出版图书数量较多的作者中，有作者共出版图书 199 种（包括合作类图书），仅 2013 年一年就出版了 131 种图书，其中包括各类青少年的经典书库、青少年的科普绘画类书籍、各类科普童话故事以及启蒙绘画教育书籍等。例如“中国孩子最想知道的 XXX”丛书，该丛书用翔实的资料、浅显的语言与精美的图片，帮助孩子了解他们最想知道的事情。此外，该作者还出版了“十万个为什么”系列、“中国经典童话”（中国童话中最经典的故事选编成书）等一系列知识性与趣味性并存的丛书，非常适合儿童和青少年阅读。

2.6 出版社获奖

2.6.1 出版图书获奖

浙江人民出版社这些年来出版了众多获国内外各类奖项、广受读者好评的图书。有 800 多种图书在省级、华东地区和全国各类图书评比中获奖（表 2-1）。

表 2-1 2000—2020 年浙江人民出版社获奖情况

中国图书奖

书名	著作责任者	类别	届数 / 年份	奖项时间
中国近代经济史简编	刘克祥、陈争平	荣誉奖	第十二届	2001 年 3 月

（续表）

中华优秀出版物奖

书名	著作责任者	类别	届数 / 年份	奖项时间
前行的力量——“5·12”抗震救灾精神记忆	中共浙江省委宣传部	抗震救灾特别奖 – 图书	第二届	2008 年 12 月

中国国家图书奖

书名	著作责任者	类别	届数 / 年份	奖项时间
马寅初全集	马寅初著、田雪原主编	正式奖	第五届	2001 年 11 月
就业与制度变迁——两个特殊群体的求职过程	李培林等	提名奖	第五届	2001 年 11 月

中国出版政府奖

书名	著作责任者	类别	届数 / 年份	奖项时间
浙江通史（十二卷）	金普森、陈剩勇	图书奖	第一届	2008 年 8 月
毛泽东著作辞典	李捷	图书奖	第三届	2014 年 1 月

中国好书

书名	著作责任者	类别	届数 / 年份	奖项时间
大数据时代：生活、工作与思维的大变革	[英]维克托·迈尔 – 舍恩伯格、[英]肯尼思·库克耶	–	2013 年	2014 年
心无百姓莫为官：精准脱贫的下姜模式	劳罕	文学艺术类	2019 年	2020 年
此生只为守敦煌：常书鸿传	叶文玲	人文社科类	2020 年	2021 年

（续表）

“三个一百”工程

书名	著作责任者	类别	届数 / 年份	奖项时间
浙江通史	金普森、陈剩勇	人文社科类	第一届	2009 年

“五个一”工程

书名	著作责任者	类别	届数 / 年份	奖项时间
中国模范生：浙江改革开放 30 年全记录	胡宏伟	优秀作品奖	第十一届	2009 年 9 月
心无百姓莫为官：精准脱贫的下姜模式	劳罕	特别奖	第十五届	2019 年 8 月

主题出版重点选题

书名	著作责任者	类别	届数 / 年份	奖项时间
中国共产党执政兴国图集	中共中央党史研究室、新华通讯社	图书奖	2012 年	2012 年
群众路线与党内教育活动	武国友、陈坚	图书奖	2013 年	2013 年
心无百姓莫为官：精准脱贫的下姜模式	劳罕	图书奖	2018 年	2018 年
“他重塑了中国”丛书	施芝鸿	图书奖	2020 年	2020 年
“共和国功勋”丛书	江永红、李朝全等	图书奖	2020 年	2020 年

文津图书奖

书名	著作责任者	类别	届数 / 年份	奖项时间
中国：新发展观	胡鞍钢	推荐图书	第一届	2005 年

（续表）

书名	著作责任者	类别	届数 / 年份	奖项时间
大数据时代：生活、工作与思维的大变革	［英］维克托·迈尔－舍恩伯格、［英］肯尼斯·库克耶	图书奖	第九届	2014 年
爱哭鬼小隼	［日］河合隼雄	图书奖	第九届	2014 年
群体性孤独：为什么我们对科技期待更多，对彼此却不能更亲密？	［美］雪莉·特克尔	图书奖	第十届	2015 年
天空的另一半：普利策新闻奖得主讲述女性的绝望与希望	［美］尼可拉斯·D. 克里斯多夫、［美］雪莉·邓恩	推荐图书	第十届	2015 年
病毒来袭：如何应对下一场流行病的暴发	［美］内森·沃尔夫	推荐图书	第十届	2015 年
星际穿越	［美］基普·索恩	图书奖	第十一届	2016 年
最好的告别：关于衰老与死亡，你必须知道的常识	［美］阿图·葛文德	推荐图书	第十一届	2016 年
智慧社会：大数据与社会物理学	［美］阿莱克斯·彭特兰	推荐图书	第十一届	2016 年
善恶之源	［美］保罗·布卢姆	推荐图书	第十一届	2016 年
十二幅地图中的世界史	［英］杰里·布罗顿	推荐图书	第十二届	2017 年
上帝的手术刀	王立铭	推荐图书	第十三届	2018 年
创造自然	［德］安德烈娅·武尔夫	推荐图书	第十三届	2018 年
人体的故事	［美］丹尼尔·利伯曼	推荐图书	第十三届	2018 年
人类起源的故事	［美］大卫·赖克	推荐图书	第十五届	2020 年

从表 2-1 可以看到，2001 年，刘克祥、陈争平的《中国近代经济史简编》获第十二届“中国图书奖”的荣誉奖；马寅初著、田雪原主编的《马寅初全集》获第五届“中国国家图书奖”正式奖，李培林等著的《就业与制度变迁——两个特殊群体的求职过程》获提名奖。同年，该社出版的《大败局》(图 2-8)开创本土纪实财经品牌的先河，累计发行上百万册，被评为“影响中国商业界的 20 本图书”之一，至今畅销。

图 2-8 《大败局》

2007 年，浙江人民出版社出版的《少林功夫》开始向俄罗斯输出版权，并被 2007 年莫斯科书展选为中俄文化交流的重点项目。2008 年，中共浙江省委宣传部负责的《前行的力量——“5·12”抗震救灾精神记忆》获第二届“中华优秀出版物奖”的抗震救灾特别奖。2008 年 8 月，金普森、陈剩勇主编的《浙江通史》获第一届“中国出版政府奖”的图书奖，该书在 2009 年，入选了第一届“三个一百”工程的人文社科类图书。2009 年，胡宏伟的《中国模范生：浙江改革开放 30 年全记录》获第十一届“五个一”工程的优秀作品奖。

2014 年是浙江人民出版社获奖的高峰年。其中，李捷主编的《毛泽东著作辞典》获第三届“中国出版政府奖”的图书奖，该社翻译的英国作家维克托·迈尔 - 舍恩伯格和肯尼思·库克耶创作的《大数据时代》获 2013 年度“中国好书奖”和第九届“文津图书奖”，该社翻译出版的日本作家河合隼雄的《爱哭鬼小隼》获第九届“文津图书奖”。

另外，该社还有《中国共产党执政兴国图集》《群众路线与党内教育活动》《心无百姓莫为官：精准脱贫的下姜模式》及“共和国功勋”丛书入选了“主题出版重点选题”。

2.6.2 出版社获奖

多年的砥砺奋进，浙江人民出版社得到了国家、出版业界的认可和人民的喜爱。2003 年，出版社被新闻出版总署授予“出版发行工作先进集体”称号；2006 年被新闻出版总署、人事部授予“全国新闻出版系统先进集体”称号；2007 年，被新闻出版总署、人事部授予“全国新闻出版系统先进集体”称号；2008 年，在中国出版科研所组织的第五次全国国民阅读调查中，居“最受读者喜爱的出版社”第四位。

3. 浙江人民出版社发展特色

3.1 砥砺奋进，敢为天下先

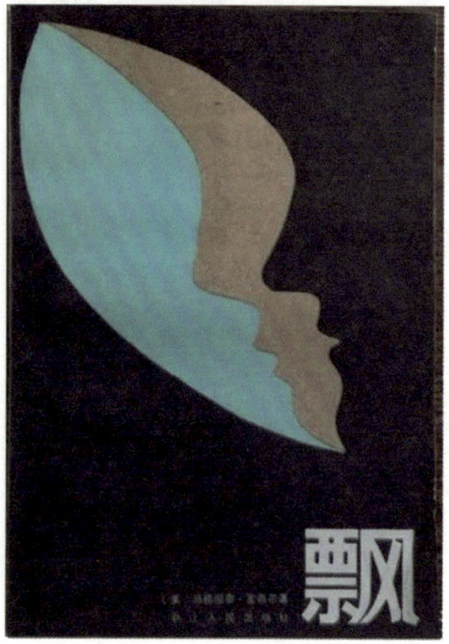
图 2-9 《飘》

1979 年，一本以一个种植园为故事场景，描绘了内战前后美国南方人生活的长篇翻译小说在改革开放后的中国问世了，它是改革开放以来，除北京、上海以外的地方出版社出版的第一部外国文学名著，是浙江人民出版社首先推出的浙江人傅东华先生翻译的《飘》(图 2-9)。该书的首版销售高达 60 万册，成为了当时的现象级畅销图书。

《飘》的出版，正是浙江出版人冲破思想禁锢、大胆进行思想解放探索的生动实践。“在当时的大环境下，书‘出了问题’之后，浙江出版人谁也没有害怕，大家齐心协力，从最大的领导，到最小的小编，没有一个人是抖抖嗦嗦的。我们只是在想我们的‘祸’闯到哪个级别了，但经过反复讨论，我们没有错。”[①] 相关人员回想当年，迎难而上，齐头并进的团队精神，至今难忘。关于《飘》的争议在开放之初依旧强烈，一条关于出版的道路困难重重，但浙江出版人在阻碍中突出重围，让《飘》进入中国人的阅读视野。

敢为人先，敢为天下先，是浙江出版人的勇气，也是浙江人民出版社的担当。改革开放 40 年，浙江人民出版社在复杂变化的环境中不断适应，做出改变。在面对复杂的市场变化和疫情的冲击下，浙江人民出版社取得了稳中有进、稳中向好的优异成绩，不断突破低迷态势，迎来新生。2022 年，浙江人民出版社在集团党委领导下，社班子成员积极履职，全社上下团结协作、努力拼搏，营业收入和利润总额均创历史新高，实现社会效益和经济效益双丰收。

2023 年，是全面贯彻落实党的二十大精神的开局之年，是杭州亚运会举办之年，也是浙江人民出版社改革奋进、走在前列、勇立潮头的关键一年，浙江人民出版社在这一年切实履行了新时代宣传思想文化工作使命，继续做强做精做优主题出版，做深做实做透重点出版，做专做特做细品牌出版，坚持走好融合出版发展之路，勠力同心、勇毅前行，努力交出高质量发展高

① 马黎 . 那一年，浙江出版人的突围［N］. 钱江晚报，2019-09-15（5）.

分答卷[①]。

3.2 主题出版，书写新时代

"浙江拥有得天独厚的政治资源优势和敢于创新的改革开放先进文化资源优势，是中国革命红船启航地，中国改革开放先行地，习近平新时代中国特色社会主义思想的重要萌发地，践行习近平新时代中国特色社会主义思想的探索地。我们要充分利用这些优势，打造重点主题，把浙江打造成宣传习近平新时代中国特色社会主义思想的出版高地。"[②]

浙江人民出版社至今已出版庆祝改革开放40周年主题图书60多种，其中《红船精神问答》入选中宣部第八届优秀通俗理论读物推荐活动，《"最多跑一次"改革》入选2018年"中国好书"月榜，《东方启动点：浙江改革开放史（1978—2018）》《中国改革开放全景录·浙江卷》《"最多跑一次"改革》等入选新华社盘点的"庆祝改革开放40周年主题图书"。作为浙江出版界主题出版重镇，浙江人民出版社围绕改革开放40周年，推出了《我忆邓小平》《红船精神问答》及《之江新语》（西语版）"浙江改革开放40年研究系列·地方篇"等一系列叫好又叫座的主题出版物。

做好主题出版工作，既是出版单位围绕中心、服务大局的重要体现，也是出版单位提升社会影响力的重要途径。浙江人民出版社在主题出版工作的探索中从三个层面来组织落实策划选题并编辑出版：一是以国家重点出版工程为依托，唱响时代主旋律，打造主题出版的精品力作。在出版创作中找准作者，挖掘国内头部作者资源，高度重视现实题材，坚持小切口折射大题材，小故事反映大道理，回答时代之问，回答现实之问，并以构建战略合作平台为手段，提升主题出版的系统性与权威性，建立充足的作者和选题储备库。二是立足浙江，服务地方中心工作，讲好浙江故事，拓宽主题出版的市场化之路。深挖浙江"三地"资源，讲好浙江故事，树立主题读物市场经营的理念，通过市场化运作模式，拓宽主题出版市场化之路，同时坚持主题读物的系列化开发，形成品牌效应，实现社会经济两个效益最大化。三是"走出国门"，向世界讲好中国故事。以习近平总书记的著作《之江新语》多语种翻译出版工程为引领，推动主题出版"走出去"。

---

① 浙江出版传媒股份有限公司．砥砺奋发勇作为勠力前行谱新篇　浙江人民出版社召开2022总结表彰大会暨2023工作会议［EB/OL］. https://zjsy.zjcbcm.com/index.php? process=news&newsID=7639.

② 黄琳．浙江人民出版社：用文字记录伟大时代　用精品书写改革开放［N］. 中国新闻出版广电报，2018-12-28（4）.

3.3 品牌意识，双效益增长

“精品出版、精致出版、精准出版、经典出版是我们的核心竞争力，每个选题要体现品牌价值，得到市场认可，一方面要多层次多方向定位读者，另一方面也要进行市场化运作。社会效益如何体现，它是建立在一定的发行量基础上的。”①

浙江人民出版社打造了不少品牌图书，包括以胡鞍钢著作为代表的“中国国情研究图书”，以吴晓波著作为代表的“蓝狮子财经丛书”“浙江文化名人传记丛书”“人类口头与非物质文化遗产丛书”及《浙江通史》等。浙江人民出版社在图书出版中不断适应读者需求和图书市场的变化，不断加大选题结构调整力度，“十五”期间，浙江人民出版社销售收入年均增长 11%，利润年均增长 25%，呈现出持续、健康、稳定的发展态势，在全国市场上具有较大的影响力和竞争力，取得了较好的社会效益和经济效益。

图 2-10 《之江新语》

浙江人民出版社在庆祝改革开放 40 周年主题出版物中也取得了较好的社会效益与经济效益。《之江新语》（图 2-10）作为习近平总书记在十八大之前的重要著作之一，2013 年浙江人民出版社报经相关部门批准后重印再版，不仅深受国内广大读者的喜爱，而且在海外产生了巨大影响力。特别是 2016 年 G20 杭州峰会以后，随着杭州在世界上的影响力日益扩大，更多的海外人士开始关注浙江，关注浙江经验和浙江发展模式②。

在品牌打造的道路上，浙江人民出版社不仅仅关注全国图书市场的占有率和市场地位，也担负着让全世界各国人民更好地读懂浙江，向世界更好地宣传习近平新时代中国特色社会主义思想的重任，实现了社会效益与经济效益的双增长。

① 黄琳．浙江人民出版社：用文字记录伟大时代 用精品书写改革开放［N］. 中国新闻出版广电报．2018-12-28（4）.
② 虞文军．地方出版社主题出版的创新和发展——以浙江人民出版社为例［J］. 出版广角，2020（1）：9-13.

二、杭州出版社

1．杭州出版社历史沿革

杭州出版社成立于1995年，自成立之初，就以整理、发掘、出版杭州地方特色书刊为己任，不仅全面记录了杭州的发展脉络，而且忠实反映了杭州的人文建设成果，经过在出版行业的多年深耕，形成了几大特色领域。一是出版中国传统文化的整理与研究类图书，代表作品有：整理出版《文澜阁四库全书》，也是世界上规模最大的丛书，整理后共1559册，近10亿字；编纂出版《五代史书汇编》《中国妇女通史》《中国饮食史》《民国城镇文化通史》及“中国历代书法理论评注丛书”等，分别列入国家级项目或荣获中国出版政府奖等国家级奖项。二是出版以杭州题材为中心的地方历史文化类图书，其中代表性作品有：《西湖文献集成》《西湖全书》《杭州运河文献集成》《杭州文献集成》《杭州简史》《宋元浙江方志集成》及“杭州文化丛书”“浙江历史文化专题史系列丛书”“杭州佛教文献丛刊”“杭州丛书”等图书，形成囊括杭州历史文化各个方面的图书系列。尤其在挖掘当地地域文化方面，杭州出版社充分整合当前的出版市场与出版资源，在对外宣传杭州文化方面发挥了较好作用[①]。三是出版展示浙江、杭州发展成就和现实风貌的图书，包括“浙江蓝皮书”“杭州蓝皮书”“我们的价值观”系列、“最美杭州人”系列及《印象杭州》，以及各行业情况介绍、经验总结的图书。四是出版少儿教育类图书，包括中小学学生教材教辅读物等。

在期刊出版方面，现有《汽车世界》《英语画刊》《动漫星空》等刊物，在业内具有一定影响力。其中《汽车世界》杂志在服务民族汽车产业方面多有开拓，获“2016最具创新价值平面媒体奖”。数字化出版方面，积极探索传统出版与新媒体技术融合发展之路，与多家新媒体公司开展合作，推出电子阅读产品。产业发展方面，与绿城集团、杭氧集团等知名企业合作开展图书策划营销、文创产品开发等，初步形成多产业齐头并进的态势。

通过梳理杭州出版社近二十年的发展路径，不难发现杭州出版社已经探索出了基于自身特色的发展路径，即“吃杭州饭、

① 童伟中，钱登科．地方出版社做好地域文化整理出版刍议——以杭州出版社编辑出版“杭州全书”为例[J]．中国编辑，2017（7）：42-46，52.

打文化牌、走市场路、铸创新魂”。所谓“吃杭州饭”，就是要发挥出版优势，讲好“杭州故事”，传播“杭州好声音”；“打文化牌”，就是要传承弘扬中华优秀传统文化和挖掘整理地方文化，彰显“中华文化”和“杭州文化”的魅力；“走市场路”，就是要坚持市场导向，探索实践“杭州书房”建设模式，积极开展图书市场化营销体系改革，努力实现“双效”统一；“铸创新魂”，就是要进行图书供给侧结构性改革，优化出版结构，提高集团“造血”功能，实现出版行业健康可持续发展。

2. 杭州出版社出版现状数据分析

2.1 出版情况总览

本文将从出版物类别、作者排行、丛书出版三个维度对样本时间内杭州出版社的出版情况进行统一梳理。

2.1.1 义务教育类图书与非义务教育类图书

从用途上来看，出版物可以划分为义务教育类图书与非义务教育类图书两类。根据《教育部关于印发义务教育课程方案和课程标准（2022年版）的通知》，本文将义务教育类图书定义为包括国家课程、地方课程和校本课程在内的，以国家课程为主体，奠定共同基础；以地方课程和校本课程为拓展补充，兼顾差异的，且以服务于义务教育为目的的图书。除此以外的其他书籍定义为非义务教育类图书。

将所采集到的数据进行统计，2000年至2020年，共采集到杭州出版社出版的非义务教育类图书4526种（图2-11），占出版书籍总数的98.96%。这说明在样本时间内，非义务教育类图书出版发行是杭州出版社的核心业务，代表性作品主要有《浙江戏曲史》（徐宏图著，2010年出版）、《行与思：2012年度杭州市宣传思想文化工作优秀调研报告文集》（中共杭州市委宣传部编，2012年出版）、《长风破浪正当时：杭州市政协委员创新创业风采录（第1辑）》（政协杭州市委员会编，2013年出版）、《能不忆湖墅》（陆珊溢主编，2016年出版）、《不合时宜——东坡人文地图》（王文正著，2015年出版）。而在非义务教育图书的年度出版数量上，2018年非义务教育类图书的出版总量最多，共计1732种。

相对于非义务教育类图书，义务教育类图书总量略显单薄，占比仅为1.04%，之所以出现如此结构，与杭州出版社自身定

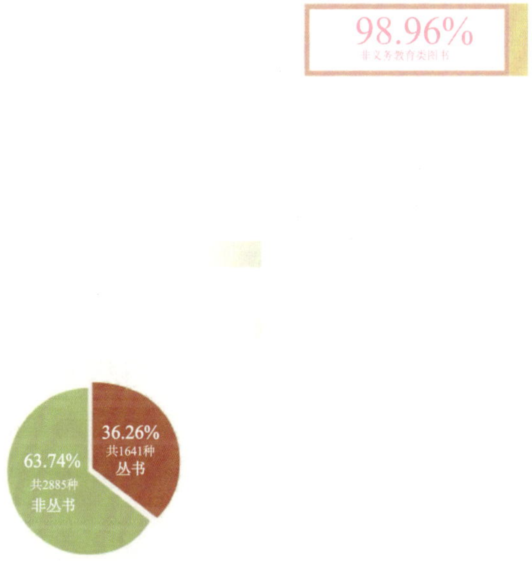

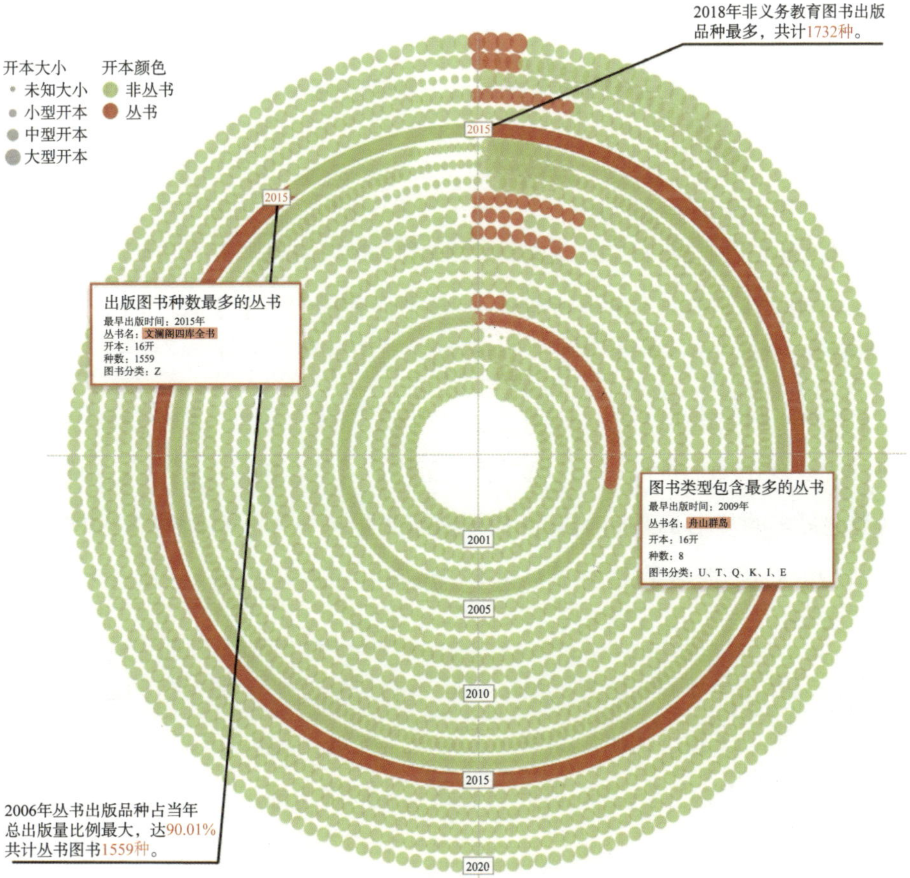

说明：
1. 中型开本为16—32开。
2. 本数据仅包含非义务教育类图书。
3. 分析取用2000年1月—2019年12月的数据，不包含无书号的图书。
4. 主图中每个点代表一种书，一圈为一年，由内到外为2000—2020年。

图 2-11　2000—2020 年杭州出版社非义务教育类图书出版情况总览

位有关[①]。首先，作为一家综合性城市出版社，杭州出版社在出版业务上更倾向于服务地方文化建设，这是城市出版社的天然使命。其次，杭州地区地域文化丰富，这为杭州出版社提供了深入挖掘选题的土壤，同时也回应了读者呼吁体验感和参与感的诉求，创造了基于杭州本地的、以图书为媒介的“交流场”。再次，杭州出版社在出版业务上向非义务教育类图书倾斜，从本质上来讲是一种“权利的让渡”，这种“让渡”在放权的同时也使其他出版社被“赋权”，既避免了与各类初、高等教育类出版社业务重叠的窘境，又能够打造自身特色、塑造品牌形象。从这些因素来看，杭州出版社非义务教育类图书与义务教育类图书的出版比例构成，是科学的构成，也是必然的结果。

2.1.2 丛书与非丛书

在非义务教育类图书总样本（以下简称总样本）中，丛书占比为 36.26%，共计 1641 种；非丛书占比为 63.74%，共计 2885 种（由于义务教育类图书总样本中丛书与非丛书样本占比太少，本文不再另行统计）。丛书代表性作品主要有“舟山群岛·海洋旅游文化丛书”“杭州全书”“西湖文化博览丛书”“杭州社区文化家园建设丛书”“杭州市社科知识普及丛书”“元代杭州研究丛书”“杭州文史小丛书”“励尚文化系列丛书”及《文澜阁四库全书》等。

通过统计不难发现，杭州出版社在丛书出版过程中表现出如下特征：一是丛书覆盖范围广。这里的广度不仅仅指横向的覆盖内容广，也包括纵向的出版时间跨度长，如图书类型最多的丛书是“舟山群岛·海洋旅游文化丛书”，出版时间为 2009 年；图书册数最多的丛书是《文澜阁四库全书》，出版时间为 2015 年，册数是 1559 册，为当年出版总量的 90.01%，其规模之宏大、内容之丰富、品类之齐全，无出其右。二是以杭州文化为依托。杭州作为浙江省会，又是著名的历史文化名城和旅游城市，在历史上曾经是吴越国和南宋的都城，本身的历史文化资源已然十分丰富，这为杭州出版社“讲好杭州故事，服务杭州建设”，继而出版一系列杭州乃至浙江文化丛书提供了优越的条件，更形成了独特的出版品牌。三是走出杭州、辐射全国。从杭州出版社出版的一系列丛书可以发现，其出版的作品虽然在内容上以杭州文化为主题，但并没有将目光局限于地区，而是瞄准细分市场、

① 孙佳，严定友．社交媒体时代出版社知识服务的范式转向［M］// 中国编辑学会．分享七十年出版业荣光 共创新时代编辑界辉煌——中国编辑学会第 20 届年会获奖论文（2019）．北京：人民出版社，2020.

深耕垂直领域、打造知名出版物、业务覆盖全国，这种经营策略与我国出版行业的产业结构升级遥相呼应。根据当当联合易观发布的中国二十年图书零售市场报告，虽然近二十年来我国图书总印数整体呈上升趋势，然而新出版图书种数自 2017 年以来却呈下降趋势，依靠盲目增加图书新品种来提高市场占有率的趋势有所减弱，盲目追求畅销书、价格虚高等现象有所减少，经营方式向精益转变，图书市场发展结构逐渐优化[①]。

2.1.3 作者与作品

根据当当联合易观发布的中国二十年图书零售市场报告，1999 年《出版物市场管理暂行规定》出台，出版物的发行门槛降低，外资和非公有制资本嗅到了出版市场的丰厚利润，纷纷涌入各大出版机构，主观上的逐利行为也在客观上造就了出版市场的火热，同时也迎来了全民出版的高潮，图书的销售总量从 216.43 亿元一度攀升至 390.19 亿元，作者群体在丰厚的薪酬鼓励下纷纷为出版市场的春天鼓与呼。在这种时代背景下，杭州出版社也迎来了作者群的大爆发，代表作者有赵福莲（《西湖文化博览丛书：1929 年的西湖博览会》2000 年版）、王旭烽（《杭州史话》2000 年版）、刘明（《现代科学技术概论》2001 年版）、许洪流（《晋王羲之〈兰亭序〉：王羲之尺牍（冯承素摹本 虞世南临本 褚遂良临本）》2002 年版）、郑立于和郑霜枝（《西湖楹联大观》2003 年版）、罗以民（《天涯孤舟：郁达夫传》2004 年版）、邱国珍（《浙江畲族史》2010 年版）、李利忠（《是什么让我们嚎啕大哭》2011 年版）、翁卫军（《我们的价值观》系列 2012 年版、《道德的力量》2012 年版）、赵冠义（《悲章痛史铭英雄：杭州抗日战争故事》2013 年版）。

在杭州出版社的作者群中，出版超过 20 种作品的作者 / 编写组共有 16 个，包括“软硬笔习字本”“直映儿歌”“直映作文”及“最美杭州人”系列、“我们的价值观”系列等图书作者。在统计数据中，杭州出版社出版的《中国妇女通史》（10 卷）于 2013 年 4 月获第四届中华优秀出版物奖，作者为陈高华、童芍素。

① 叶贤权．城市出版社发展路径探析［J］．出版与印刷，2018（3）：37-41.

2.2 出版类型总览

下文主要从出版分类（中图法）、图书开本、价格趋势三个方面对出版类型进行归纳总结。

2.2.1 出版分类

2000 年至 2020 年，杭州出版社在出版类型方面呈现出“全面开花、侧重综合”的特征，即各个类型的图书均有涉猎，又特别侧重综合类图书，包括但不限于丛书、百科全书、类书、辞典、论文集、全集、选集、杂著、年鉴、年刊、期刊、连续性出版物、图书目录、文摘、索引。从统计样本中可以看出，以 Z（综合性）类图书的出版占比最高，达 36.08%，共计 1633 种；其次为 K（历史、地理）类书籍，包括史学理论、世界史、中国史、亚洲史、非洲史、欧洲史、大洋洲史、美洲史、传记、文物考古、风俗习惯、地理等，占比达 15.25%，共计 690 种；再次为 G（文化、科学、教育、体育）类书籍，包括文化理论、世界各国文化与文化事业、信息与知识传播、科学、科学研究、教育、体育，占比达 10.65%，共计 482 种。其他类别依次为 I（文学）类，占比为 7.69%，348 种；F（经济）类，占比为 6.63%，300 种；J（艺术）类，占比为 6.05%，274 种；D（政治、法律）类，占比为 4.42%，200 种；T（工业技术）类，占比为 4.24%，192 种；B（哲学、宗教）类，占比为 2.19%，99 种；C（社会科学总论）类为 86 种；H（语言、文字）类为 57 种；R（医药、卫生）类为 50 种；其他为 113 种，占比 2.54%（图 2–12）。

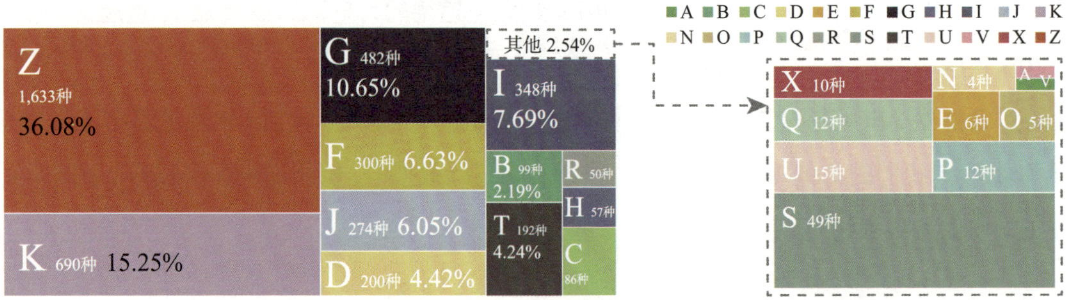

图 2–12　2000—2020 年杭州出版社图书类型比例

2.2.2 图书开本

从统计数据中可以发现，统计样本内数量最多的是 16 开书籍，代表作品如《我最想知道的》系列，《众里寻他千百度》《初次育儿指南：零岁～三岁的教养指南》《快乐终极指南》《与自己停战的26个练习》《秘密花园》《西湖文澜：西湖文化研讨会论文集萃》《我们一起走过：杭州市政协发展历程史料》等。

开本中数量第二的是32开书籍，代表作品如《爱因斯坦语录》《爱的纪律委员LAW》《七月与安生》《浙江区域史研究（1000—1900）》《中共杭州历史九十年（1921—2011）》《学科教育研究：物理教育》《寻味大径山：人文深呼吸》《潮落潮生：王国维传》《自然而然：冯然中英文诗歌小集》《翡翠绿谷龙井：追忆“龙井茶乡百灵鸟”部鸣镛先生》《思想政治工作理论读本》《英语情境教学理论与实践》《亲子依恋游戏：在游戏笑声和亲密关系中解决孩子的行为问题》等。

8开书籍的出版总量排名第三，代表作如《西溪书法楹联集》《艺德可风：唐云先生为浙江省残疾人福利基金会绘赠国画百幅》《李进荣色调练习》《汇聚·速写照片2000例》《宁波香山教寺大法堂营造法式》《美术君课：联考静物》《名师指点国画技法速成教程·山水》《晋王羲之〈兰亭序〉：王羲之尺牍（冯承素摹本 虞世南临本 褚遂良临本）》《刘彦勇 色语·印象》等。从代表作品中可以看出，8开的出版物以书法、绘画、速写、对联等题材为主。

64开和54开的出版总量比较少，仅为30种和6种，且两者均以丛书为主。前者代表作如“杭州市社科知识普及丛书”，后者只有一套丛书，即六册识字卡片（图2-13）。

开本计数 1 100 200 300

说明：去除未知开本的数据4条。

	2000	2001	2002	2003	2004	2005	2006	2007	2008	2009	2010	2011	2012	2013	2014	2015	2016	2017	2018	2019	2020
64开													11	9	10						
54开																			6		
32开	36	43	30	19	18	4	1		2	4	2	2	13	1	6	14	20	24	9	7	4
16开	9	10	31	41	119	80	92	91	123	98	109	136	122	200	278	1715	164	194	194	180	159
8开	1	4	3					1		1			4	11	8	3		1	1	25	19

中型开本

图2-13 2000—2020年杭州出版社图书开本情况

开本与出版物主题密切相关。市场上流通范围比较广的开本为 32 开和 16 开，这种主流出版物尺寸，主要涉及传记、义务教育、简史、丛书等类型，这类出版物占据了市场的主流，同时这类书籍的读者对于价格更加敏感，性价比是影响其购买书籍的首要因素。其他开本在尺寸上或者适合大画幅出版物，如书法、绘画等，或者在用途上比较有针对性，如识字卡片、幼儿书籍等，这类出版物更加注重装帧、美观和功能，虽然在开本上和数量上不占据主流，却能够通过“不走量而走价”的策略顺利实现盈利。开本与出版物成本密切相关。在字号统一、行间距为 1.5 倍行距的情况下，以中型开本（16 开和 32 开）所容纳的字数为对比样本，异形开本或者影响视觉审美，或者印张增多成本上浮，这就使得成本因素倒逼出版商尽可能选择价格更低的中型开本[①]。

2.2.3 价格趋势

图书价格受多方因素影响。从供应链的角度来看，供应端影响价格的因素主要是图书成本，包括稿酬及校订费用、租型成本、原材料及辅助材料费用、制版费用、印装（制作）费用、出版损失、编录经费、管理费用、财务费用和营业费用。消费端影响价格的因素主要包括消费者的购买用途和价格预期，二者共同作用，最终构成消费者的购买意愿。从政策的角度来看，图书价格还受定价机制的影响，我国的图书价格最早是出版社定价，随着市场对出版行业影响的逐步加深，国家又陆续出台了出版物价格管理制度、由计划到市场主导的定价机制以及以市场为主导的定价机制[②]，本文所统计的样本区间内，数据主要受市场主导的定价机制影响。

从统计结果看，杭州出版社的图书价格呈现出“整体上升，总体平稳”的特点。10 元以下的图书每年的发行量基本维持在 7 到 12 种，部分年份甚至没有出版计划，如 2006 年、2007 年、2008 年、2011 年和 2020 年。其中 2019 年的发行数量是 12 种，也是 10 元以下统计样本中唯一发行数量超过 10 种的一年，需要注意的是，也正是在 2019 年，中国新闻出版研究院院长魏玉山提出“制定图书交易价格法，规范图书市场秩序”，迈出了图书价格法制化的第一步，随后国家新闻出版署印发了《出版业“十四五”时期发展规划》，该规划明确提出了“推动图书价格立法”，为图书价格的规范化、法制化奠定了基础，同时也遏制了

① 叶涛 . 开本与定价：图书策划不容忽视的重要因素［M］// 贺圣遂 . 新形势 新思考——中国编辑学会第十届年会论文集 . 上海：复旦大学出版社，2006.
② 吕建生，徐乃瑞 . 新时代规范图书定价机制的必要性及可行性［J］. 科技与出版，2022（7）：47-51.

图书市场的无底线竞争，打击了图书市场尤其是线上市场无节制的打折现象，在一定程度上缓解了“劣币驱逐良币”的隐忧。

在其他价位区间，10 元到 40 元的图书在统计样本中占据主流。从 40 元以上的价位开始，图书的发行数量开始明显缩减（图 2-14）。

1 — 1560

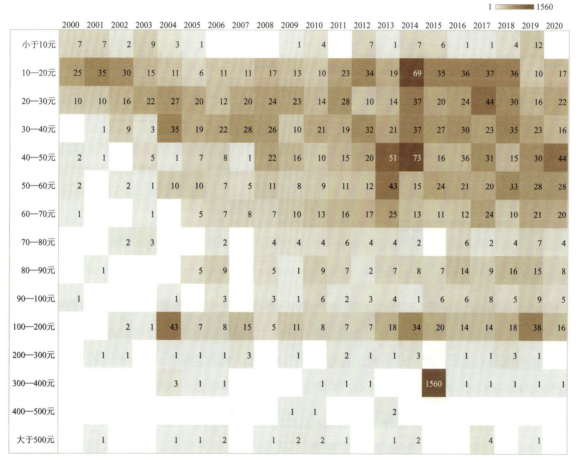

	2000	2001	2002	2003	2004	2005	2006	2007	2008	2009	2010	2011	2012	2013	2014	2015	2016	2017	2018	2019	2020
小于10元	7	7	2	9	3	1				1	4		7	1	7	6	1	1	4	12	
10—20元	25	35	30	15	11	6	11	11	17	13	10	23	34	19	69	35	36	37	36	10	17
20—30元	10	10	16	22	27	20	12	20	24	23	14	28	10	14	37	20	24	44	30	16	22
30—40元		1	9	3	35	19	22	28	26	10	21	19	32	21	37	27	30	23	35	23	16
40—50元	2	1		5	1	7	8	1	22	16	10	15	20	51	73	16	36	31	15	30	44
50—60元	2		2	1	10	10	7	5	11	8	9	11	12	43	15	24	21	20	33	28	28
60—70元	1			1		5	7	8	7	10	13	16	17	25	13	11	12	24	10	21	20
70—80元			2	3			2		4	4	4	6	4	4	2		6	2	4	7	4
80—90元		1				5	9		5	1	9	7	2	7	8	7	14	9	16	15	8
90—100元	1				1		3		3	1	6	2	3	4	1	6	6	8	5	9	5
100—200元			2	1	43	7	8	15	5	11	8	7	7	18	34	20	14	14	18	38	16
200—300元		1	1		1	1	1	3		1		2	1	1	3		1	1	3	1	
300—400元					3	1	1				1	1	1			1560	1	1	1	1	1
400—500元										1	1			2							
大于500元		1			1	1	2		1	2	2	1		1	2			4		1	

图 2-14　2000—2020 年杭州出版社图书价格变化

从图书类别上来看，义务教育教材的价位比较特殊，由于《出版管理条例》和《出版物市场管理规定》严格限制义务教育教材价格，该类别图书的发行征订统一由新华书店完成，地方出版社在义务教育教材定价上的自主权较少，因此，本文不再另行统计。

3. 杭州出版社经营策略

从近二十年的经营数据来看，杭州出版社取得了不俗的成就，同时也存在一定的精进空间。一是杭州出版社虽然以地方文化为出版重点，也打造了一定的地方文化出版物体系，然而仍然缺乏成规模、成系统的地域文化丛书，这导致地域文化类书籍呈现出“松、散、碎”的特点。二是内容的交叉与重叠，使得出版物与出版资源存在一定程度的空转和浪费，在针对性和完整性、条理性上略显不足。三是由于上文的“不成体系”和“交叉重叠”导致的出版断档[①]，即叫好又叫座的出版物往往呈昙花一现的状态，受出版资金不足、优秀作者流失和优秀编辑匮乏的掣肘，难以形成稳定、持续的出版物产品线。针对这些现象，杭州出版社的发力点应从以下几个方面入手。

3.1 精准统筹规划，打造科学出版生态

2022 年 4 月，中宣部发布了《关于推动出版深度融合发展的实施意见》，为打造科学的出版生态提供了指导，也为各大出版社统筹出版工作指明了方向。

首先，深入调查研究，掌握一手资料。出版工作整体周期长、涉及部门多、社会效益慢，因此在推进某项出版工作中，必须做好充分的调查研究，明确该出版物在生态位中处于什么阶段和地位。从政府指导、市场调查、作者调查、读者调查等多个方面进行研究、统计，并根据调研结果设计出版策略。在这方面的典型是“杭州全书”丛书，在出版“杭州全书”丛书之前，杭州出版社从书籍定位、学科门类、受众群体、编审校对、装帧设计、市场反馈等多个方面进行了严密的调查与研究，书籍尚未发行，就已经打造了全方位、立体化的出版方案，把“前置工作”做到了滴水不漏。

① 童伟中，钱登科．地方出版社做好地域文化整理出版刍议——以杭州出版社编辑出版“杭州全书”为例［J］．中国编辑，2017，91（7）：42-46，52.

其次，正确处理重点出版与衍生出版的关系。杭州出版社作为一家地方出版社，依托杭州而面向全国，出版的作品以杭州地方文化为特色，在做好、做精重点出版物的同时，还需要在主要业务的边缘地带开拓新的出版衍生业务，构造多样化的出版生态系统，为出版物的多样性建设提供先决条件。

再次，注重社会效益和经济效益的统一，推动出版行业平稳、健康、可持续发展。出版行业是体现国民精神文化需求的重要窗口之一，也是教育、文创市场的基础，为市场提供最基本的物质资料。在构建科学的出版生态的过程中，除了从“多样性”上发力外，还需在“持续性”上进行积极探索。

3.2 提升出版站位，强化教育引导效能

出版工作是宣传思想文化工作的重要组成部分，是推进中国特色社会主义文化繁荣、建设社会主义文化强国的重要阵地，也是坚定文化自信、深化改革创新的桥头堡。出版人要深刻认识到出版工作在社会主义建设和中华民族伟大复兴过程中的重要意义，提升出版工作的站位，打造高效能出版事业。出版事业是宣传事业的重要组成部分，本身就具备政治属性，诸如研究阐释党中央的重大战略部署、弘扬伟大建党精神、讲好中国故事等本身就隶属于出版单位的内在职责，是培根固本、强根健基的基本路径。杭州出版社在主题引导方面出版了一系列的优秀作品，如《走在援疆路上：杭州市援疆 20 周年纪实》《永远的记忆：重访浙江抗战旧地》《思想政治工作理论读本》《白水城的召唤：倾情讲述杭州援疆故事》《杭州政协忆事——庆祝杭州市政协成立 60 周年》《杭州抗战记忆——纪念抗日战争胜利 70 周年》《起飞在杭州：中央杭州飞机制造厂史料图辑》《信赖·信任·信服——杭州“三信法院”建设实践》。这些导向性成果除了具备红色基因外，还兼具杭州本地特色，在杭州本土文化中融入了红色案例，形成用“杭州文化”诠释“红色文化”、用“红色文化”哺育“杭州文化”的特色出版现象。

3.3 创新出版机制，拥抱未来出版生态

媒介形态的持续发展也对出版行业产生了深刻的影响，杭州出版社在持续出版纸质书籍的同时，也在不断摸索新媒介形态下的出版业务，促进传统出版与新兴出版相融合，在电子出版、数字教材和出版物交互形态等多个领域进行创新和突破。一是大力推动电子出版，在制、售电子书领域取得了一定成果，代表电子书如《最美爸爸黄小荣》（孙侃著）、《钱塘江医药文化》（朱德明著）、《宋画与西湖》（寿勤泽著）、《良渚文明的圣地》（赵晔著）、《市域治理现代化杭州范例》（市域治理现代化杭州编写

组编著)、《杭州风情小镇——历史·人文·山水的和谐样本》(翁卫军主编)、《大画〈论语〉》(潘志平主编)等作品均已在杭州出版社电子书平台发售。二是数字教材的发行与推广。数字教材是杭州出版社在出版形态上的一次大胆创新，与其他数字出版物相比，教材的数字化有其自身的特点。首先，教材的使用场景为教育机构和培训机构，因此在数字教材的推广路径上不仅要依托市场，更要打通现实领域中的场景壁垒，深入义务教育、学历教育、培训教育各个机构内部，这在客观上促进了出版社与各个学校、各个机构的深度合作，目前已经实现了与杭州绿城集团、杭氧集团的产品共同研发，真正实现了资源的共享和业务的下沉。其次，数字教材的媒介载体脱离了纸质出版物，转向可移动设备或 PC（个人电脑）端，因此更加依赖“屏幕化”设备，这种基于大数据、云端化的技术特征，使得数字教材能够搜集个人的学习数据，并在此基础上进一步整合，勾勒出用户的“学习画像”，使教育的“个性化”和“针对性”更强，孔子所提倡的“因材施教”得以在技术层面实现[①]。再次，数字教材将传统教材的图文媒介转化为“多感官媒介”，除了视觉上的图文，更兼视听上的音频与视频，以及移动端的声、光、震反馈，在 VR（虚拟现实）技术、AR（增强现实）技术，以及迅速发展的 BCI（脑机接口）技术加持下，不排除未来出现完全沉浸式的数字教材，这对以往教材的“冷知识”提出了新的要求，技术革新背景下“热媒介”形态的教材内容将成为主流(图 2-15)。

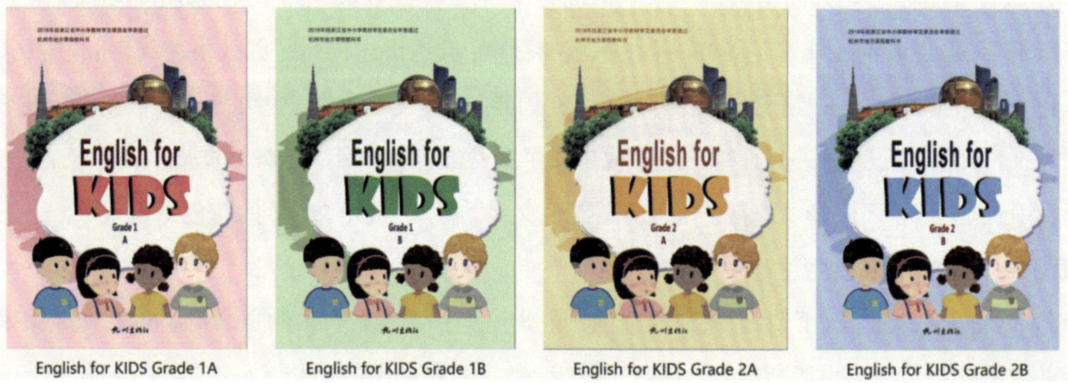

图 2-15　杭州出版社的“数字教材”

① 佘世红，胡婧雯．“可沟通城市”建构中新兴出版的意义及实践[J]．出版发行研究，2020(11)：26-31.

三、宁波出版社

1. 宁波出版社历史沿革

宁波出版社成立于 1993 年 11 月，2003 年 10 月加入宁波日报报业集团，是一家兼具城市出版和媒体出版双重特色的综合性出版社。该社现下设总编办、发行部、财务部、事业发展部、数字出版部等多家二级单位，拥有宁波东海岸电子音像出版社、宁波市甬图文化发展有限公司、金字斋书刊设计服务中心三个子机构，年出书品种 1000 余种，创利 930 万元左右，全社总资产 11000 余万元。建社至今，共有超过 310 种次图书分别获得全国“五个一工程”奖、中国图书奖、中华优秀出版物奖、民间文艺山花奖、浙江省出版树人奖、浙江省“五个一工程”奖等国家、省市级各类奖项，充分体现了“两个效益”的均衡发展。2009 年在首次全国经营性出版单位等级评估中，被国家新闻出版总署评为二级出版社。

在团队建设方面，社内有多名员工入选全国新闻出版行业领军人才、浙江省 151 人才工程、宁波市领军和拔尖人才、宁波市宣传文化系统“六个一批”人才等人才培养工程。

宁波出版社秉持“立足宁波、面向全国，优质高效、多出精品”的办社宗旨，坚持正确的出版导向，经过二十年来的精耕细作，已逐步形成文化、社科、教育、少儿四大类特色鲜明、影响广泛的图书板块。以《宁波通史》《中国藏书通史》《宁波商帮史》《中国越窑瓷》等为代表的一大批学术品位高、文化价值大的文史类图书受到了业内专家的好评；以《宋元四明六志》《甬上风华》《宁波旧影》《近代宁波城市变迁与发展》《十里红妆婚嫁传说》《慈城年糕的文化记忆》等为代表的记录历史、传承文脉的注重文化积累的图书，体现了宁波出版人的文化责任；以《生死兄弟情》《真情少年》《一个都不放弃》《别嫌我们长得慢》及“浙东作家文丛”等为代表的反映宁波当代文艺创作实力的原创文学作品，促进了宁波文艺的大繁荣；以“学习方法指导丛书”“课前课后同步练习”“小学常规课教学设计”系列等为代表的教育类图书，也已成为广大教师和学生成长的良师益友；以“立体纸模馆”“木头人”系列为代表的少儿类图书在青少年市场中赢得了一席之地。另有《天一阁藏明代科举录选刊》《万斯同全集》《巴人全集》《中国竹刻扇骨》等重点图书，被列入国家古籍整理重点图书出版规划与国家“十二五”重点图书出版规划。

2011 年宁波出版社顺利完成转企改制，在新一届领导班子带领下，宁波出版社进一步明确了“做强出版，多元拓展”的发展定位，确立起“企业发展与员工成长”的发展目标，注重培育企业精神、企业文化，并不断深化内部改革，强化对外合作，加快转型升级，着力提升专业化水平、产业化规模、市场化程度。目前，宁波出版社正积极谋求由原来纸质出版为主逐步向纸质、电子、音像、网络等多介质出版转型，由单一出版主业发展为主逐步向多元拓展融合发展转型。

同时，宁波出版社在古籍资源库建设、手机阅读、电子书运营等多个方面扎实推进，并取得了初步成效。“天一阁藏古籍珍本数字出版工程”入选 2012 年国家新闻出版总署改革发展项目库，“中小型出版社数字化转型升级项目”在 2014 年被列入国家文化产业发展的重大项目。

2. 宁波出版社出版现状数据分析

2.1 出版情况总览

下文拟从义务教育类图书与非义务教育类图书、图书价格、作者与作品三个方面对宁波出版社的出版现状进行统一梳理。

2.1.1 义务教育与非义务教育

从统计数据来看，虽然教育板块占据宁波出版社四大业务之一，然而跟该社的出版总量相比，非义务教育类图书才是宁波出版社的业务重点，占比为 75.98%，代表作品有《雾都孤儿》《彼得兔的故事》《培根随笔》《柳林风声》《福尔摩斯探案集》《晚清温州纪事》《木偶奇遇记》《爱的教育》《机械巨人小松：无所畏惧的信念》《今天也是元气满满》《在人间·我的大学》《深夜惊奇音乐会》等。义务教育类图书仅占比 24.02%，代表作品有《初三学业测试训练》《小学科学分层探究活动手册》《单元反馈练习》《课前课后同步练习》《小学数学口算训练》《小学期末迎考特训》《全程夺冠》《综合学习与评估》及“学习方法指导丛书”“新课标学习方法指导丛书”等。

从宁波出版社的义务教育类图书形态来看，传统的纸媒教材已经不是教材的主要形态，融合类教材才是发展趋势，这种融合类教材依托纸质图书而又高于纸质图书，包括但不限于光盘、PC 端、移动端等数字技术，集合了人的视听感官，不仅可以支持日常的教学活动，且能够提升知识的趣味性，降低了教授过程中的信息损耗，提升了教育的总体效能①。

此外，搭配义务教育应用软件也是宁波出版社义务教育类图书的一大特色。在部分少儿教育出版物中，常常搭载配套的学习软件。软件作为虚拟资产的一种，在某种程度上可以视作出版物的一种，如可复制、可发行、拥有版权等，在此基础上又具备传统教材不具备的功能，如可开展管理、能够与电子教学设备搭配运行、具有一定的交互性等（图 2-16）。

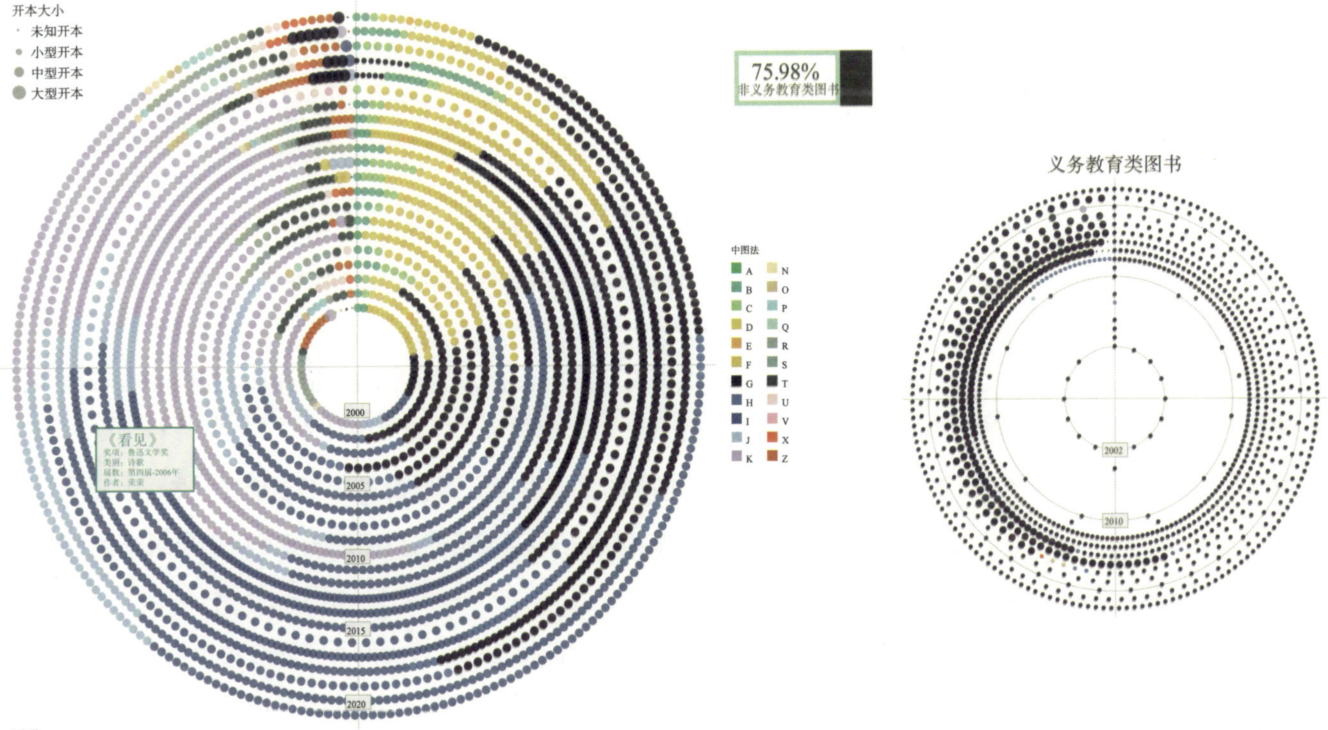

说明：
1.主图中每个点代表一种书，一圈为一年，由内到外为2000—2020年。
2.分析取用2000年1月—2020年12月的数据，不包含无书号的图书。

图 2-16　2000—2020 年宁波出版社义务教育与非义务教育类图书出版情况总览

① 黄瑞明．论融合出版视角下高校教材出版创新［J］．文化产业，2023（4）：25-27.

2.1.2 图书价格

宁波出版社的图书定价受到多重因素的影响，主要包括产品成本、市场供求、法律法规、读者预期等。

从统计数据中可以看出（去除未知价格数据 30 条），10—40 元的价位区间在出版数量上占据优势，20—30 元价位出版数量最多，占比为 22.85%，共有 1010 种；其次是 10—20 元价位，占比为 22.14%，共有 979 种；排名第三的是 30—40 元价位，占比为 21.81%，共有 964 种，几乎与第二名持平。

其他价位占比相对较少，10 元以下的图书占比为 8.89%，共计 397 种；50—60 元价位的图书占比为 6.70%，共计 296 种。

宁波出版社的图书价格结构之所以如此，是多种因素共同作用的结果，首先与图书成本有关。图书是国民阅读的精神产品，需要在市场化条件下运行，为了获得更大的市场份额、更多的图书利润，在图书价格日益增长已经成为一种趋势的今天，出版商不得不从成本下功夫，在成本、利润、总销量之间寻求最佳平衡点，即统计结果中的 10—40 元价位区间能够达到利润的最大化，这也倒逼更多图书在包装、纸张等因素上进行调整，并逐渐朝着销量最大的价位区间靠拢[①]，最终形成价位区间的“两级螺旋”。

其次，图书价格结构是供需关系的产物。出版市场上的供需直接影响价格弹性，所谓价格弹性，指的是在其他条件不变的情况下，图书的需求量随着价格的变动而变动的差值。从统计数据中可以得知，宁波出版社在 10—40 元价位的图书发行量最大，这类图书部分是义务教育类图书，大部分仍然为非义务教育类图书。由于义务教育类图书定价受管制，因此非义务教育类图书的价格就成为了唯一的变量，当某种非义务教育类图书的销量较好时，市场的追捧使得该书在销售渠道上的竞争更加激烈，供需随之发生变化，价格弹性波动，最终回归均值。

再次，图书价格结构受宏观调控和读者预期的影响。图书作为文化的衍生物，其价值不能完全由市场衡量，社会效益与经济效益有矛盾也有统一，有的图书在销量上一骑绝尘，然而其社会效益却不一定到位；有的图书虽然销量不佳，然而却能够推动社会进步；有的图书既叫好又叫座；有的则被社会和市场完全淘汰。不管是哪种类型，必然有“无形的手”进行调控，如果宏

---

① 侯旖婕．我国图书定价策略研究［D］．桂林：广西师范大学，2021.

观调控缺位，低价恶性竞争、劣币驱逐良币就会成为图书市场的常态，因此，某一类书籍在某个价位区间内趋于稳定，必然是国家宏观调控的结果[①]（图 2-17）。

1 ▬ 90

	2000					2005					2010					2015					2020
小于10元	14	3	9		1	1	1	10	2		1	1	79	76	65	50	30	15	19	12	7
10—20元	21	31	41	39	34	42	12	12	14	18	17	11	●	●	83	60	●	60	20	41	22
20—30元	17	13	11	15	19	13	56	31	40	44	44	59	●	57	57	30	59	74	35	●	●
30—40元	1	2	2	7	11	33	10	16	47	●	65	58	64	68	75	51	●	●	48	43	●
40—50元	1	1	3		2	5	3	5	8	4	13	10	10	22	19	10	34	26	32	38	50
50—60元	2		2			2	2	5	7	3	5	8	6	10	11	3	14	17	11	25	23
60—70元	1		1			2	3	2	4	11	6	4	10	7	5	6	15	12	16	28	27
70—80元				1				1	1	2		1	2	2	2	3	7	6	7	5	9
80—90元		1			1	1	7	3	3		1	4	2	2	4		1	6	10	10	24
90—100元			1		1		8	5	7	6	6	3	3	3	2	2	3	7	6	2	10
100—200元	2	3	1	5	1	1	2	1	2	10	4	12	12	11	13	7	17	10	9	16	9
200—300元	2	2				2	3	1		2	3	3	3	4	2	4	4	5	7	6	1
300—400元	1		1			1	1			2	1	3	3	1	1	1	8	2	1	1	1
400—500元									2	2									1	1	
大于500元									1	1		1	10	3	1		1				

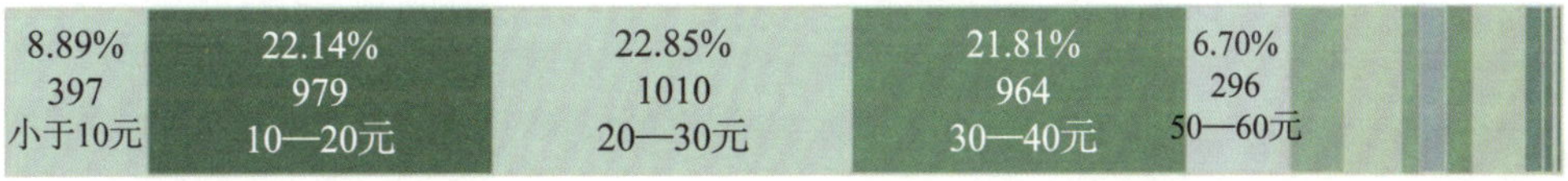

说明：
1. 数据来自浙江图书馆。
2. 去除未知价格30条数据。

图 2-17　2000—2020 年宁波出版社图书价格变化

① 舒晋瑜．探寻中小出版社特色发展的密码［N］. 中华读书报，2023-01-11（8）.

2.1.3 作者与作品

图书出版超过 20 种的作者 / 编写组共统计了 23 个，种数排名第一的作者共出版 158 种图书。

需要指出的是，排名第一的作者虽然在出版种数上最多，但是在出版类别上最少，其出版的 158 种图书均属“甬上风物：宁波市非物质文化遗产田野调查”系列，以及“甬上风华：宁波市非物质文化遗产大观”系列，前者包括“宁海县”系列、“镇海区”系列、“鄞州区”系列、“象山县”系列、“奉化市”系列、“北仑区”系列、“海曙区”系列、“余姚市”系列、“江东区”系列、“江北区”系列、“慈溪市”系列，后者包括“鄞州卷”“象山卷”“余姚卷”“北仑卷”“江北卷”“海曙卷”“宁海卷”“慈溪卷”“奉化卷”“江东卷”“镇海卷”。

排名第二的作者的作品也以丛书为主，不同的是其作品既包括义务教育类丛书，也包含非义务教育类丛书，在类型上较其他作者更丰富一些，如《高考作文必备素材》《最新 3 年高考满分作文》《最新 5 年高考满分作文》及“必读名著注音美绘本”系列、“语文新课标经典必读”系列、“名师教你写作文”丛书、“妙笔生花”丛书、“期末冲刺夺 100 分突破卷”丛书、“非练不可”丛书等。

排名第三的作者出版的图书以义务教育类为主，包括《小学语文说课的理论与实践》《小学的说课》《小学生古诗文必读 75+85》《全国小学语文新课程精典案例赏析（1～2 年级）》及“先飞鹰·衔接性寒假作业”丛书、“先飞鹰·衔接性暑假作业”丛书、“小学期末迎考特训”丛书、“冲刺名校·浙江期末冲刺 100 分”丛书、“课前课后同步练习”丛书等。

2.2 出版类型总览

2.2.1 出版分类

经过多年的发展，宁波出版社已经初步形成了文化、社科、教育、少儿四大特色鲜明、影响广泛的图书板块。

根据中图法分类，宁波出版社出版的图书中 G（文化、科学、教育、体育）类占比最高，达到 40.35%，共计 1796 种，代表作品有《馨香永溢的“小白花”：庄士敦眼中的普陀山》《人体绘本》《简明生本学习策略》《丰田流教科书：全世界最强大的制造秘诀》；其次是 I（文学）类，占比为 21.59%，共计 961 种，代表作品有《泰戈尔诗集》《钢铁是怎样炼成的》《绿野仙踪》《我可不想当青蛙》《假如给我三天光明》《老人与海》《汤姆叔叔的小屋》；K（历史、地理）类排名第三，占比为

14.87%，共计 662 种，代表作品有《安藤忠雄建筑之旅》《沙乡年鉴》《跨越海洋：中国“海上丝绸之路”八城市文化遗产精品联展》（图 2-18）。

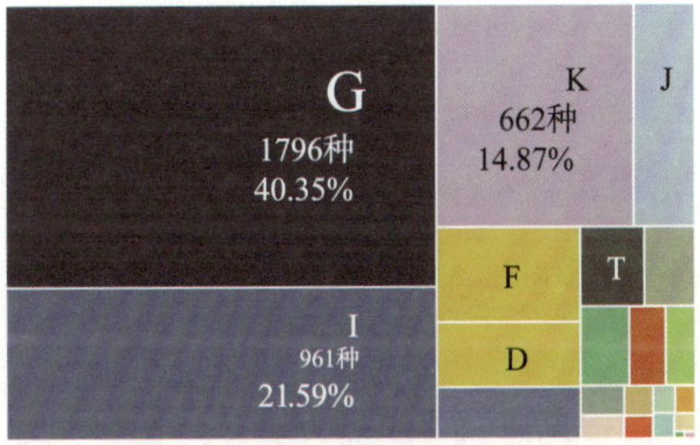

图 2-18　2000—2020 年宁波出版社图书类型比例

本文统计了 2000—2020 年间宁波出版社出版的各类开本数据，除去信息不全的 12 条数据之外，以 16 开图书的数量最多，共计 3857 种；其次为 24 开图书，为 284 种；再次为 8 开图书，共计 265 种；32 开图书数量为 20 种；64 开图书的数量最少，为 13 种。

2.2.2 所获奖项

从奖项上看，宁波出版社取得了不俗的成绩，在样本统计时间内，几乎每年都能取得一个或者多个奖项，这离不开顶层设计上的政策扶持，也是宁波出版社多年奋斗的结果。

2002 年，《中国藏书通史》获第十三届中国图书奖。

2003 年，《中国藏书通史》获第十二届浙江树人出版奖荣誉奖，《中国服饰通史》获第十二届浙江树人出版奖提名奖，《非典时期的爱与痛》获第十二届浙江树人出版奖抗非典特别奖。

2005 年，《中国远古文化》获第十四届浙江树人出版奖正式奖，《少年心事》入选百种适合青少年阅读的优秀图书书目，《民族之魂》获浙江省新闻出版局嘉奖。

2006 年，《明清竹刻》获第十五届浙江树人出版奖提名奖，《农村致富经》获浙江省局“三农”图书嘉奖。

2007 年,《让我们敲希望的钟啊》获第十届全国精神文明建设“五个一工程”奖入选作品奖,《看见》为第四届鲁迅文学奖（2004—2006）诗歌奖得主荣荣的获奖作品,《中国的吉普赛人：慈城堕民田野调查》获第八届中国民间文艺山花奖和民间文艺学术著作一等奖,《让我们敲希望的钟啊》获第十六届浙江树人出版奖特等奖和浙江省局嘉奖,《天一阁珍藏系列》获浙江省局嘉奖,《浙东学派当代名家：傅璇琮学术评论》获浙江省局嘉奖,《宁波新印象丛书：品牌宁波》获浙江省局嘉奖。

2008 年，宁波出版社获抗震救灾表现突出出版社（省委宣传部、省新闻出版局联合发文）,《现在，我该怎么办：在危机中学会成长》获优秀抗震救灾出版物嘉奖,《战冰雪：2008 宁波抗击冰雪灾害纪实》获优秀抗震救灾出版物嘉奖,《大爱感动中国：汶川大地震纪实》获优秀抗震救灾出版物嘉奖,《温暖在第二故乡》获浙江省局“三农”图书嘉奖,《宁波：30 个村庄的 30 年》获浙江省局“三农”图书嘉奖,《新农村工程建设管理基础》获浙江省局“三农”图书嘉奖,《溪口旅游文化丛书》获浙江省局优秀出版物嘉奖。

2009 年,《活力与秩序：浙江力邦村农民工社区的理论研究》获第十八届树人出版奖、浙江省局“三农”图书嘉奖,《真情少年》获第十八届树人出版奖、浙江省局优秀出版物嘉奖,《生死兄弟情》获浙江省局优秀出版物嘉奖,《回眸三十年：宁波改革开放三十事三十人》获 2009 年城市版协纪念改革开放三十周年优秀图书特别奖。

2010 年,《宁波通史》获第三届中华优秀出版物奖图书提名奖和第十九届树人出版奖，以及浙江省第十六届哲学社会科学优秀成果奖基础理论研究类一等奖。

2011 年,《近代宁波城市变迁与发展》获第二十届树人出版奖,《麦圈可可远古大冒险》获第二十届树人出版音像电子提名奖、省版协首届优秀音像制品电子出版物编辑奖一等奖,《慈城年糕的文化记忆》获第十届中国民间文艺山花奖学术著作奖,《十里红妆婚嫁传说》获第十届中国民间文艺山花奖民间文学作品奖,《抗日小英雄杨来西》获浙版协第二届优秀音像制品电子出版物编辑奖。

2012 年,《怅望千秋家国梦：宁波历史人物丛谈》获第二十一届树人出版奖,《千峰翠色：中国越窑青瓷》获第二十一届树人出版提名奖,《科学发展观通俗读本》被评为 2012 年全国首届党员教育培训教材展示交流活动优秀教材,《雪莲花：第二届中国（浙江）廉政小小说大奖赛优秀作品集》被评为 2012 年全国党员教育培训教材,《寻找有意义的教育》被评为新京报 2012 年度教育类好书,《焦点解决治疗:理论、研究与实践》在第七届华东地区书籍设计双年展中荣获封面设计一等奖,《慈城年糕的文化记忆》在2012年创意两岸城市设计双年展中入选“两岸最美的书”。

图2-19 《宁波商帮史》

2013年,《宁波商帮史》(图2-19)获国家新闻出版广电总局第四届“三个一百”原创图书出版工程,《中华龙传说》获第十一届中国民间文艺山花奖,《宁波商帮史》获第二十二届树人出版奖,《中国越窑瓷》获第二十二届树人出版奖,《宁波人家》获浙江省第十届对外传播“金鸽奖”出版物评选二等奖,《我们·余姚风景大典》获浙江省第十届对外传播“金鸽奖”出版物评选三等奖。

2014年,《一个都不放弃》获浙江省“五个一工程”奖,《别嫌我们长得慢》获浙江省“五个一工程”奖,《中国特色社会主义通俗读本》获浙江省“五个一工程”奖。

2015年,马玉娟社长被评为“全国新闻出版行业领军人才”,《中国越窑瓷》获第五届中华优秀出版物奖图书提名奖。

2016年,《指上的村庄》获第七届冰心散文奖。

2017年,“甬上风物:宁波市非物质文化遗产田野调查”丛书获浙江省非物质文化遗产“十佳百优”图书“特别荣誉奖”,“甬上风华:宁波市非物质文化遗产大观”丛书获浙江省非物质文化遗产“十佳百优”图书“十佳图书”称号,《徐福东渡研究概述》获浙江省非物质文化遗产“十佳百优”图书“百优图书”称号,《宁波年鉴(2016)》被评为第四届全国地方志优秀成果(年鉴类)一等年鉴,《阿拉宁波话(修订版)》获第二十六届浙江树人出版奖(图书),《天一阁藏明代科举录选刊(光盘检索版)》获第二十六届浙江树人出版奖(电子音像),《阿拉宁波话(修订版)》入选2017浙版好书年度榜。

3. 宁波出版社经营策略

通过梳理宁波出版社的一系列统计数据,可以发现宁波出版社拥有巨大的发展潜力,同时也亟需应对一系列的机遇与挑战。

3.1 依托地理资源,巩固自身优势

宁波出版社在文化、社科、教育、少儿四大类图书领域积累了一定的出版资源和经验优势,在发展初期就将自身定位为兼

具城市出版和媒体出版双重特色的综合性出版社，依托宁波本地资源，出版了一系列具有地域特色的优秀图书。在后续的发展中，除了秉承业已形成的专业方向，还需要在此基础上进一步细分，深耕宁波文化、甬江文化，突出地方思想性、地方艺术性、地方传承性，以精品创造口碑，以多种经营方式丰富生存姿态，坚持正确的出版方向，破旧立新的同时，打造具备宁波特色的不可替代的文化城墙。

3.2 探索数字业态，提升转型速度

在媒介融合的宏观背景下，传统出版模式已然不能满足社会发展需要，数字化出版、媒体融合出版是出版社的必由之路，尤其在如 OPENAI、NEURALINK 等智能公司的推动下，在如 ChatGPT 等生成式人工智能技术的加持下，出版技术虽然短期内没有被替代的可能，然而也应该敏锐地嗅到技术革新所带来的巨大震动[①]。需要注意的是，这里的数字业态，不仅仅指后端（读者端）的阅读平台、阅读软件，也涵盖了生产端的出版技术，传统模式下的内容生产方式，如排版、校对等，已经面临被生成式人工智能取代的危险，如果不能及时拥抱数字业态，没能跟进最新的技术对出版业带来的变革，必然会被迅速淘汰。因此，除了在生产端和销售端提升数字化水平，诸如培养数字化人才、提升物联网思维、探索人工智能语境下的出版算法等路径也应一并纳入数字化转型的范畴之内。

3.3 强化主题出版，唱响时代之声

出版工作是中华民族伟大复兴的重要抓手，也是党统筹全局、引导舆论的重要工具。出版工作必须与中央的步调一致、同频共振，才能在出版领域唱响时代之声。宁波出版社出版的一系列图书，有相当部分为主题出版物，如《颂歌再起》《四明赞歌：宁波市党史讲师团教材选编》《甲午沉思录：以此纪念甲午战争 120 周年》《毛泽东邓小平江泽民民集中制思想论析》等红色出版物，这些图书对于宣传社会主义核心价值观、推动社会主义意识形态都起到了有力的促进作用。在后续的出版工作中，需要借助当下的良好势头，持续加大主题出版力度，以润物细无声般的方式，以抓铁有痕、踏石留印的力度，坚定不移做好出版工作，打造新时代出版高地。

---

① 陈迎芬．数字化时代传统出版社的变革与编辑转型［J］．新闻传播，2023（2）：70-72.

第三章

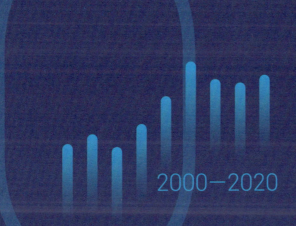

浙江专业出版社发展概况

2000—2020

2000—2020

一、浙江文艺出版社

1. 浙江文艺出版社历史沿革

浙江文艺出版社成立于 1983 年，是一家以出版文学、艺术类书籍为主的专业出版社，隶属于浙江出版联合集团。浙江文艺出版社建社后，坚持“为人民服务、为社会主义服务”的“两为”方向和“百花齐放、百家争鸣”的“双百”方针，立足浙江，面向全国，出版现当代文学、文艺理论、外国文学作品，有计划地整理出版浙江近现代作家的作品，兼及古代文学作品，在文学专业领域精耕细作，以出版高品位、高格调、高档次、高质量的中外文学名著、理论学术著作而为广大读者所熟知，尤以出版中国现当代优秀散文作品享誉出版界和读书界，成为中国地方文艺出版社中的佼佼者，是全国文学出版重镇之一。

1979 年 12 月，原浙江人民出版社（文艺编辑室）出版了傅东华翻译的美国小说《飘》，冲破了地方出版社不能出版外国翻译作品的禁锢。浙江文艺出版社建社之后，《飘》随之改版，以精、平装不同版本不断重印，成为畅销品牌。2003 年南非作家约翰·马克斯维尔·库切荣膺诺贝尔文学奖，获奖的当年，浙江文艺出版社引进其 5 部小说，之后又陆续引进其另 9 部小说。在历史文化普及读物出版方面，1999 年 1 月开始，浙江文艺出版社陆续推出“二十五史随笔丛书”，这是国内最早用随笔形式全面演绎二十五史的尝试。在古典文学整理方面，1994 年 3 月出版了一套全面而系统的古典诗歌普及读本“中国古典诗歌基础文库”，共 8 卷，从先秦到清代，收录各个时期有代表性的诗篇，除有原诗和注释外，还附有诗人的小传，在 1995 年获第二届国家图书奖提名奖。

2005 年，为重塑市场主体，提高文化生产力，浙江文艺出版社启动文化体制改革，完成“事转企”改制，更名为浙江文艺出版社有限公司。公司注册资本 2500 万人民币，人员规模达百人。

2. 浙江文艺出版社出版现状数据分析

2.1 出版规模概况

2000 年至 2020 年，共采集到浙江文艺出版社出版图书 4576 余种，年均出版图书种类约为 218 种。其中，2018 年出版图书种类达到峰值，为 456 种。2004 年 6 月、2012 年 1 月、2017 年 1 月、2018 年 1 月、2018 年 5 月、2019 年 4 月、2020 年 1

月等 7 个月份的单月出版图书种类均超过 45 种，其中，2018 年 1 月单月出版图书种类为历年单月之最，超过 90 种。

按照义务教育类图书和非义务教育类图书区分，浙江文艺出版社出版图书以非义务教育类为主，共出版非义务教育类图书 4129 种，义务教育类图书 447 种。非义务教育类图书占总体出版规模逾 9 成（图 3-1）。

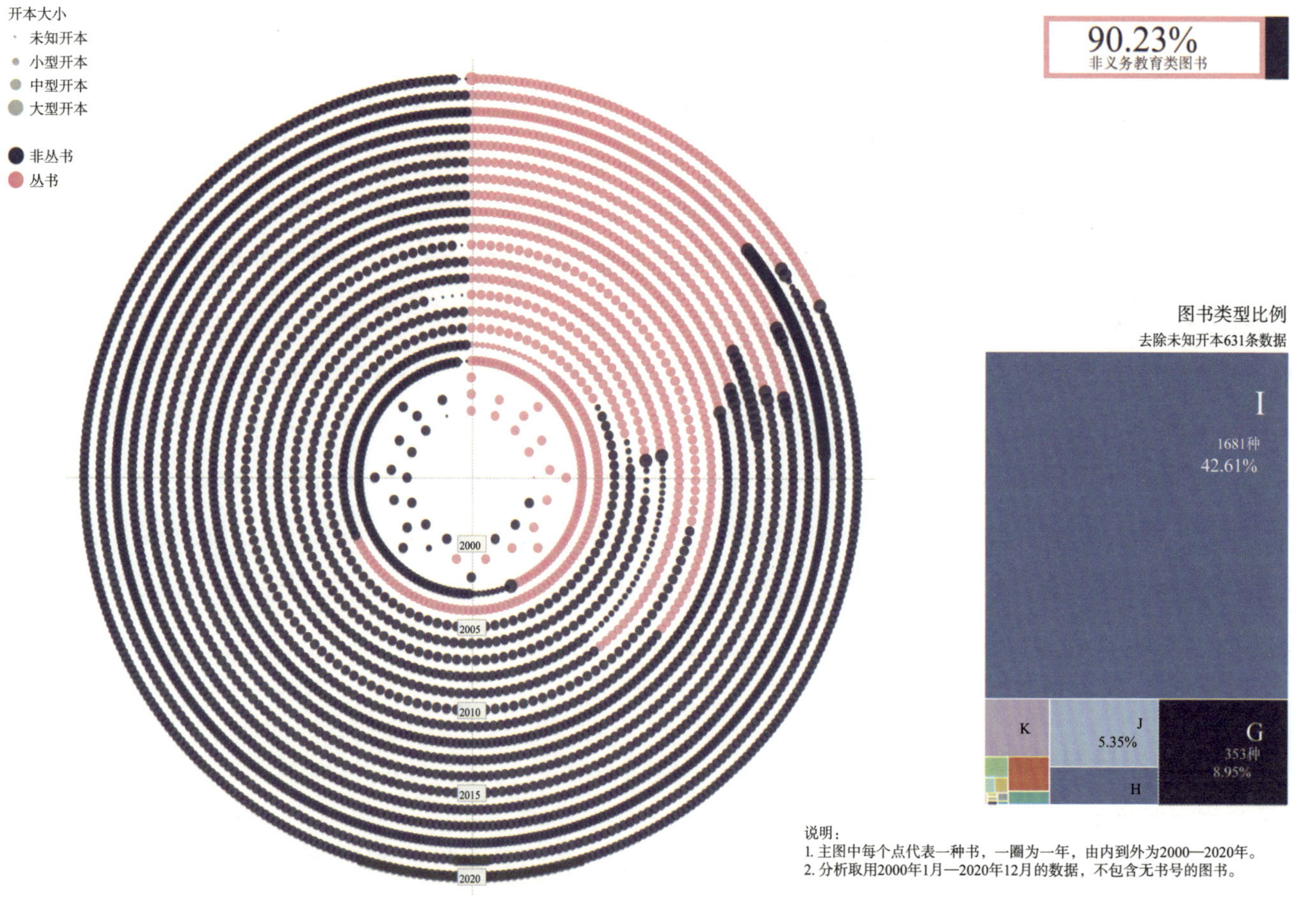

图 3-1 2000—2020 年浙江文艺出版社非义务教育类图书情况总览

出版社出版图书种类涵盖文学、文艺作品以及文艺理论、义务教育、职业教育等多个类别。出版类型满足儿童、青少年、女性读者等不同年龄段和不同性别读者的具体需求，例如针对小学生群体的“彩色童话”“儿童幽默小说”“两只爱探险的小熊”“小学生名著书架”“金水桶最佳儿童文学读本”“儿童文学版民间民俗故事”等系列图书，针对青年群体的“青少年文库”“当代青春散文经典”“名家散文·青春读本”，以及“中国女性悬疑小说精选”“女性主义文学作品”系列等。

文学、文艺作品以及文艺理论类图书分为经典名家名作以及当代知名作家的作品，作者来源广泛，中外名家荟萃，如“超文本世界名著文库”“外国短篇小说大师丛书”“日本人气轻小说”“俄苏当代经典系列”“双头鹰俄苏经典丛书”“世界绘本大师经典”以及“经典印象译丛”“中国文化精品阅读书系”“世纪文存·时尚文本”“世纪文存·摩登文本”“名家人文地理丛书”“世纪文存·小说老店”“华语散文典藏本系列”“名家微篇”“兰登英汉双语经典”。知名作家的作品常以个人命名，以丛书的方式系列出版，如“麦家文集”“艾伟作品集”“孙犁散文”“冰心小说”“老舍小说”“保罗·奥斯特经典系列”“陈丹燕·旅行汇”“蔡义江古典诗词鉴赏系列”“陈丹燕旅行文学”“赵华幻想小说系列”“易中天中华史”“汪曾祺别集”“小川洋子作品精选”“内斯比特经典幻想系列”“马丁·瓦尔泽作品系列”“库切核心文集”。

义务教育类图书多为面向教师和学生群体的教材教辅类图书，例如“新课标必读丛书”“教育部《全日制义务教育语文课程标准》指定书目”“教育部《普通高中语文课程标准》指定书目”“语文新课标必读（中学部分）”“语文新课标必读（小学部分）”“初中自主学习课时训练”“新课标新中考”“一本通·小学”“语文新课标必读”“新课标新教案”“国家统编语文教科书·名著阅读力养成丛书”“初三学业测试训练”“课时导航”等系列图书。

出版社所出版的职业教育类图书以中等职业教育和语言类、艺术类教育为主，兼顾不同职业的学习需求。如“中等职业学校公共课程配套练习丛书”“中等职业学校公共课程地方教材”“中等职业学校公共课程配套练习丛书”“浙江省预防医学岗位培训系列教材”“实用英语类”“钢琴全面训练基础教程”“学音乐丛书”“书法创作好帮手”“中国二胡名曲集锦”“报业 MBA 案例分析”等系列图书。

2.2 图书出版类型

就图书出版类型而言，排除未知开本的 631 则数据，按照中国图书馆分类法，从 A 类到 Z 类划分，出版社所出版的图书类型，以 I（文学）类图书所占比例最高，共 1681 种，占比为 42.61%；其次为 G（文化、科学、教育、体育）类图书，占比 8.95%，共 353 种；再次为 J（艺术）类图书，占比 5.35%。浙江文艺出版社出版的主要类别为文学类，文化、科学、教育、体育类，以及艺术类图书，符合专业出版社的内容定位。

浙江文艺出版社图书出版类别涵盖长篇小说、中篇小说、短篇小说、散文、诗歌、人物传记、访谈录、文艺批评、文艺理论、神话故事、国学启蒙、名家传记等多类别，例如“华夏文明发现之旅丛书”“国学启蒙诵读文库”“管家琪少年王侯故事”“山海经故事丛书”“神话传说故事（青少彩图版）”“中华经典诵读”“大师批评译丛”。名家名作系列如“名典书坊”之《大泽乡》《断魂枪》《翡冷翠山居闲话》等，选编了中国现代文学史上具有重要地位的著名作家各具特色的代表作品，以其中一篇的题目作为书名，突出个性化的语言风格以吸引读者。

文学类图书中，海外名家作品占据重要地位。例如阿根廷著名作家博尔赫斯作品《博尔赫斯全集》是浙江文艺出版社独家引进版权的作品，分为小说、诗歌、散文三个门类，共五卷。图书在包装上进行更新，以前版本为平装，后根据市场需要，推出精装珍藏本。

海外名家作品既涵盖历代经典作品，也包括当代热门畅销作品。如经典作品《格兰特船长的儿女》《狼孩传奇》等，前者是法国 19 世纪作家凡尔纳的探险三部曲之一。后者的作者是 1907 年诺奖得主吉卜林。又如英国小说家笛福的长篇小说《鲁滨逊漂流记》。海外名家中，诺贝尔文学奖获奖人士的作品是重要的出版对象，如爱尔兰著名诗人谢默斯·希尼的《希尼三十年文选》，选编了希尼三十年间所著文学评论精选。

文学类图书不仅包括文艺理论、小说、诗歌、摄影集等题材，还包括影视作品的解读，体现了出版物对社会现实和文艺实践的历时性记录。如《中国先锋诗歌档案》一书，图文并茂，叙述了中国先锋诗歌从朦胧诗以来的历史，汇集三十余位代表诗人的有关资料，肯定了先锋诗歌是当代文学史的重要方面。又如 2006 年出版的《韩国映画完全档案》，出版背景是韩国的影视在中国大陆热播。它与《中国影视明星档案》等组成“档案”系列。

2.3 图书开本类型

就出版开本类型而言，浙江文艺出版社出版的图书中，非义务教育类图书以 16 开和 32 开等中型开本为主体结构，20 开中型开本以及 4 开、8 开、12 开等大型开本和 48 开、64 开等小型开本类型占比量较少。义务教育类图书表现出相似特点，以 16 开和 32 开为主体，8 开等大型开本占比较少。

画作或摄影作品图书常用 16 开以上开本，例如《大力书画集》《舞林门》《山外青山楼外楼》以及由南派三叔通俗小说《蛇沼鬼城》改编的真人演绎版 COSPLAY（角色扮演）画册集。《大力书画集》是一本包销书画集，采用 16 开本形式，收集了山水画家大力的画作及书法作品，画作分为电影系列和自然风光两个部分，穿插了大力参演的部分影视剧的剧照及合影。“舞林门”是由杭州文广集团制作播出的节目，在当地引起轰动，成为市民关注的焦点。出版社回应热点，进行产品线延伸，采用 12 开形式，制作《舞林门》画册。《山外青山楼外楼》采用 16 开本，是“最美是杭州”系列之摄影卷，收入约两百幅有关杭州的摄影作品，展现新时代杭州日新月异的变化，展现杭州作为旅游文化名城的风采。《蛇沼鬼城 COSPLAY 集》采用 16 开本，画册以小说主线剧情作为线索，通过知名 COSER（进行角色扮演的人）的演绎，真人化小说中的情节，实地拍摄，将故事影像化。

非义务教育类

中型开本

	2000	2001	2002	2003	2004	2005	2006	2007	2008	2009	2010	2011	2012	2013	2014	2015	2016	2017	2018	2019	2020
64开						1	3	2	16											1	
48开								1	1											1	1
36开		1		8	16				10												
32开	13	16	6	122	98	68	85	84	79	114	103	119	162	157	118	153	165	81	210	187	202
24开					1	2		4		5			7	6	7	1	8	7	7	1	7
20开													1	1							
16开	1		2	10	28	22	28	19	61	44	39	79	100	84	96	82	127	144	181	144	183
12开				1				1					1		9	2		3	38	2	1
8开									1										3		1
4开														3	3		3		3		

义务教育类

	2000	2001	2002	2003	2004	2005	2006	2007	2008	2009	2010	2011	2012	2013	2014	2015	2016	2017	2018	2019	2020
48开								1													
32开		6	1	8	8	20	32	15	15	2	17	8	6	5	11	27	3	4	6	6	3
24开												2									
16开				14	66	22	26	6	6		5	6		11	4	10			5	12	9
8开						8	8	3								5	3	3	3	3	

图 3-2　2000—2020 年浙江文艺出版社图书开本情况

2.4 丛书与非丛书

按照丛书与非丛书区分，浙江文艺出版社出版的图书以非丛书为主体，所统计的历年出版的图书中，丛书共 1128 种，占比 24.65%；非丛书共 3448 种，占比 75.35%。其中，2004 年所出版丛书占年度总出版量最大，2018 年丛书占年度总出版量比例为历年最低值。

义务教育丛书涵盖义务教育科学、历史与社会、数学、英语、语文等各个学科，读者对象包括一线教师以及学生。例如“新课标新教案”系列，以教师群体为主要读者，具体为《新课标新教案·科学（七年级上）》《新课标新教案·历史与社会（七年级上）》《新课标新教案·数学（七年级上）》《新课标新教案·语文（七年级上）》《新课标新教案·小学数学（一上）》《新课标新教案·小学英语》《新课标新教案·小学语文（一上）》《新课标新教案·英语（七年级上）》。丛书根据新课程标准的教学理念编写，紧扣新教材特点，结合当时流行的开放性教学，为广大教师提供“新课程新教材形势下怎么上课”的生动范例。

以 2004 年为例，2004 年出版的义务教育类丛书面向学生的主要是教辅用书，例如“课时导航”丛书，该丛书涵盖了七年级至九年级各个年级的数学、语文、英语、自然科学、社会、思想政治等各个学科。丛书由资深教师编写，体现“新课标”理念，配合课程改革进程，指导读者对各个学科知识的整体理解和优化积累，以便于让学生在学习中取得事半功倍的效果。

2004 年出版的丛书类别还包括图画漫画绘本，如“小樱桃漫画果味系列”，在往年出版的丛书基础上，继续以“幽默童年”为线索，展现了人类的善良、真诚、友爱和努力等美好的情感和精神。2004 年丛书也包括文艺小说类，如《遥远的风车》一书系浙江省委宣传部组织的“浙江潮”丛书之一。作品描绘浙江南部山区的一位普通妇女詹素芹闯荡欧陆大地的故事，揭示了浙江精神在异国他乡的碰撞和“软着陆”，塑造了吃苦耐劳、坚韧不拔的浙江“阿信”形象。

2004 年出版的丛书类别还包括现当代浙江籍名家名作以及解读著作，例如“名家人文地理丛书”，其中，《与丰子恺侃缘缘堂》选取了丰子恺有关家乡的文章、诗歌、日记等文字材料；《与茅盾养春蚕》选取了茅盾有关家乡的文章、诗歌、日记等文字材料；《与周作人乘乌篷船》选取了周作人有关家乡的文章、诗歌、日记等文字材料；《与鲁迅看社戏》选取了鲁迅有关家乡的文章、诗歌、日记等文字材料。这一类别的丛书以大量文字材料和照片图片体现风土人情、生活习俗和自然风光、文化背景，在美文美图、轻松生动的视觉形象中，透露出优秀的浙江文化信息，展现出浙江作为文化大省的风采。

说明：
1.上层为丛书出版情况的气泡图，下层为图书出版量的季度堆叠图。
2.图中数据不区分义务教育类与非义务教育类图书。
3.［丛书品种占比=当年丛书品种/当年总出版量］。
4.月出版量变化中，色彩热力图表现的是月出版量增长率［月增长率=（当月−前月）/当月］。

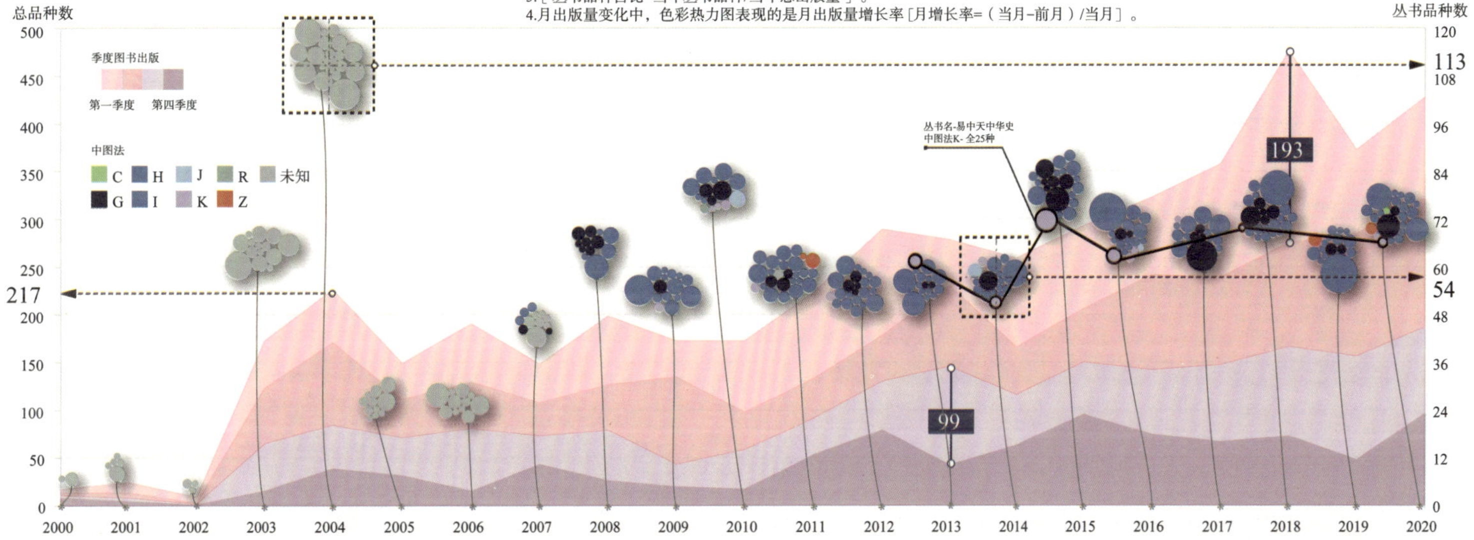

丛书品种占比的变化

16.67% — 83.33%

	2000	2001	2002	2003	2004	2005	2006	2007	2008	2009	2010
丛书	31.25%	43.48%	44.44%	39.39%	52.07%	18.18%	23.08%	19.72%	22.63%	39.39%	33.33%
非丛书	68.75%	56.52%	55.56%	60.61%	47.93%	81.82%	76.92%	80.28%	77.37%	60.61%	66.67%

	2011	2012	2013	2014	2015	2016	2017	2018	2019	2020
丛书	35.98%	20.94%	19.85%	21.77%	28.21%	22.65%	19.59%	16.67%	17.93%	18.09%
非丛书	64.02%	79.06%	80.15%	78.23%	71.79%	77.35%	80.41%	83.33%	82.07%	81.91%

月出版量变化

−97.67% — 4700%

	2000	2001	2002	2003	2004	2005	2006	2007	2008	2009	2010
一月	3	9	2	25	48	25	43	31	51	24	30
			1	21	2	6	1	4	10	7	5
三月		1	3	1	4	5	14	4	8	5	36
		2		11	10	8	14	20	36	29	11
	1		1	3	2	5	19	3	6	13	9
六月	2	3		42	70	26	14	10	3	46	18
	2	2		19	25	11	24	6	7	5	13
		1		21	12	17	10	14	25	9	12
九月		1	1	7	7	10	28	9	19	8	15
	2	2		10	11	7	6	22	10	8	5
		2	1	4	16	6	7	15	11	4	4
十二月	6			1	10	17	2	4	4	7	7

	2011	2012	2013	2014	2015	2016	2017	2018	2019	2020
一月	54	55	11	36	43	48	55	130	50	66
	5	9	9	23	25	6	37	12	11	13
三月	28	43	27	31	15	24	21	51	23	22
	16	13	48	18	32	32	21	36	58	48
	13	17	17	12	9	29	26	55	41	49
六月	10	15	16	17	12	34	41	13	24	32
	18	16	52	10	13	28	14	19	50	40
	9	20	39	21	26	23	36	45	31	27
九月	10	13	8	20	14	14	27	25	23	20
	20	8	13	25	28	16	36	28	19	24
	5	25	11	7	16	26	17	29	10	23
十二月	26	43	16	28	47	29	11	13	17	45

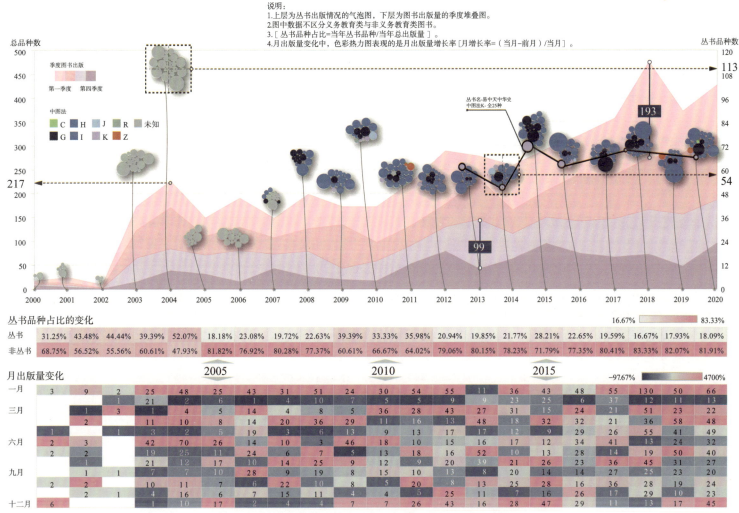

图 3-3　2000—2020 年浙江文艺出版社图书出版量变化图

2.5 图书责任编辑与作者

以下仅选择历年来编辑图书数逾 50 种的责编进行统计。而由多位责编共同负责的图书，只选取主编辑，并排除未知编辑信息的图书数据 17 条。统计显示，2000 年至 2020 年，共有 29 位编辑责编的图书超过 50 种，其中，单个编辑所编辑图书品种数最低为 55 种，最高为 211 种（图 3-4）。

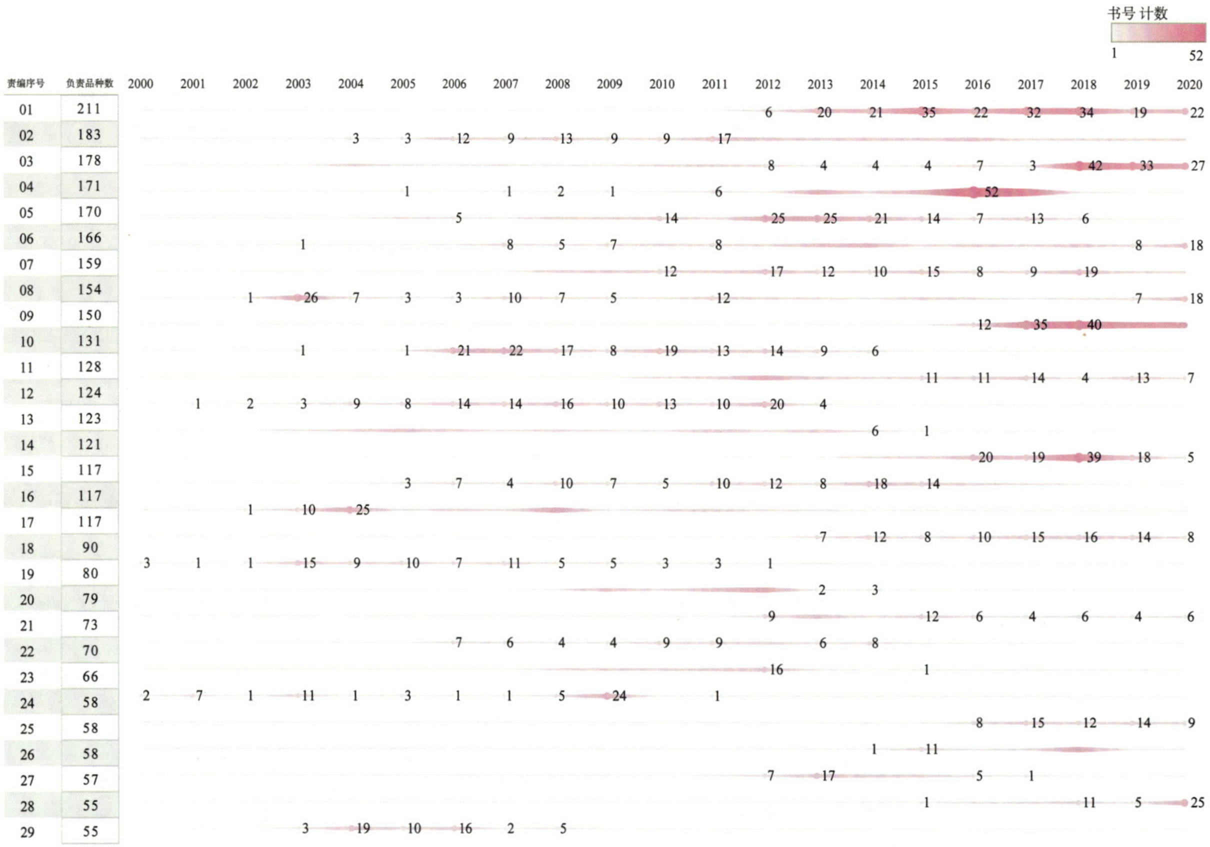

书号 计数
1
52
责编序号
负责品种数
2000 2001 2002 2003 2004 2005 2006 2007 2008 2009 2010 2011 2012 2013 2014 2015 2016 2017 2018 2019 2020
01 211
02 183
03 178
04 171
05 170
06 166
07 159
08 154
09 150
10 131
11 128
12 124
13 123
14 121
15 117
16 117
17 117
18 90
19 80
20 79
21 73
22 70
23 66
24 58
25 58
26 58
27 57
28 55
29 55
6 20 21 35 22 32 34 19 22
3 3 12 9 13 9 9 17
8 4 4 4 7 3 42 33 27
1 1 2 1 6 52
5 14 25 25 21 14 7 13 6
1 8 5 7 8 8 18
12 17 12 10 15 8 9 19
1 26 7 3 3 10 7 5 12 7 18
12 35 40
1 1 21 22 17 8 19 13 14 9 6
11 11 14 4 13 7
1 2 3 9 8 14 14 16 10 13 10 20 4
6 1
20 19 39 18 5
3 7 4 10 7 5 10 12 8 18 14
1 10 25
7 12 8 10 15 16 14 8
3 1 1 15 9 10 7 11 5 5 3 3 1
2 3
9 12 6 4 6 4 6
7 6 4 4 9 9 6 8
16 1
2 7 1 11 1 3 1 1 5 24 1
8 15 12 14 9
1 11
7 17 5 1
1 11 5 25
3 19 10 16 2 5

图 3-4　2000—2020 年浙江文艺出版社责任编辑责编种数统计

对图书作者进行分析，统计数据共 4576 条，排除作者信息未知数据 792 条，历年来作者图书出版总量最高值为 159 种，作者为宁波教育学院。其次为 77 种，作者为知名作家莫言。图书作者来源结构表现出如下特点（图 3-5）：

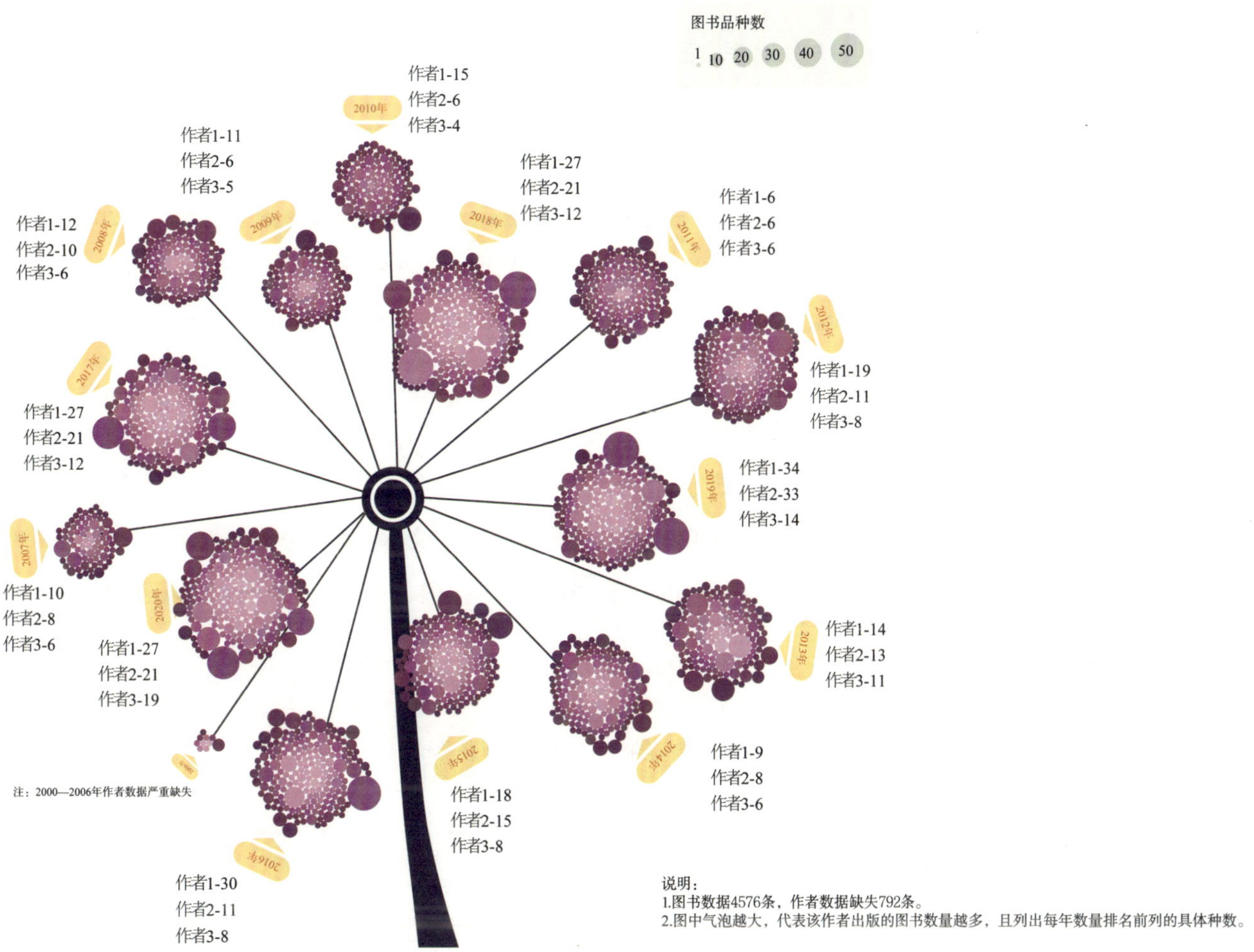

图 3-5　2000—2020 年浙江文艺出版社作者出版量统计

其一，个体与组织机构并存。以图书出版总量计算，出版量排行榜前 20 位中，图书出版超过 20 种的作者 / 编写组共 15 个，其中出版数较多的组织机构有宁波教育学院、浙江省教育厅教研室、嘉兴教育学院等；个人作家有莫言、敖幼祥、易中天、沈石溪。

其二，出版社大力挖掘和维护作者队伍。与知名作家的合作关系是长期的过程而不止于单一时间节点，如与莫言、易中天等作家的长期合作。

其三，出版社加强国际合作，建设国内和国外两个来源的作者队伍。出版社每年度出版数量排行榜的上榜作者除国内知名作家外，还包括南美、欧美国家的外国作家，如 2008 年阿根廷作家博尔赫斯，2013 年美国作家费雷德曼，2014 年英国作家加德纳，2015 年美国作家欧什内克，2016 年美国作家菲兹杰拉德。出版合作者的广泛来源表明了出版社开拓国内国际文化市场，以及对出版“走出去”和“引进来”的充分关注。

2.6 出版社获奖

2000 年至 2020 年所出版的图书多次获得出版相关大奖，包括中国图书奖、中华优秀出版物奖、中国好书奖、“三个一百”奖、“五个一工程”奖以及文津图书奖。获奖作品包括《世界经典戏剧全集》《生命第一：5·12 大地震现场纪实》《出版工作应树立什么样的语言评改观》《一片叶子》《天地良心：中国最美渔民郭文标》《书法的故事》《燕云台》《跨越——杭州湾跨海大桥纪实》《一户人家五十年》《回家》《孩子们的诗》。其中，《生命第一：5·12 大地震现场纪实》《天地良心：中国最美渔民郭文标》均为报告文学，反映了出版社以出版观照现实，将企业的社会责任融入出版实践，坚守出版的使命和担当（表 3-1）。

表 3-1　2000—2020 年浙江文艺出版社获奖情况

中国图书奖

书名	著作责任者	类别	届数 / 年份	奖项时间
世界经典戏剧全集	童道明	荣誉奖	第十二届	2001 年 3 月

（续表）

中华优秀出版物奖

书名	著作责任者	类别	届数 / 年份	奖项时间
生命第一：5·12大地震现场纪实	何建明	抗震救灾特别奖－图书	第二届	2008年12月
出版工作者应树立什么样的语言评改观	许龙桃	论文奖	第七届	2019年12月

中国出版政府奖

书名	著作责任者	类别	届数 / 年份	奖项时间
一片叶子	王旭烽	图书	2013年	2013年
天地良心：中国最美渔民郭文标	朱晓军、梁春芳	图书	2014年	2014年

中国好书

书名	著作责任者	类别	届数 / 年份	奖项时间
书法的故事	任平	文学艺术类	2019年	2020年
燕云台	蒋胜男	文学艺术类	2019年	2020年

“三个一百”奖

书名	著作责任者	类别	届数 / 年份	奖项时间
跨越：杭州湾跨海大桥纪实	夏真、王毅	文艺少儿类	第二届	2009年

2020

（续表）

"五个一工程"奖

书名	著作责任者	类别	届数 / 年份	奖项时间
一户人家五十年	徐永辉	优秀作品奖	第八届	2001 年 9 月
回家	海飞	优秀作品奖	第十三届	2014 年 9 月

文津图书奖

书名	著作责任者	类别	届数 / 年份	奖项时间
孩子们的诗	果麦	推荐图书	第十三届	2018 年

3. 浙江文艺出版社发展特色

3.1 专业出版积累丰厚

浙江文艺出版社一直以出版中外文学名著、人文社科著作为特色，多次成功推出引起全国轰动的现象级畅销书。1983 年浙江文艺出版社正式成立后，一直致力于高品质的文学艺术类书籍的出版。在古典文学、历史文化普及读物、现当代文学、外国文学的整理和出版方面，都取得了丰硕的成果。在古典文学整理方面，1994 年 3 月，浙江文艺出版社出版了一套全面而系统的古典诗歌普及读本——"中国古典诗歌基础文库"，由著名学者葛兆光选注，全书共 8 卷，收录了从先秦到清代具有代表性的诗词曲共计 2400 余首，除有原诗和注释外，还附有诗人的小传。该丛书获得了第二届国家图书奖提名奖。在历史文化普及读物出版方面，自 1999 年 1 月开始，浙江文艺出版社陆续推出"二十五史随笔"丛书，是国内最早用随笔形式全面演绎二十五史的尝试。在现当代文学的出版方面，浙江文艺出版社先后推出了"现代经典作家诗文全编精编书系"、《丰子恺文集》《郁达夫全集》《生命之歌》《南方有嘉木》《萧乾文集》等。在外国文学的出版方面，该社先后推出了《现代著名诗人情诗精编》、"外国文学名著精品丛书"、《普鲁斯特传》等。2000 年以来，该社出版了博尔赫斯、库切、菲茨杰拉德等国际名家名作的翻译出版以及"经典印象"名著译丛，在国内读者中产生了广泛的影响力。2003 年，"浙江树人出版奖"恢复评选，浙江文艺出版社《一户人家五十年》等19种图书获第十二届浙江树人出版奖荣誉奖。

浙江文艺出版社自成立以来，坚持以文学、艺术类图书为主要品种，深耕优质内容资源，聚焦名家名作，在内容建设上不断优化，以专业产品线建设厚植当代原创文学出版土壤，以严谨的选题论证制度确立优质项目入库，推动文学精品出版，推动出版高水平的提质增效[①]。

文学类图书出版一方面加强优秀中国和世界传统文化经典的译介与推广，如“易中天中华史”系列为代表的传统文化名家精品力作。2013年后，“易中天中华史”系列先后出售第一、二辑韩语版权，在韩国出版并畅销当地市场。另一方面，出版社坚持专业立社，以作品版权输出和推广为基础，聚集各方力量，共同推动中国当代文学更好地“走出去”和世界文学的“引进来”。浙江文艺出版社以头部作品与国际出版机构合作，以海外知名汉学家、翻译家译介的项目为切入点，联通国际渠道和平台，建立良好的“走出去”通路及译者队伍，深入推进中国当代名家名作、优秀传统文化名家精品、网络文学精品等系列产品线“走出去”。2014年，出版社实施“麦家作品全球推广计划”，推动麦家作品《解密》的英文版本在美、英等35个国家上市。之后，又推出王旭烽的“茶人三部曲”系列俄语版本并进行海外推广。出版社通过推动头部作品“走出去”，增加作品的海外影响力，并进一步带动其他语种的海外版权输出[②]。

浙江文艺出版社与海内外名家建立合作关系，如诺贝尔文学奖获得者莫言，茅盾文学奖获得者阿来、麦家、王旭烽等，并签约出版了莫言、阿来、陈丹燕、唐颖、黄昱宁、王旭烽、格非、叶舟、海飞等国内作家以及马丁·瓦尔泽、蕾拉·斯利玛尼、乔治·桑德斯、裘帕·拉希莉等外国文学作家的作品。2003年，南非作家约翰·马克斯维尔·库切荣膺诺贝尔文学奖，获奖当年，浙江文艺出版社引进其5部小说，之后又陆续引进其另9部小说。（图3-6）

2016年3月，浙江文艺出版社在上海设立分社，随即成规模出版国内知名作家和世界知名作家的作品。出版社目前获得了国内首位诺贝尔文学奖得主莫言全部作品独家版权，已出版莫言长篇小说全编11种、中短篇7种，并计划推出莫言小说精

① 渠竞帆．“最优解”实现“走出去”提质增效［N］．中国出版传媒商报，2022-02-15（7）．
② 姚建斌．向世界讲好中国故事（创造性转化创新性发展纵横谈·新时代文学新气象）［N］．人民日报，2022-7-19（20）．

选系列、莫言散文、随笔、剧作集等。出版社策划出版的“双头鹰经典”丛书、法国龚古尔文学奖得主蕾拉·斯利玛尼作品等，在出版界和图书市场引起广泛关注和热烈反响。

▲莫言部分作品

▲亚马逊畅销小说系列 3 种

▲马丁·瓦尔泽作品系列 3 种

图 3-6　浙江文艺出版社出版的部分海内外名家作品

网络文学是当今时代文学发展的重要形态。2021 年，网络文学用户规模达 5 亿，成为新时代文学的重要载体[①]。浙江文艺出版社洞察文学出版的时代变化，充分重视网络文学佳作的挖掘和出版，为大众提供高品质的网络文学作品。浙江文艺出版社已成为国内网络文学作品的重要出版机构，并成为热门影视的风向标。出版社出版了《后宫·甄嬛传》《芈月传》等热门大众类网络文学图书，这类图书后被改编为热播影视剧。与此同时，出版社推动重点网络文学佳作的对外版权合作和输出，通过网络

① 赖名芳 . 我国网络文学用户规模达 5.02 亿 [N]. 中国新闻出版广电报，2022-04-11（3）.

文学大赛发掘优秀写手，以泰国、越南等“一带一路”国家图书与影视联动、版权输出成为趋势为基础，通过版权输出、同步出版、翻译队伍建设、图书与影视联动宣传等多种形式，扩大网文的海外影响力。

3.2 社交媒体营销成效凸显

新媒体的形态不断改变，浙江文艺出版社在传统渠道销售之外，不断升级营销渠道和方式，在电商平台如京东、当当开设官方自营店，在微信公众号铺货（图 3–7）。在 2020 年疫情之前，出版社的新媒体运营设置微博账号、微信公众号以及豆瓣账号。疫情期间，浙江文艺出版社成为国内出版机构自播的先行者。

图 3–7　浙江文艺出版社京东自营官方旗舰店

2020 年，抖音日活用户逾 6 亿，直播带货成为零售业主流商业模式之一。与此同时，书业直播全面试水短视频平台。浙江文艺出版社是国内较早采取直播方式铺货售书的出版机构。2021 年 6 月，浙江文艺出版社顺应媒介环境变化，设立抖音直播账号，开始网络直播推书，半年销售额突破 600 万元，单场销售峰值达 51 万元，获“2021 抖 in 宝贝开学季新锐商家”奖，成为图书行业中唯一获奖的出版社。出版社通过短视频平台直播的营销模式获得中国出版协会肯定，获得“融合发展优秀案例年度入围”奖。

在抖音自播售书之前，浙江文艺出版社曾配合传统电商做直播，效益不明显。随后，出版社决定转变思路，集中资源，组建专门的直播队伍，集聚力量加强直播业务，工作日每天至少直播一次。直播账号上线后，出版社的图书直播销量连创新高，翻倍增长。在 2021 年 11 月《出版人》杂志发布的出版机构自播 TOP20（前 20 名）抖音榜单中综合表现位居前三。

直播逐渐成为出版社到达用户和图书变现的重要途径。随着定位的清晰，出版社直播的传播目标从宣传阵地到拉动产品销售，将直播定位为 IP（知识产权）+ 店铺，以打造动漫、文学、母婴、教育、百货全品类直播 MCN（多频道网络）机构为目标，触达垂直类产品的用户群，内容统一风格，从名家采访视频让渡为主播固定出镜，推介产品，输出价值，培养粉丝的收看黏性，直接促进图书销售。

为实现控价，防止传统渠道和新媒体渠道价格的不一致，出版社采用不同版本不同渠道的方式，如以“一本了解一位名家”为定位的“壹本”系列，包含鲁迅、老舍、林徽因、朱自清、丰子恺、迟子建、戴望舒、季羡林等名家经典图书，在传统渠道铺货为单本，在新媒体渠道铺货为套装。

随着对直播市场和运营的熟悉度提升，出版社新媒体中心逐步独立运营，组建主播、摄影师、剪辑师队伍，形成稳定的直播团队，出版社的直播人员固定，风格统一，直播的场域从新华书店的仓库到书展现场，不断扩展。与此同时，直播场图书品类不断丰富，最开始，出版社以自营图书为直播主体，后为直播粉丝精确画像，突破单一出版社局限，与其他出版社和中间商强强联合，丰富图书销售品类，试水科幻、动漫题材图书。目前，以动漫类图书为直播主打产品，《灌篮高手》《名侦探柯南》《龙珠》《圣斗士星矢》等经典漫画，是直播间的畅销品。

浙江文艺出版社在多年的发展变革中，坚持守正创新，坚守专业出版的定位，以文学精品佳作为基础，打造文学出版重镇，推动新时代文学高质量发展；在出版渠道的体制机制上应时而变，顺势而为，勇于创新，为地方出版社的数字化转型探索出可行路径。

二、浙江教育出版社

1．浙江教育出版社历史沿革

浙江教育出版社成立于 1983 年 9 月，是一家地方教育专业出版社，下设教材、文教 2 个分社，大众、学术、学前教育、综合、数字、合作、职教、北京 8 个出版中心和中国近代文献丛刊工作室，审校与质检、营销一部、营销二部、印务中心、社长办公室、总编办公室、财务中心、教育科学研究院 8 个管理保障和研究管理部门。

浙江教育出版社建社以来，始终以“服务教育，繁荣学术，积累文化”为宗旨，主要从事教材、文教读物、科普读物、大众读物以及教育学、心理学等学术著作的出版发行。浙江教育出版社牢记出版人的社会责任，坚持精品出版战略，努力传承文化，打造了一批高品位学术著作，有数千种图书在省级以上图书评奖中获奖。

2005 年 5 月，浙江教育出版社完成“事转企”改制，成立浙江教育出版社有限公司。2006 年，成立了数字出版部，是全国最早涉足数字出版领域的出版社之一。2009 年，浙江教育出版社在全国首次出版社等级评估中被评为一级出版社，荣获“全国百佳图书出版单位”称号。2010 年，小学《数学》1—6 年级 12 册实验教科书全部通过教育部审查，成为国家级小学数学实验教科书，浙江教育出版社荣获“中国出版政府奖先进出版单位”称号。同时，其连续被商务部等六部委列入 2011—2012 年度和 2013—2014 年度国家重点文化出口企业名单。2014 年以来，浙江教育出版社以紧随数字出版的发展步伐，积极谋求出版业的数字化转型，勇于探索传统出版与新兴出版的融合；按照集团化发展的规划，积极推进对外资本合作，拓展产业发展规模和服务范围，加快出版转型步伐，在杭州成立了浙江新之江教育文化有限公司，在金华成立浙江仲楠教育文化有限公司，在北京成立了北京浙教教育科技有限公司。据《2015 年新闻出版产业分析报告》，浙江教育出版社总体经济规模在地方图书出版单位排名第四，在教育类图书出版单位排名第五。2016 年 1 月，经国家新闻出版广电总局批准，浙江教育出版社变更组建为浙江教育出版社集团有限公司，简称浙江教育出版集团。同年，又成立了浙江青云在线教育科技有限公司和浙江漫书咖教育文化有限公司。目前浙江教育出版集团旗下控股 7 家子公司，参股 1 家公司。除出版发行外，业务涵盖教育培训服务、校园文化服务、文化休闲服务和对外文化贸易。

2. 浙江教育出版社出版现状数据分析

2.1 出版规模概况

2000 年至 2020 年，浙江教育出版社共出版图书 16000 余种，年均出版图书约为 808 种。2006 年 8 月，2015 年 7 月，2017 年 8 月，2019 年 7 月、8 月、12 月等 6 个月份的单月出版图书种类均超过 200 种，其中，2019 年 12 月单月出版图书种类为历年单月出版图书种类之最，超过 300 种（图 3-8）。

说明：
1.上层为丛书出版情况的气泡图，下层为图书出版量的季度堆叠图。
2.浙江教育出版社共计16971条数据，数据来自浙江出版集团。
3.[丛书品种占比=当年丛书品种/当年总出版量]。
4.月出版量变化中，色彩热力图表现的是月出版量增长率 [月增长率=（当月-前月）/当月]。

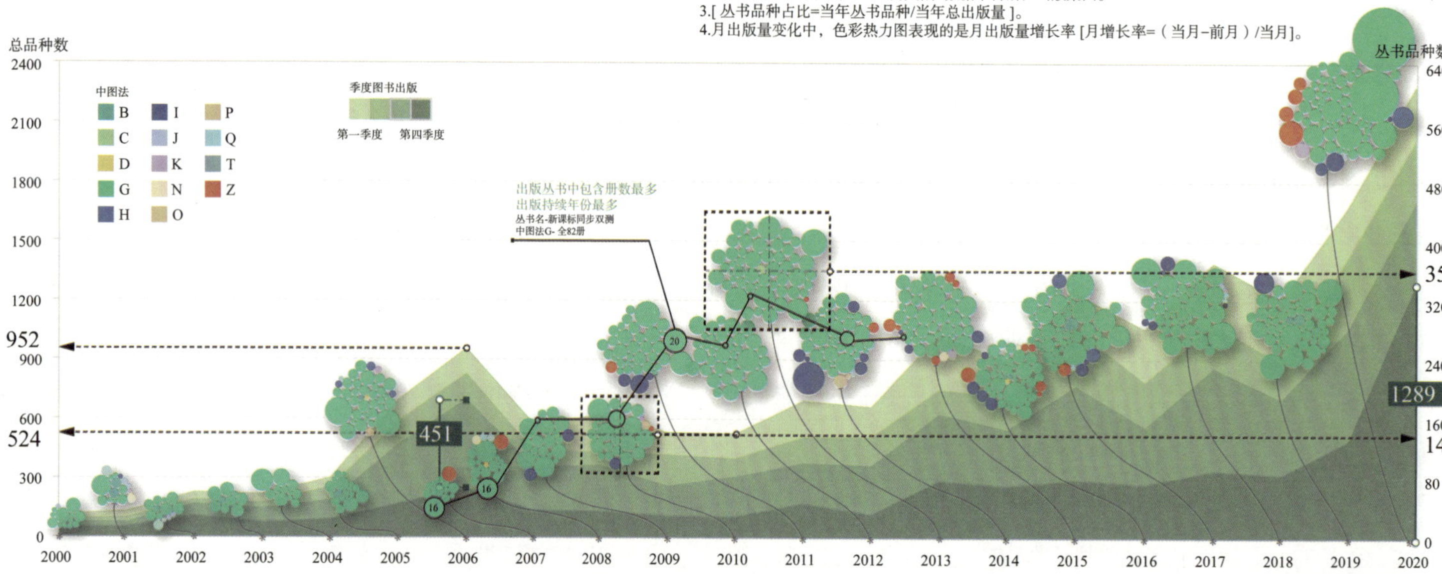

丛书品种占比的变化

8.60% 91.40%

	2000	2001	2002	2003	2004	2005	2006	2007	2008	2009	2010	2011	2012	2013	2014	2015	2016	2017	2018	2019	2020
丛书	30.63%	39.68%	17.33%	18.69%	18.73%	11.83%	21.22%	8.60%	13.41%	22.68%	28.24%	31.21%	31.67%	34.05%	26.79%	20.40%	16.89%	20.55%	25.12%	16.84%	26.84%
非丛书	69.37%	60.32%	82.67%	81.31%	81.27%	88.17%	78.78%	91.40%	86.59%	77.32%	71.76%	68.79%	68.33%	65.95%	73.21%	79.60%	83.11%	79.45%	74.88%	83.16%	73.16%

2005 2010 2015

月出版量变化

月出版增长 −97% 1075%

	2000	2001	2002	2003	2004	2005	2006	2007	2008	2009	2010
一月	9	5	11	25	36	65	88	65	94	58	76
二月	1	8	13	10	7	22	22	51	39	25	20
三月	1	16	12	5	4	17	17	19	52	27	27
四月	5	5	4	2	11	12	30	28	12	44	21
五月	3	2	8	12	19	60	41	11	25	73	26
六月	8	11	8	15	35	45	56	38	30	41	42
七月	10	7	10	10	26	81	97	63	86	53	54
八月	5	10	34	21	24	162	252	136	109	74	86
九月	9	6	14	35	44	57	102	20	37	21	58
十月	4	3	8	3	11	12	42	43	17	13	33
十一月		4	13	14	28	22	45	37	41	27	16
十二月	45	47	86	62	54	138	160	59	77	73	61

	2011	2012	2013	2014	2015	2016	2017	2018	2019	2020
一月	85	82	170	86	128	169	118	155	179	147
二月	45	19	45	17	27	37	66	62	27	16
三月	52	51	66	75	21	62	126	98	48	106
四月	13	41	15	59	95	74	84	60	100	79
五月	51	35	32	29	88	76	55	57	98	78
六月	67	67	72	78	107	77	78	69	160	155
七月	77	74	105	70	220	86	165	96	230	139
八月	109	137	163	191	176	157	268	182	235	140
九月	16	32	69	24	76	44	84	101	102	134
十月	64	15	77	45	88	75	67	81	82	135
十一月	33	19	69	106	77	73	110	90	100	4
十二月	80	88	145	109	132	124	168	152	318	1

图 3-8　2000—2020 年浙江教育出版社图书出版量变化图

按照义务教育类图书和非义务教育类图书区分，浙江教育出版社出版的义务教育类图书和非义务教育类图书数量基本持平，非义务教育类图书数量稍多，共 8800 余种，2019 年出版量达到峰值，为 975 种；义务教育图书共 8000 余种，2020 年出版量达到峰值，为 1153 种（图 3–9）。

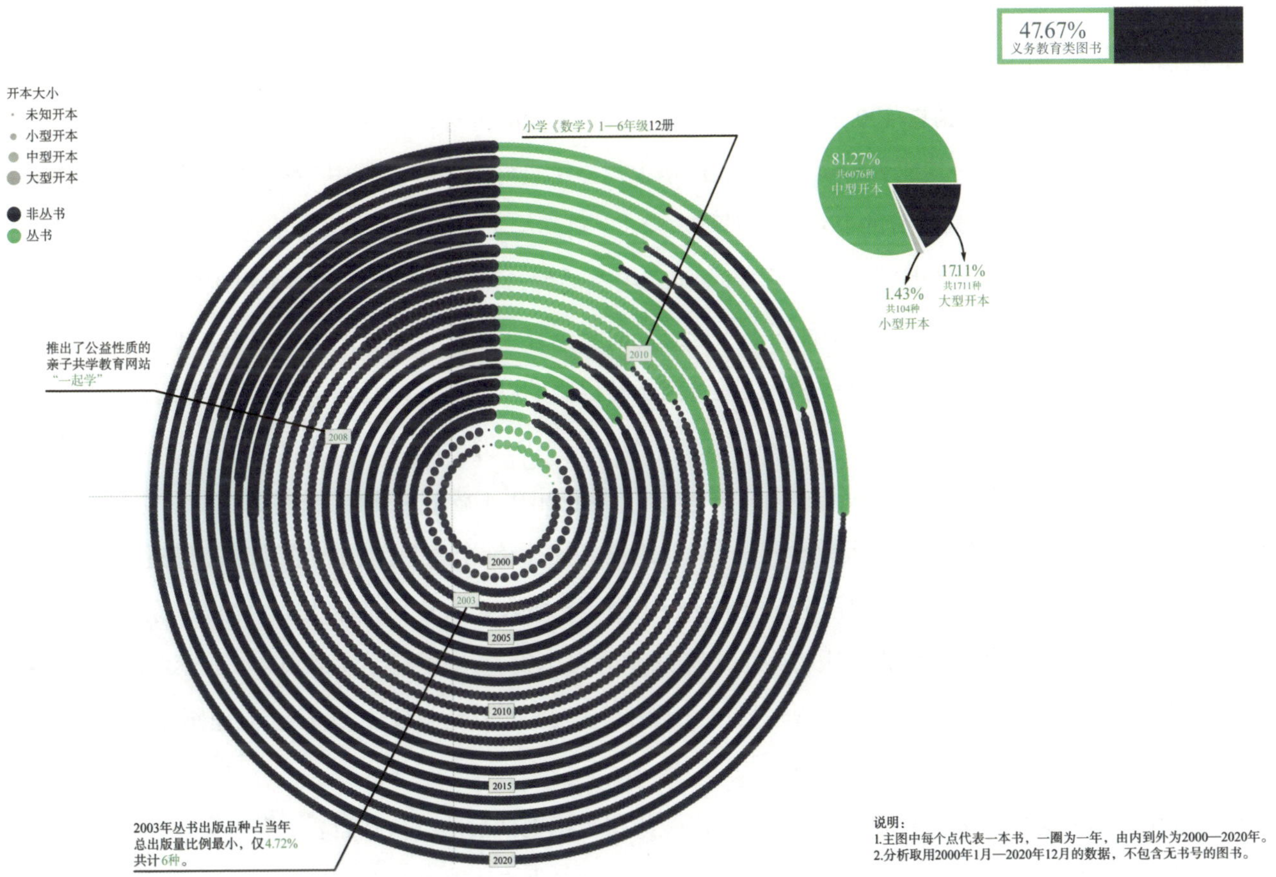

图 3–9　2000—2020 年浙江教育出版社义务教育类图书出版情况总览

浙江教育出版社出版的图书种类涵盖教材、文教读物、科普读物、大众读物以及教育学、心理学等学术著作。教材出版是浙江教育出版社的发展基石，自建社以来，其出版了近千种中小学教材，包括600余种国标教材和浙江省九年制义务教育教材，200余种地方教材，以及幼儿教材、培智教材、专题教材等。

依托丰富的作者资源、专业的出版经验、敏锐的市场意识，浙江教育出版集团出版的文教读物、科普读物和大众读物赢得了教师、家长和学生的信赖。如中学数理化精编系列问世后连续畅销了20多年，使用过的学生数过亿；《中国少年儿童百科全书》自1991年出版以后畅销至今，已销售400余万套，创造了中国出版业的奇迹；从美国引进的科学教育丛书——“科学启蒙”“科学探索者”“科学发现者”——均成为常销图书，在市场上树立了良好的品牌。其中“科学探索者”自2002年出版后，已连续畅销了14年；从法国、日本、韩国引进了六大系列科学绘本：科学绘本系列、人体绘本系列、动物绘本系列、自然绘本系列、汽车绘本系列、生态绘本系列，在市场上确立了“蒲公英”绘本品牌，引领了国内科学绘本出版的热潮。《中国少年儿童百科全书》和大发现系列、科技馆奇妙夜系列等多种图书入选总局向全国青少年推荐的百种优秀图书名单。

作为我国教育学、心理学著作的出版基地之一，浙江教育出版社出版的以“20世纪心理学通览”“世纪心理学丛书”“汉译世界高等教育名著丛书”“世界课程研究前沿译丛”“新课程学科教学论”为代表的心理学、教育学理论著作在我国学术界产生了广泛影响。《社会心理学》《心理测量学》等入选总局“三个一百”原创出版工程，“心理学经典实验书系”获中华优秀出版物奖正式奖。浙江教育出版社还先后出版了《蔡元培全集》《蒋礼鸿集》《王国维全集》《陆游全集校注》等近现代文化教育名人的著作，以及《唐诗汇评》《唐宋词汇评》《中国诗学大辞典》《中国词学大辞典》《中国曲学大辞典》等一系列精品著作。其中《唐宋词汇评》《陆游全集校注》等获中华优秀出版物奖正式奖；《蔡元培全集》《中国诗学大辞典》《王国维全集》及“世纪心理学丛书”等近百种图书分别列入国家重点出版物出版规划；《王国维全集》《陆游全集校注》《社会治理研究》及“大国教育战略研究”丛书等列入国家出版基金资助项目。

近年来，在浙江出版联合集团党委的领导下，浙江教育出版集团坚持把社会效益放在首位，努力实现社会效益与经济效益相统一，围绕服务教育这一主线，在做好教材建设和文教图书开发这一主业的基础上，坚持机制创新、管理创新、服务创新，通过推动教育出版向教育服务转型，推进传统出版与数字出版融合，努力创造更多、更好的精品力作。

2.2 图书出版类型

排除未知类型的数据 367 条，根据中国图书馆分类法统计，浙江教育出版社出版最多的是 G（文化、科学、教育、体育）类

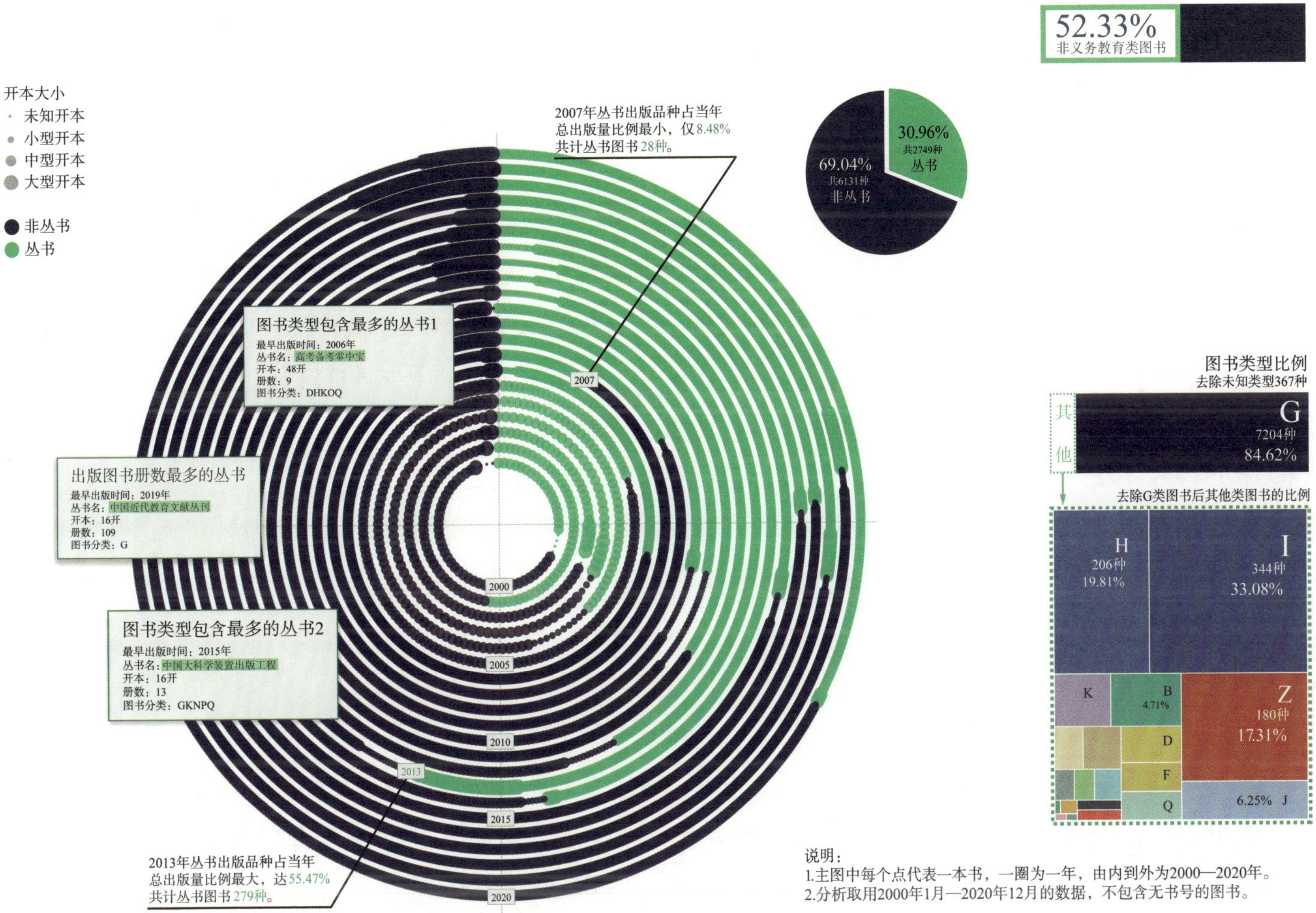

图 3-10 2000—2020 年浙江教育出版社非义务教育类图书出版情况总览

图书，共 7204 种，占比为 84.62%，其中又以文教类图书居多。去除 G 类图书后其他类图书的比例分别如下：I（文学）类图书，共出版 344 种，占比 33.08%；H（语言、文字）类、Z（综合性）类图书，二者比例相差不大，各出版 206 种和 180 种，占比分别为 19.81% 和 17.31%，其中 Z 类图书以丛书居多。浙江教育出版社以出版文化、科学、教育、体育、文学、语言文字以及综合类图书为主，符合教育专业出版社的定位（图 3–10）。

浙江教育出版社在中小学教育领域深耕数十年，对于省内中小学的各科学习有着足够权威及深厚的经验，其出版受众既包括中小学生也涵盖教师。一方面，在教材上，浙教社积极响应国家政策方针，始终走在教育出版前列，出版类型囊括了中小学教材、教辅、小学作文、古诗、阅读训练以及高校教材等。例如 21 世纪初国家课程改革启动，浙江教育出版社是全国首批新课标教材 13 家出版社之一，小学品德与生活、品德与社会，初中数学、科学，高中信息技术等新课标教材相继在全国十多个省、自治区、直辖市和 400 多个县区使用，年使用学生数超过 1000 万。另一方面，在教辅上，浙教社积极打造与教材适配的图书，比如其重点打造的阅读板块图书“悦读书系”之《科学拓展阅读》，以现行教科版小学科学教材内容为基础，将教材相关的科学知识、科学探究进一步拓展延伸，联系生活中的科学问题、科学现象，帮助学生了解相关科学史，拓展科学视野，理解科学概念，促进课外探究，学好科学课程。一经出版，便深受小学科学教师和学生的喜爱。

此外，在文学类图书上，浙教社也出版了不少精品。例如，在儿童文学领域，其签约了“中国动物小说大王”、童书领域顶级大咖沈石溪，出版了“动物小说大王沈石溪精读酷玩系列”“动物小说大王沈石溪·恐龙纪元”等图书，此外还出版了“大作家小故事书系”“周锐幽默精品系列”“安武林美文精选系列”等佳作。

2.3 图书开本类型

就图书开本类型而言，浙江教育出版社出版的图书中，非义务教育类图书以 16 开和 32 开等中型开本为主，24 开、20 开等中型开本以及 2 开、4 开、8 开等大型开本和 40 开、48 开、64 开等小型开本类型占比量较少；义务教育类图书以中型开本为主，占比 81.27%，共出版 6076 种，其中 16 开最多，32 开次之，以 8 开为代表的大型开本占比 17.11%，共出版 1711 种，24 开中型开本和 64 开、128 开等小型开本占比较少，此外，还有少量的 B5 开（图 3–11）。

说明：去除未知开本的数据29条。

开本计数：1 100 300 500 874

		2000	2001	2002	2003	2004	2005	2006	2007	2008	2009	2010	2011	2012	2013	2014	2015	2016	2017	2018	2019	2020
非义务教育类	140开										3			6	3	3						
非义务教育类	128开							1		2	3				2						7	6
非义务教育类	64开					8	3	1		2	1	4			17		9	2	2	4	1	
非义务教育类	48开							9	1		1	4	1		8					1	1	1
非义务教育类	40开										6		20	16	6	13	1	2				
非义务教育类	B5				3	3	1				5	17		1	3							
非义务教育类	32开	38	40	33	39	33	62	63	52	43	8	47	71	34	15	23	78	127	137	163	132	176
非义务教育类	24开		1	2	8	5	6	24	65	19	6	6	24	44	91	69	49	24	16	13	20	33
非义务教育类	20开			2				5	1		1				8	5	7	12	14	13	15	5
非义务教育类	18开																					
非义务教育类	16开	19	38	44	31	55	72	318	207	249	275	243	316	259	298	291	493	364	537	505	705	871
非义务教育类	12开								3		6		1		9	1	3	4		25	52	1
非义务教育类	8开	1		5	6	13	7		1	17	12	4			24		6		7	38	35	36
非义务教育类	6开														6	6	2		1			
非义务教育类	4开									6		1	1	12	10	9	7	11	2	1	4	
非义务教育类	2开			1	2		2	4				2	1	2	3	5	7	1	4	1	1	
义务教育类	128开			1	2		2	1	2	1				1	18	4		8	2	2	9	2
义务教育类	80开							4	1			2			1			1				
义务教育类	64开		1			8		4	1	1	4	2	3		10	2	6	6			1	3
义务教育类	B5开	1					11								8	1						
义务教育类	32开	28	34	83	52	57	104	93	61	44	17	40	50	46	50	53	31	25	35	29	30	51
义务教育类	24开					2	4	7	2	2		2	4	1	3	5						
义务教育类	20开												2								5	1
义务教育类	16开	13	9	26	44	82	369	402	140	203	151	112	126	166	281	288	363	360	535	389	568	874
义务教育类	8开			22	29	33	48	15	33	30	30	34	72	72	152	109	172	106	95	18	89	215
义务教育类	6开							1								1	1	1				4

图 3-11　2000—2020 年浙江教育出版社图书开本情况

总体来看，浙教社图书开本类型以中型开本为主。从非义务教育类图书来看，浙教社出版图书册数最多的丛书“中国近代教育文献丛刊”，以及图书类型包含最多的丛书之一——“中国大科学装置出版工程”皆为16开；从义务教育类图书来看，大部分教材以16开和32开为主，例如“浙江省中小学精品课程丛书”便是基于浙江省历年最具特色的精品课程，总结学校课程建设经验，对课程进行系统梳理和理论提升，以16开平装的形式出版的拓展性课程教案，为教师提供了明确的教学思路。

2.4 丛书与非丛书

按照丛书与非丛书区分，浙江教育出版社出版的图书以非丛书为主体。根据所采集数据，浙教社历年出版的非义务教育图书中，丛书有2749种，占比30.96%；非丛书有6131种，占比69.04%。其中，2013年所出版丛书量占年度总出版量最大，达55.47%，共279种。2007年，出版社所出版的丛书图书比例占年度总出版量比例为历年最低值，仅有28种，占比8.48%。在义务教育图书的出版中，2003年浙教社丛书出版量占年度总出版量最小，仅有6种，占比4.72%。

在浙教社出版的非义务教育丛书中，图书类型包含最多的丛书为2006年出版的“高考备考掌中宝”和2015年出版的“中国大科学装置出版工程”，图书出版册数最多的丛书为2019年出版的“中国近代教育文献丛刊”，共出版109册。“高考备考掌中宝”是随身复习小册，仅有48开，涵盖语文、数学、英语、政治、历史、地理、物理、化学、生物等科目。“中国大科学装置出版工程”共有13册，其中包括《解码生命的利器》《探索空间天气的奥秘》《从天空看地球》《观天巨眼》《探索微世界》《探索宇宙“隐形人”》《走进深海大洋》等，涉及对生命起源、浩瀚宇宙、微观世界、深海大洋、外星人的探索，集合了中国近几年在大科学装置建设和应用方面所取得的重大成就，用通俗易懂的文字，深入浅出介绍了这些大科学装置是什么、研究什么，以及其中的科学原理、取得怎样的成果、对国民经济发展有何作用等内容，涉及天文学、理论物理学、实验物理学、生物学等当今世界前沿科学的基本知识，以及迫切需要解决的一些尖端问题。近代文献是20世纪中国走向世界、融合中西方文化、推动中国文化开放发展的历史见证，对于当代中国社会的发展具有重要作用。浙教社主要负责“中国近代教育文献丛刊”的出版，截至2020年，共出版留学教育卷全24种、教育史卷全26种、教育法规卷全14种、外国教育译介卷全45种。

义务教育丛书涵盖九年制义务教育科学、信息技术、数学、劳动、语文·书法、心理健康、体育等各个学科，使用对象是一线教师和学生。例如“全优方案 夯实与提高”系列，便是一套以中等以上学习能力的学生为读者对象进行编写的辅导用书，具体包含数学、英语、科学三个学科，分为七年级上、七年级下、八年级上、八年级下和九年级全五个阶段，如《全优方案 夯实与提高·数学（七年级上）》《全优方案 夯实与提高·英语（八年级上）》《全优方案 夯实与提高·科学（九年级全）》等。这套丛书在编写中以新课标、新中考为指针，贴近教学，与基础性同步练习相比，其对教材知识点进行延伸学习，内容与社会实际、科技前沿、新信息、新问题密切联系，起到活学活用教材的作用，能提升学生的基础素质和中考应试能力。

2.5 图书责任编辑与作者

数据分析仅选择历年来图书编辑数逾 60 种的责编。而由多位责编合作完成的图书，数据分析只选取主编辑，并排除未知责编信息的图书 2315 种。统计显示，2000 年至 2020 年，共有 73 位责编所负责编辑的图书超过 60 种。其中，单个编辑所编辑图书最低品种数为 64 种，年平均编辑图书约为 3.05 种，单个编辑图书总品种最多为 832 种，年平均编辑图书约为 40 种（图 3-12）。

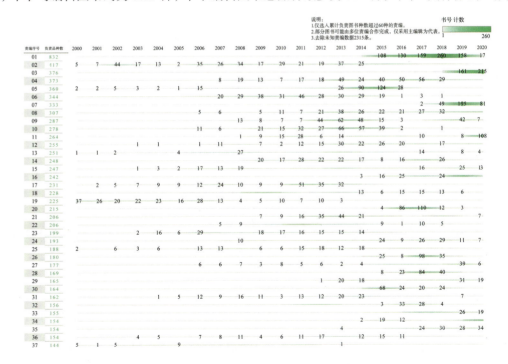

说明：
1.仅选入累计负责图书种数超过60种的责编。
2.部分图书可能由多位责编合作完成，仅采用主编辑为代表。
3.去除未知责编数据2315条。

书号 计数 1 260

责编序号	负责品种数	2000	2001	2002	2003	2004	2005	2006	2007	2008	2009	2010	2011	2012	2013	2014	2015	2016	2017	2018	2019	2020
01	832																108	130	159	260	158	17
02	417	5	7	44	17	13	2	35	26	34	17	29	21	19	37	25						
03	376																				161	215
04	373								8	19	13	7	17	18	49	24	40	50	56	29		
05	360	2	2	5	3	2	1	15							26	90	124	28				
06	344								20	29	38	31	46	28	30	29	19	1	3	1		
07	333																		2	49	195	81
08	307							5	6		5	11	7	21	38	26	22	21	27	32		
09	287									13	8	7	7	44	62	48	15	3			42	7
10	278							11	6		21	15	32	27	66	57	39	2		1		
11	264									1	9	15	28	6	14				10		8	108
12	255				1	1		1	11		7	2	12	15	30	22	26	20		17		
13	251	1	1	2			4			27									14		8	4
14	248										20	17	28	22	22	17	8	16		26		
15	247				1	3	2	17	13	19									16		25	13
16	242															3	16	25		24		
17	231		2	5	7	9	9	12	24	10	9	9	51	35	32							
18	228															13	6	15	15	13	6	
19	225	37	26	20	22	23	16	28	13	4	5	10	7	10	3							
20	215																4	86	110	12	3	
21	206										7	9	16	35	44	21						7
22	206								5	9							9	1	10	5		
23	199				2	16	6	29			18	17	16	15	15	14						
24	193									10							24	9	26	29	11	7
25	188	2		6	3	6		13	13		6	6	15	18	12	18						
26	180																25	8	98	35		
27	177							6	6	7	3	8	5	6	2	4					39	6
28	169																8	23	84	40		
29	165													1	20	18					31	19
30	164																68	24	20	24		
31	162					1	5	12	9	16	11	3	13	12	20	23					7	
32	156																3	33	28	4		
33	155																				26	19
34	154															2	19	12				
35	154														4				24	30	28	34
36	154				4	5		7	8	11	4	6	11	17		12	15	11				
37	144	5	1	5			9								1							

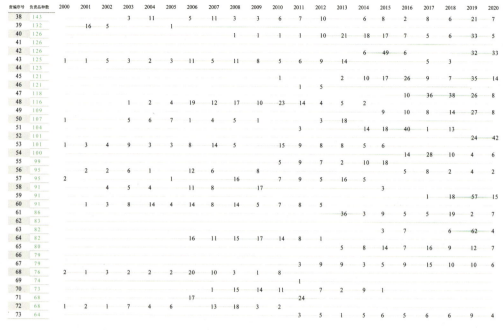

责编序号	负责品种数	2000	2001	2002	2003	2004	2005	2006	2007	2008	2009	2010	2011	2012	2013	2014	2015	2016	2017	2018	2019	2020
38	143				3	11		5	11	3	3	6	7	10		6	8	2	8	6	21	7
39	132		16	5			1															
40	126									1	1	1	1	10	21	18	17	7	5	6	33	5
41	126																					
42	126															6	49	6			32	33
43	125	1	1	5	3	2	3	11	5	11	8	5	6	9	14				5	3		
44	123																					
45	121											1			2	10	17	26	9	7	35	14
46	121												1	5								
47	118																	10	36	38	26	8
48	116				1	2	4	19	12	17	10	23	14	4	5	2						
49	109																9	10	8	14	27	8
50	107	1			5	6	7	1	4	5	1			3	18							
51	104												3			14	18	40	1	13		
52	101																				24	42
53	101	1	3	4	9	3	3	8	14	5		15	9	8	8	5	6					
54	100																	14	28	10	4	6
55	99											5	9	7	2	10	18					
56	95		2	2	6	1		12	6		8							5	8	2	4	2
57	95	2					1			16		7	9	5	16	5						
58	91			4	5	4		11	8		17						3					
59	91																		1	18	57	15
60	91		1	3	8	14	4	14	8	14	5	7	8	5								
61	86														36	3	9	5	5	19	2	7
62	83																					
63	82																3	7		6	62	4
64	82							16	11	15	17	14	8	1								
65	80														5	8	14	7	16	9	12	7
66	79																					
67	79												3	9	9	3	5	9	15	10	10	6
68	76	2	1	3	2	2	2	20	10	3	1	8										
69	74												1									
70	73								1	15	14	11		7	2	9	1					
71	68							17					24									
72	68	1	2	1	7	4	6		13	18	3	2										
73	64												3	5	1	5	6	5	6	6	9	4

图 3-12　2000—2020 年浙江教育出版社责任编辑责编种数统计

以图书作者分析，共统计数据 16971 条，排除作者信息未知数据 1066 条，历年来作者图书出版总量最高值为 776 种，数量在 400 种以上的有浙江省教育厅教研室等。

总体上，浙江教育出版社图书作者来源结构呈现出个人与组织机构并存的特点。以图书出版总量计，超过 60 种的个人 / 机构共有 36 个，其中个人有 23 个，如朱海峰、刑涛、郑文、张天孝、俞敏洪、沈石溪等；机构有 13 个，包括编写组和培训机构，如浙江省教育厅教研室、浙江省基础教育课程教材开发研究中心、新东方教育科技集团有限公司等。其中，从义务教育类图书作者来看，出版量排在前三的作者分别是浙江省教育厅教研室、朱海峰以及郑文。浙江省教育厅教研室主要涉及教材类图书出版，朱海峰主要涉及小学教辅出版，如“教材通典”“拔尖特训”系列等，郑文主要涉及英语教辅出版，如“小学英语听说课时特训”“小学英语读写课时特训”系列等。从非义务教育类图书作者来看，出版量排名前三的分别是刑涛、浙江省教育厅教研室和浙江省基础教育课程教材开发研究中心（图 3-13）。

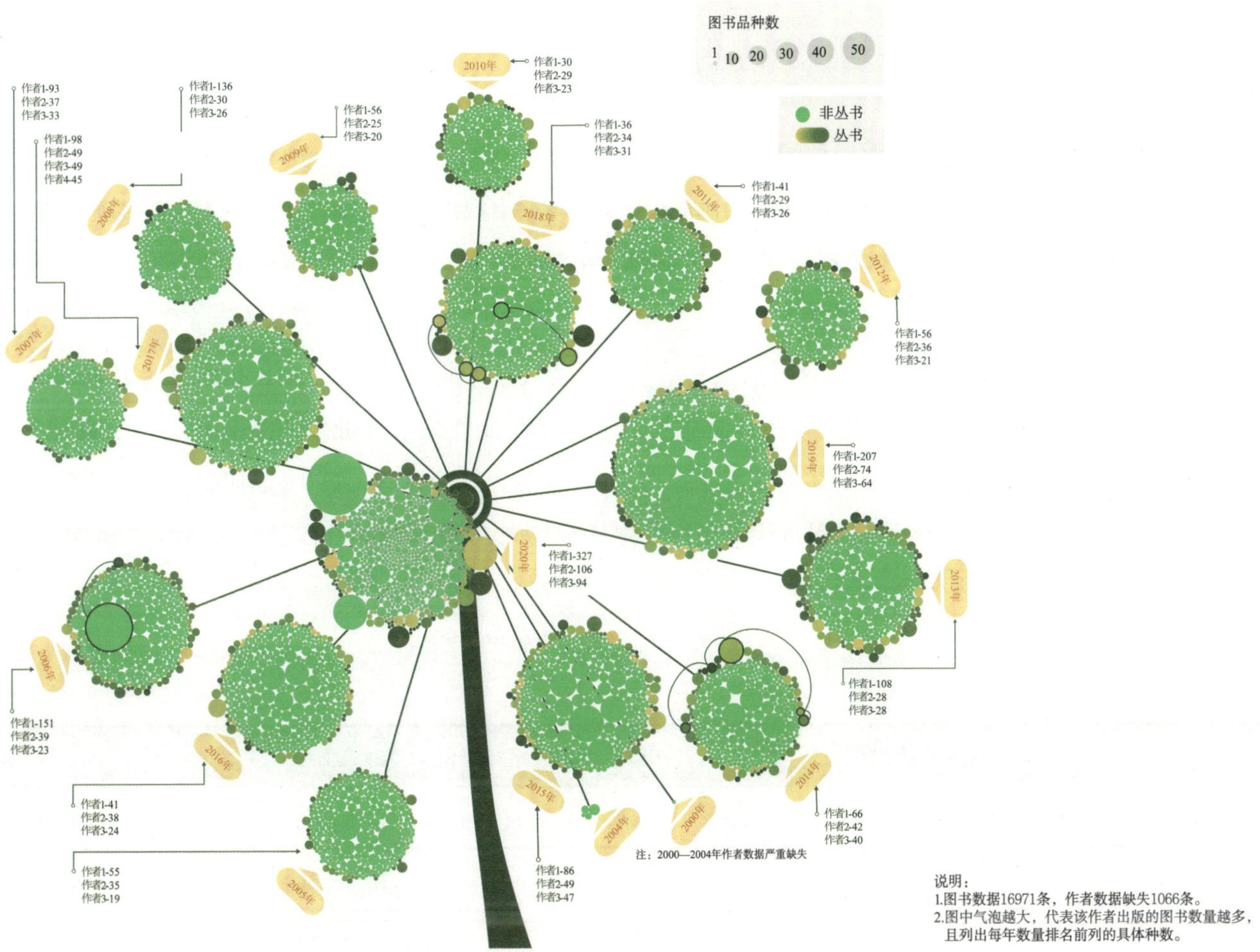

图 3-13　2020—2022 年浙江教育出版社作者出版情况

此外，出版社还与一些知名作家保持合作，不断充实和拓展作者队伍，创作精品。如沈石溪、俞敏洪等都是其签约作者。沈石溪作为童书领域的“顶流”，在 2018 年位于浙江教育出版社年度出版图书品种作者排行榜第二位。而俞敏洪虽未排在前三，但其创建的“新东方”品牌多次排在榜单前三，如 2017 年新东方小学数学研发中心排在第二位，2018 年新东方教育科技集团排在第三位，2019 年新东方教育科技集团有限公司排在第二位。

2.6 出版社获奖

2000 年至 2020 年，出版社所出版的数千种图书在省级以上图书评奖中获奖。其中，中华优秀出版物奖设立以来，浙江教育出版社连续七届获奖，此外还获得了中国图书奖、中国国家图书奖、中国出版政府奖、文津图书奖，多项出版物入选中国好书、主题出版物重点选题及“三个一百”工程。获奖作品包括“20 世纪心理学通览”“图说中国艺术史丛书”“新课程学科教学论丛书”、《唐宋词汇评》《新青春词典：汶川大地震的少年记忆》“心理学经典实验书系”、《陆游全集校注》《鲍尔比心理健康思想解析》、“大国教育战略研究”丛书、“高考制度变革与实践研究”、《世纪之理想：中国近代义务教育研究》《飞蝗物语》《迟到的勋章》《身体的答案我知道》《直觉泵和其他思考工具》《如何制作一个哥哥》《生态文明与生态自觉》《社会认知心理学》等。其中，“20 世纪心理学通览”《身体的答案我知道》《直觉泵和其他思考工具》《如何制作一个哥哥》均为引进版图书，反映了浙教社积极推进对外文化交流，引进优秀版权的责任和担当，不仅创造了可观的经济效益，也实现了良好的社会效益（表 3–2）。

表 3–2　2000—2020 年浙江教育出版社获奖情况

中国图书奖

书名	著作责任者	类别	届数 / 年份	奖项时间
20 世纪心理学通览	［德］威廉·冯特等	荣誉奖	第十二届	2001 年 3 月
图说中国艺术史丛书	李希凡	/	第十三届	2002 年 12 月
新课程学科教学论丛书	钟启泉	特别奖	第十四届	2004 年 12 月

（续表）

中华优秀出版物奖

书名	著作责任者	类别	届数 / 年份	奖项时间
唐宋词汇评	吴熊和、王兆鹏	图书奖	第一届	2006 年 12 月
新青春词典——汶川大地震的少年记忆	《江南》杂志社	抗震救灾特别奖－图书	第二届	2008 年 12 月
心理学经典实验书系	董奇、边玉芳	图书奖	第三届	2010 年 9 月
陆游全集校注	钱仲联、马亚中	图书奖	第四届	2013 年 4 月
鲍尔比心理健康思想解析	王燕、陈斌斌	图书奖	第五届	2015 年 2 月
大国教育战略研究	徐辉	图书奖	第六届	2016 年 12 月
高考制度变革与实践研究	刘海峰	图书奖	第七届	2019 年 12 月

中国国家图书奖

书名	著作责任者	类别	届数 / 年份	奖项时间
世纪之理想——中国近代义务教育研究	田正平	提名奖－教育类	第五届	2001 年 11 月

中国好书

书名	著作责任者	类别	届数 / 年份	奖项时间
飞蝗物语	陈应松	文学艺术类	2019 年	2020 年
迟到的勋章	王龙	文学艺术类	2020 年	2021 年

（续表）

文津图书奖

书名	著作责任者	类别	届数 / 年份	奖项时间
身体的答案我知道	［法］巴亚出版社	推荐图书 – 少儿类	第三届	2007 年
直觉泵和其他思考工具	［美］丹尼尔·丹尼特	推荐图书 – 社科类	第十四届	2019 年
如何制作一个哥哥	［法］安纳斯·芙吉拉	推荐图书 – 少儿类		

中宣部主题出版重点出版物选题

书名	著作责任者	类别	届数 / 年份	奖项时间
生态文明与生态自觉	解振华、冯之浚	图书	2013 年	2013 年
“创新报国 70 年”大型报告文学丛书	中国科学院、中国科学技术协会、中国作家协会	图书	2019 年	2019 年

“三个一百”工程

书名	著作责任者	类别	届数 / 年份	奖项时间
社会认知心理学	郑全全	人文社科类	第二届	2009 年

3. 浙江教育出版社发展特色

3.1 教育出版成果丰硕，助推浙江省教育建设

浙江教育出版社深耕优质教育资源出版，专业成果积累丰厚，为推进浙江省教育建设做出了巨大贡献。

自改制以来，浙江教育出版社的重要发展目标之一是“以服务浙江教育为方向，基于传统教育出版资源，做有本土情怀、有国际视野、有时代特色的基础教育教材”。作为一个总体经济规模排名全国前十的地方教育集团，浙教出版集团编写出版了上千种各类中小学教材教辅，年出版助学读物 2000 多种，供全国每年数千万学生使用。

20 世纪 80 年代末，浙江教育出版社就编写出版了全省使用的义务教育教材，被列入教育部课改 8 套教材之一，开发了畅销全国 20 多年的“数理化精编”，在浙江全省中小学校使用；20 世纪 90 年代，其出版了以《中国少年儿童百科全书》为代表的百科类工具书（图 3–14），极大地提高了少年儿童的阅读兴趣。进入 21 世纪后，出版社紧跟国家及浙江省教育改革进程，陆续编写了基础教育全年段的各学科作业本超过 200 种，为本省中小学生提供了一套优质的练习方案；出版系列高中选修课教材等，更好地服务了本省的基础教育课程改革[①]。

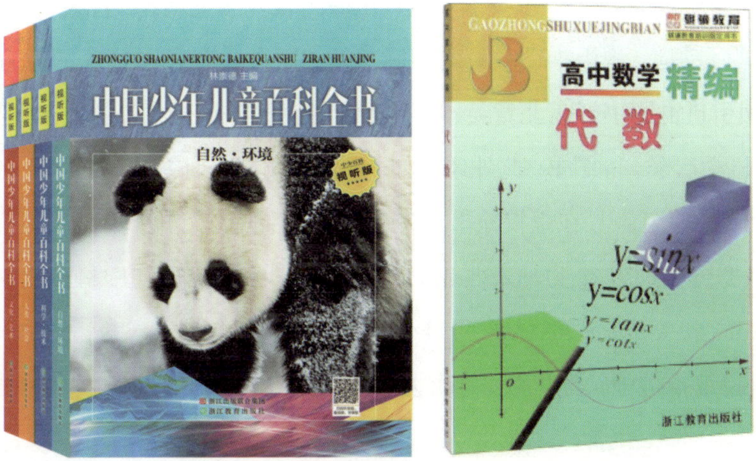

图 3–14 《中国少年儿童大百科全书》及《高中数学精编·代数》

该社近年来依托中国科学院的支持，服务科学教育，形成新的出版优势领域。“创新报国 70 年”大型报告文学丛书、“中国大科学装置出版工程”丛书、“中国青少年科学教育”丛书等图书的出版，不仅推进了科学教育学科体系的整体建设，也促进了未来科学人才的培养[②]。

---

① 陈香 . 首家地方教育出版集团成立：浙教航母出水［N］. 中华读书报，2016–01–20（6）.

② 同上 .

在数字出版领域，浙江教育出版社也紧跟时代步伐，是我国最早涉足数字化技术的出版社之一。其先后推出了公益性质的亲子共学教育网站“一起学”、“青云端”移动教育服务平台（图 3–15）、“青云在线”教学平台、浙江省数字教材服务平台等数字化平台，同时以二维码等形式促进图书、教材等纸质出版物与线上平台的联动，探索动漫、漫画、有声书等新型内容呈现形式，积极推动教育出版向教育服务转型，促进传统出版向新兴出版融合发展。

图 3–15 “青云端”平台 logo

浙江教育出版社密切关注国际动向，积极推动教育与国际接轨，探索具有中国特色的教育模式，引进和输出众多优秀的海内外教育内容资源。浙教集团引进的图书涵盖儿童绘本、英文学习教材教辅、外国名著、科普读物等类型，最具代表性的有《科学探索者》《科学发现者》《科学启蒙》等图书，此外还有如“威尔小镇”系列等绘本，牛津、剑桥、雅思、托福等教材教辅如《牛津乐学英语》,《飘》《堂吉诃德》等名著。在版权输出上，近年来，浙江教育出版集团积极开展出版对外合作，与罗马尼亚克鲁日大学出版社合作出版《汉罗分类词典》；为马来西亚华文独立中学编写出版初中科学教材，高中生物、物理、化学教材；与美国麦格劳－希尔合作出版 *Classic Chinese Readers* 和 *Writing Chinese Characters* 等，同时不断凭借国际著名出版机构平台向全球读者推送优秀中文图书，持续推进中长期出版“走出去”重点项目建设，有 20 多种图书先后被列入“中国图书对外推广计划”。

3.2 数字转型成效显著，引领教育融合出版

作为全国最早涉足数字出版领域的出版社之一，浙江教育出版社于 2006 年便成立了数字出版部，从 2014 年开始融合出版的尝试，成立数字出版中心，负责全社的数字出版和融合发展工作。2015 年，其推出“青云端”移动式教育服务平台，由数字出版部运营，用户数实现平稳快速增长。2019 年开始与 RAYS 数字平台合作，对编辑加强 RAYS 平台基本操作知识的培训，提高编辑的技术运用能力。2020 年，受疫情影响，浙江教育出版集团在浙江省教育厅的指导下迅速推出“浙江省数字教材服务平台”，提供免费下载的正版数字教科书，无须注册，无须激活码，无须关注公众号，保障疫情防控期间全省中小学师生正常上课。据统计，平台上线短短三个小时，浏览量就超 3000 万，同时在线人数最高达 36500 人 / 秒，网站运行平稳顺畅。就目前而

言，浙江教育出版集团对教育融合出版的探索如火如荼，发展势头强劲，前景良好[①]。

以“青云端”为例，“青云端”平台是一个移动教育平台，学生或家长可以通过“青云端”微信公众号来使用（图 3–16）。在内容上，“青云端”依托出版社丰富的教材教辅资源，通过对老师、家长、学生广泛的需求调研，开设“少儿 e 百科”“答题宝典”“青云学堂”“青云书城”等栏目，主要功能是辅助学生的课后学习，包括数学题的解题思路、语文的知识拓展、英语的口语跟读等。其对于融合出版的探索以提供纸质教辅的图文音视频教学为基础，初期通过二维码的形式实现线上线下学习模式的单一结合，而后又举办各类线上、线下活动及营销活动，例如“运动吧，大脑”学科知识竞赛活动、浙江省第一届“青云杯”小小创客设计创新大赛、“钱报青云杯·百科大挑战”等各类有奖竞赛活动，形成内容服务、读者互动、营销推广、商城销售多位一体的融合出版生态闭环。这既有利于纸质图书销售推广，也有助于增强公众号的用户黏性、增加关注用户数量，扩大公众号的影响力和知名度[②]。

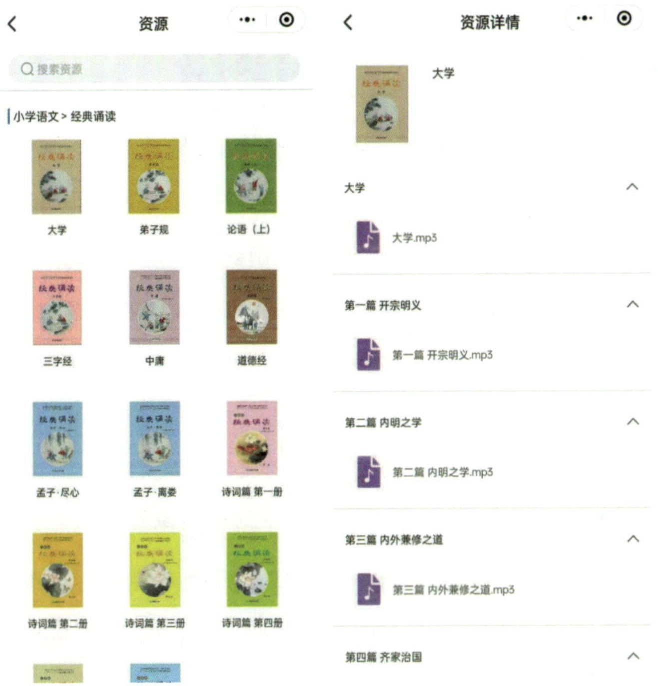

图 3–16 “青云端”微信平台界面

随后，浙江教育出版集团建立了“青云在线”平台（图 3–17），与“青云端”形成互补，目前移动端用户数已近 400 万，年营收达 4500 万元。“青云在线”主要在内容上打造产品矩阵，包括教学互动平台、教师培训平台、特色课程拓展等产品，同时浙教社也联合青云在线公司自主开发了多个拓展性课程，学生可以对

① 佚名．出版集团多措并举打赢防疫阻击战［N］．中国出版传媒商报，2020–02–14（03）．
② 于鹤．探究知识付费浪潮下传统出版业的转型升级——以浙江教育出版社为例［J］．传播力研究，2020，4（8）：135–136．

图 3-17 “青云在线”平台

这些课程进行选择，自主选修，为用户打造了一个通过课前、课中、课后实现师生互动的闭环模式。“青云在线”是以课内辅助老师的方式来实现，而“青云端”是以课外为学生提供拓展服务的方式来实现，两者实现了用户及内容资源互通[①]。“青云端”和“青云在线”的建立，助推了浙江教育出版社的转型，对其他出版社的转型升级具有一定的借鉴意义。

3.3 版权交流蔚然成风，促进教育接轨国际

近些年来，浙江教育出版社积极探索版权国际化，引进和借鉴了许多优质的国际教育资源，服务浙江省课改教改，同时致力于推动优质图书的输出，取得了较为丰硕的成果。

十多年来，浙江教育出版社陆续出版了目前美国主要使用的从小学、初中到高中的完整基础教育科学教材，每年销量近两万套，例如《科学探索者》《科学发现者》《科学启蒙》等。不少学生说：“读这样的科学图书，感觉科学家就像侦探，课本的内容就像一个个精彩的破案故事。”[②]

在图书“走出去”方面，浙江教育出版社多部出版成果已在海外落地，产生了良好的效益。在科教领域，浙江教育出版社的高中物理、化学、生物三科教材在马来西亚被 60 所华文独立中学累计 5 万多名学生使用，海外中小学移动数字图书馆项目在马来西亚 600 多所华文学校正式落地；“中国大科学装置出版工程”中的三册英文版版权输出至施普林格·自然出版集团，其中多册的德文版和英文版也输出至德古意特出版社。2021 年，浙江教育出版社实现首部动漫（漫画）作品《血与火：新中国是这样炼成的》的多语种版权输出，与俄罗斯、罗马尼亚等国家的出版社签署版权输出协议，这也是我国以动漫（漫画）出版的形式向国外读者介绍新中国、介绍中国共产党历史、促进中外交流的又一重要体现[③]。

近几年来，浙江教育出版社已有三十余个项目入选“丝路书香”“经典中国”等国家级“走出去”资助项目或获得国家级

① 王婷婷．试论教辅图书的融合出版——以浙江教育出版社“青云端”为例［J］. 中国地市报人，2021（6）：67–69.
② 陈香．首家地方教育出版集团成立：浙教航母出水［N］. 中华读书报，2016–01–20（6）.
③ 刘晨茵，段松艳．全网观看量已超 10 亿！浙教社这部动漫版权输出多国［EB/OL］.https：//zj.zjol.com.cn/news.html?id=1728176.

"走出去"奖项，反映了浙江教育出版社对世界在中国文化、中国教育、中国思想和精神等关注上的回应，推动世界对中国特色的认知，体现了浙江教育出版社的使命和担当。

三、浙江少年儿童出版社

1. 浙江少年儿童出版社历史沿革

浙江少年儿童出版社成立于 1983 年，是一家以少年儿童为主要读者对象的专业出版社，致力于出版适合少年儿童阅读的低幼启蒙读物、儿童文学作品、文教助学读物、绘画本、科普百科读物、游戏益智读物、家庭教育读物等文学作品，同时出版《幼儿智力世界》《幼儿故事大王》两种期刊。2005 年底浙江少年儿童出版社由事业单位转制为国有企业，系浙江出版联合集团全资子公司。

2001 年 9 月 1 日，浙江少年儿童出版社出版了"冒险小虎队"系列（共 50 册），初版发布 3 年，售出 800 余万册，打破由《哈利波特》创造的 700 万册纪录，在系列三发布后，累计销量达到了惊人的 3600 万册。2003 年起浙江少年儿童出版社连续领跑国内少儿读物市场，据北京开卷零售图书市场销售监测，2003—2016 年，连续 14 年保持国内少儿读物市场占有率第一。

2007 年，在奥运会倒计时一周年之际，浙江少年儿童出版社推出了大型奥运动画片《福娃奥运漫游记》同名图书，短短 3 个月就销售 400 万册。2008 年推出了"动物小说大王沈石溪·品藏书系"。截至 2015 年 12 月，这套书已经出到第 28 册，整体销售码洋达到 4 亿元，销售册数突破 2300 万册。因"动物小说大王沈石溪·品藏书系"《狼王梦》的引领，这部小说的作者、儿童文学家沈石溪占据国内动物小说近 80% 的市场份额，一人撑起了动物小说的大半江山。《狼王梦》自 2009 年 10 月出版以来一直雄踞童书畅销书排行榜前列，2012 年 1 月销量就达到了 100 万册，到 2015 年底单本印量突破 400 万册。

2010 年浙江少年儿童出版社大手笔签约儿童文学作家群，与国内诸多著名儿童文学作家签订战略合作框架协议，进行整体战略合作。这也是近年来出版行业内品牌作家与品牌出版社的大规模强强联合。2012 年在深圳、芜湖、常州、宁波等城市设立了首批 10 所阅读示范基地学校。截至 2016 年已在全国 20 个城市设立了 25 所"全国阅读示范基地学校"。

2015年8月27日，浙江少年儿童出版社收购澳大利亚新前沿出版社，专业少儿社首次跨国收购。2015年12月，北京皮皮鲁总动员文化科技有限公司与当当、浙江少年儿童出版社三方达成合作，将“童话大王”郑渊洁的全线作品正式交由浙江少年儿童出版社出版，当当全线总代理。截至2017年，浙少版郑渊洁系列图书发行总码洋近8000万元，其中单本发行量最高已突破35万册。2015年浙江少年儿童出版社销售码洋7个多亿，生产码洋达到了8个多亿，这些书中80%是原创。2016年1月，浙江少年儿童出版社市场占有率为8.53%，在全国580多家出版社的综合排名中位列第二。

浙江少年儿童出版社始终坚持正确出版导向，紧跟时代步伐，坚持把社会效益放在首位，努力实现经济效益与社会效益相统一，始终坚守少儿出版人应有的文化责任和职业理想，高度重视内容建设，出版了一大批具有影响力的优秀少儿读物，担负起少儿出版传承文化、传播文明的历史使命。在激烈的市场竞争中，该社借助多年的积累和行业的机遇，进入了自身发展的快车道，零教材教辅、80%原创、亿元增速、现象级畅销书，成为该社的标签。浙江少年儿童出版社被誉为“中国少儿出版的一面旗帜”，也曾赢得“全中国每卖出十本童书，就有一本来自浙少社”的业界美誉[①]。由于出版工作成绩突出，该社先后被国家有关部门授予“全国新闻出版系统先进集体”“全国优秀出版社”“全国‘讲信誉、重服务’出版社”“中国出版政府奖先进出版单位”“全国百佳图书出版单位”等荣誉称号。近年来，该社出版的一大批图书入选“十三五”“十四五”国家重点出版物出版专项规划和国家出版基金项目。

2. 浙江少年儿童出版社出版现状数据分析

2.1 出版规模概况

2000年至2020年，采集到浙江少年儿童出版社出版图书10000余种，年均出版图书492种。其中，2006年1月，2009年1月、5月、6月，2011年1月，2013年1月，2020年12月等7个月份的单月出版图书种类均超过100种，其中，2020年12月单月出版图书种类为历年单月出版图书之最，达343种，需注意的是该数据包含2020部分出版时间月份不详的图书，一并计入12月出版。（图3-18）

① 李子木．栉风沐雨四十载 勇立潮头铸新篇［N］．中国新闻出版广电报，2023-03-24（4）.

说明：
浙江少年儿童出版社在2000年1月—2020年12月出版图书数据10337条，数据来自浙江出版联合集团。

*离群值:也称逸出值，是指在数据中有一个或几个数值与其他数值相比差异较大，在此处为不同类型丛书中品种数不同于大部分丛书品种的丛书。

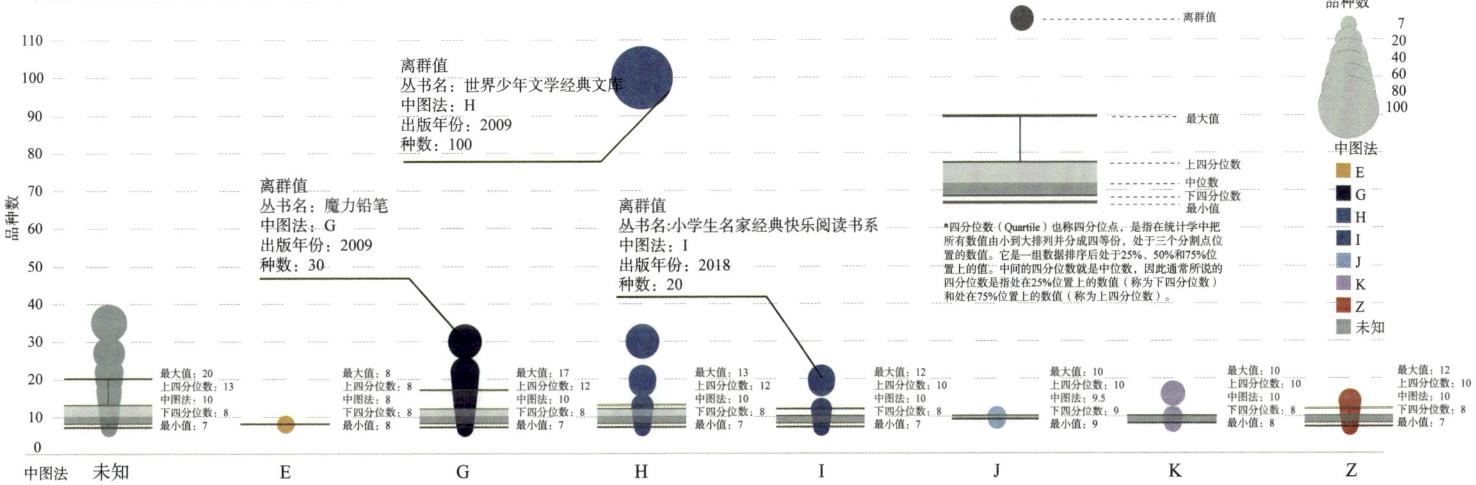

月出版量变化

月出版量 2 — 343

出版时间	2000	2001	2002	2003	2004	2005	2006	2007	2008	2009	2010	2011	2012	2013	2014	2015	2016	2017	2018	2019	2020
一月	30	21	37	89	73	34	106	49	78	106	85	119	46	128	58	43	64	87	61	49	42
二月	3	2	4	29	30	22	21	44	53	12	12	64	29	52	30	57	52	28	20	28	12
三月	10	6	7	9	17	55	49	2	48	47	15	31	33	31	41	67	16	29	30	64	23
四月	19	8	24	37	23	18	11	13	18	6	22	38	42	45	54	32	24	97	68	43	65
五月	18	53	48	22	36	40	16	68	55	109	56	68	31	77	16	62	56	73	73	41	18
六月	25		12	7	33	3	75	48	50	154	33	32	37	48	32	60	66	40	58	76	21
七月	13	43	12	25	67	90	73	55	49	60	30	73	60	83	40	27	31	55	39	34	37
八月	16	9	21	15	19	50	54	54	22	67	66	47	55	62	98	93	83	54	38	42	32
九月	14	20	6	50	33	20	25	47	26	45	43	40	57	20	55	33	12	70	59	82	30
十月	16	25	33	21	10	16	10	24	36	26	10	20	27	50	31	47	86	35	69	20	21
十一月	2	16	9	15	7	2	18	19	29	9	43	12	34	38	53	25	49	48	46	27	31
十二月	20	26	4	7	40	4	26	6	9	81	2	9	18	55	70	72	93	71	50	94	343

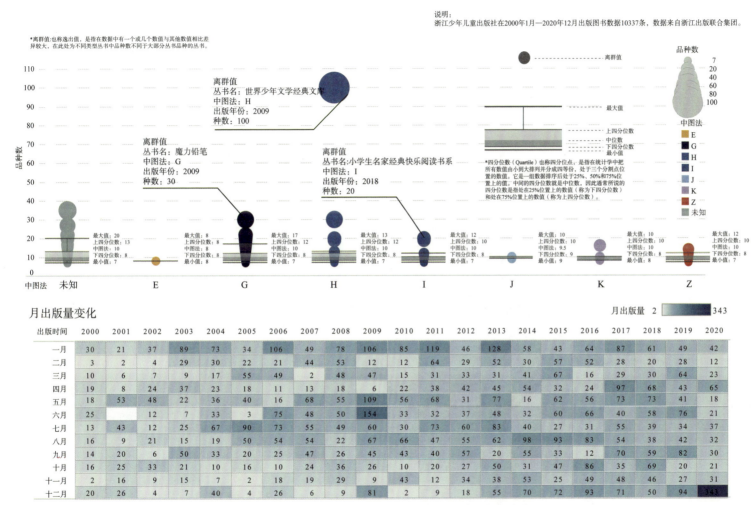

图 3-18　2000—2020 年浙江少年儿童出版社图书出版量变化图

按照义务教育类图书和非义务教育类图书区分，2000 年至 2020 年，浙江少年儿童出版社出版的图书品种以非义务教育图书为主，共 8870 种，占整个图书出版数量的 85.81%，其中，2017 年年出版量达到峰值，为 642 种，2000 年年出版量最少，为 166 种；义务教育类图书共 1467 种，占整个图书出版数量的 14.19%，2009 年年出版量最多，为 197 种。（图 3–19）

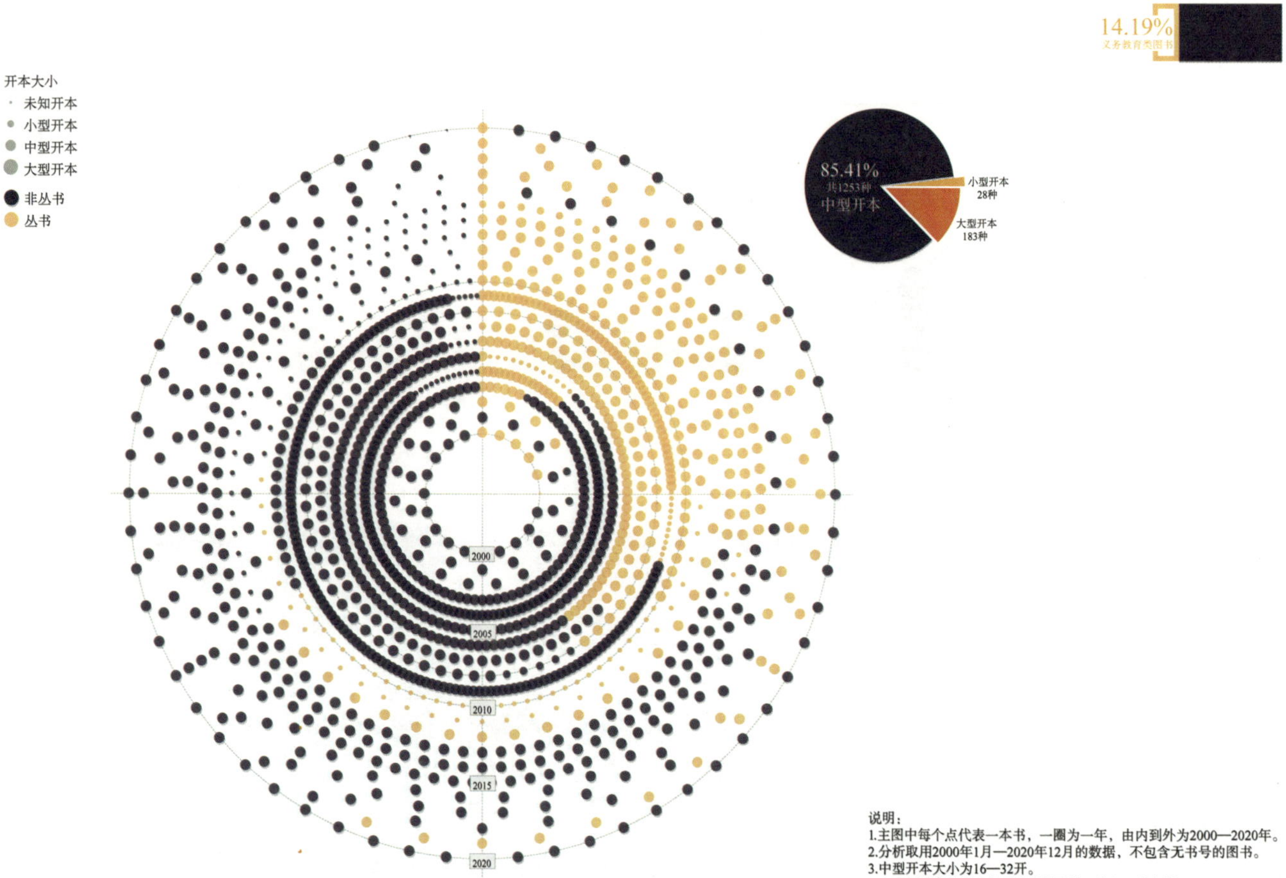

说明：
1.主图中每个点代表一本书，一圈为一年，由内到外为2000—2020年。
2.分析取用2000年1月—2020年12月的数据，不包含无书号的图书。
3.中型开本大小为16—32开。
4.2020年图书部分出版时间月份不详，计入12月出版。

图 3–19　2000—2020 年浙江少年儿童出版社义务教育类图书出版情况总览

浙江少年儿童出版社出版图书种类涵盖低幼启蒙读物、儿童文学作品、文教助学读物、绘画本、科普百科读物、游戏益智读物、家庭教育读物等多个门类，以儿童、青少年、家长等为主要读者对象。低幼启蒙读物大多是针对幼儿教育、亲子共读的早教启蒙、幼小衔接等有声书以及经典童话注音读物，如“小猪佩奇启蒙发声书”“3D 科普立体有声书”等。

儿童文学是浙江少年儿童出版社的重点板块，该社一直是中国原创儿童文学精品的出版重镇，《没头脑和不高兴》及“动物小说大王沈石溪·品藏书系”“装在口袋里的爸爸”等都是陪伴几代小读者成长的优质读物[①]。其始终坚持“培养品牌作家，出版品牌图书”，打造中国原创儿童文学出版基地。目前已基本形成了以作家书系为龙头的十余种既畅销又常销的知名原创品牌。其中包括以沈石溪集群、杨红樱集群、雷欧幻像集群为代表的三大超级畅销品牌，以任溶溶书系、张之路书系、周锐书系、汤素兰书系、管家琪书系、方素珍书系和冰心奖书系等为代表的畅销品牌。

除了巩固和扩大儿童文学板块的规模和优势，浙江少年儿童出版社也看到了童书市场的结构性变化：“双减”政策后大文教板块蕴藏着极强的发展潜力，少儿绘本、少儿科普等细分品类的码洋比重不断提高[②]。因而近几年，浙江少年儿童出版社也在不断地调整和优化产品结构以适应时代变化，谋求高质量发展。如浙江少年儿童出版社在大文教领域推出的“作文敲敲门”，通过社群、团购预热，30 多个渠道持续推进，截至目前累计印量达 92 万册，码洋超 4200 万元；建立了“中国原创绘本精品系列”“花婆婆·方素珍原创绘本馆”等精美绘本品牌书系；其打造的原创科普产品线“科学原来这样学”入选“十三五”国家重点出版物出版规划增补项目等。

此外，浙江少年儿童出版社通过诸多主题各异的畅销、常销产品，以文学板块带动游戏益智、科普百科、家庭教育读物等其他板块，逐步实现“突出重点、整体推进”的选题目标，强化产品线多元化的建设[③]。例如“金牌谜题”系列益智图书，包含《金牌谜题·数桥》《金牌谜题·数墙》《金牌谜题·数回》《金牌谜题·算独》4 种，共计 700 多道谜题游戏，主要以数字、线条和涂黑格子的形式表现，所选类型以世界谜题锦标赛的题目形式为参照。在出版后，被选为世界谜题联合会推荐读物和中国谜题

① 商务君 . 40 年引领童书市场，这家社创造了多少书业传奇？[EB/OL].www.cptoday.cn/news/detail/15217.

② 同上 .

③ 邵若愚 . 浙少社改革发展的四大战略 [J]. 出版发行研究，2014（2）：40–41.

锦标赛指定读物。

建社 30 多年来，浙江少年儿童出版社坚持“出版优秀作品，为培养有理想、有道德、有文化、有纪律的一代新人服务”的宗旨，出版各类少儿读物 3600 多种，发行 7 亿多册。出版的图书中，有 800 多种在国际、国内（省以上）图书评奖活动中获奖，在全国少儿图书市场的占有率和畅销书排行中，也一直名列前茅。

2.2 图书出版类型

排除未知类型 2341 种，将调研所得数据，按中国图书馆分类法统计，2000—2020 年浙江少年儿童出版社出版的图书种类中 G（文化、科学、教育、体育）类图书出版数量最多，占比 51.46%，共 3360 种，占据整个图书出版数量的一半以上。其次是 I（文学）类图书，占比 28.38%，共 1853 种，H（语言、文字）类图书占比 17.25%，共 1126 种（图 3–20）。以上三大类图书出版的规模已超过整个图书出版的 90%，符合该社作为一家专业出版社的内容定位。

浙江少年儿童出版社图书出版类型涵盖儿童文学、低幼启蒙、知识科普、动漫绘本、文创文教等门类，其中又以原创儿童文学为根基，带动其他板块的建设。一方面，浙江少年儿童出版社深耕原创儿童文学领域，厚植品牌意识，先后出版了一系列品牌书系，包括“中国幽默儿童文学创作丛书”“动物小说大王沈石溪·品藏书系”“淘气包马小跳系列典藏版”及《没头脑和不高兴》《狼图腾小狼小狼》等原创文学作品，“小不点亲子成长”“京剧其实很好玩”“熊亮艺术课”等原创低幼品牌书系，《科学改变人类生活的 119 个伟大瞬间》《美国国家地理少儿版百科》及“不列颠少儿百科全书”等科普知识读物，以及“名家文学读本”“影响孩子一生的名著”等经典书系。另一方面，在绘本动漫、科普百科、大文教、传统文化、期刊等板块持续发力，进一步丰富和拓展腰部产品阵容，同时积极探索包括大文博与少儿科幻等在内的新兴特色板块，挖掘优质资源，努力打造新时代童书精品。如“胡小闹”系列、“我是一个兵”系列、“蔡志忠漫画国学经典”系列等，其出版的期刊《幼儿智力世界》入选 2022 年“我是期刊领读者”优秀期刊前 60 名单，《幼儿故事大王》入选 BIBF（北京国际图书博览会）“2022 精品期刊展”。

在义务教育类图书出版上，浙江少年儿童出版社涉猎很少，主要集中于作文、语文、阅读等领域的辅导图书，如“跟着名家学语文”“课文里的写作密码”“小学生经典诵读 100 课”“作文敲敲门”等。

85.81%
非义务教育类图书

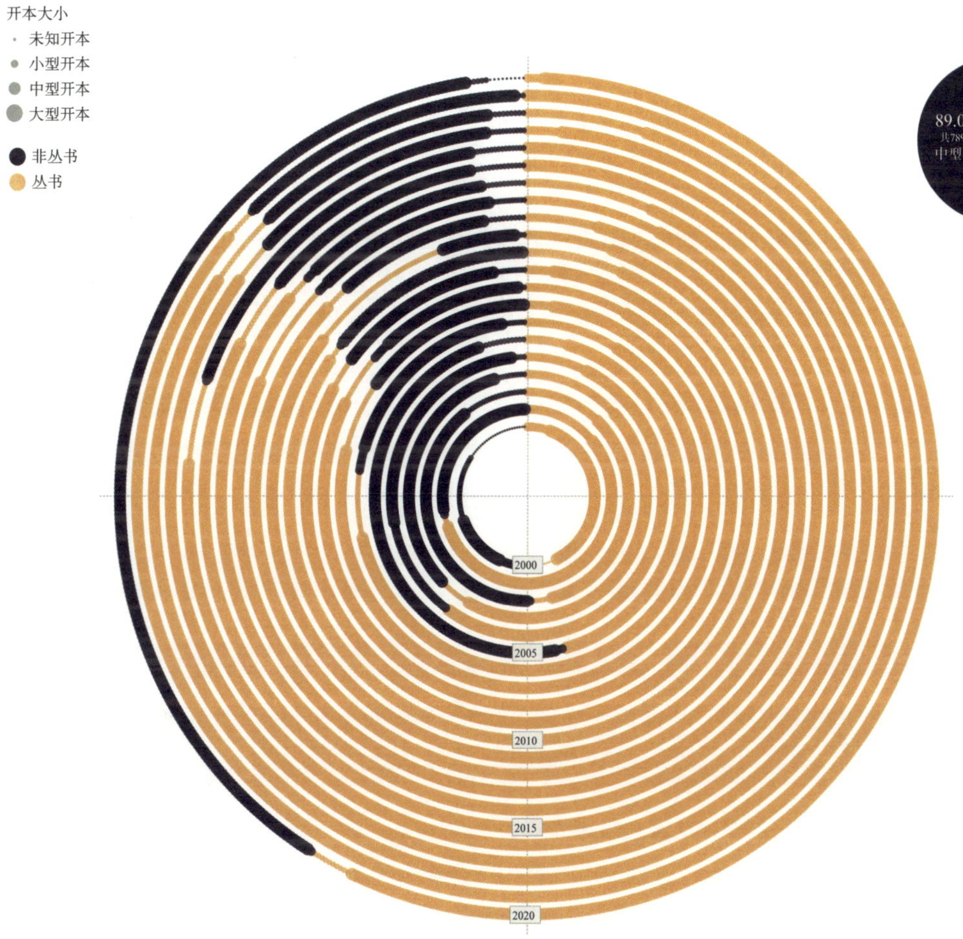

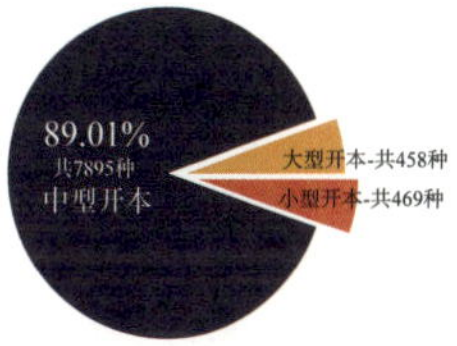

图书类型比例
去除未知中图法图书数据2341条

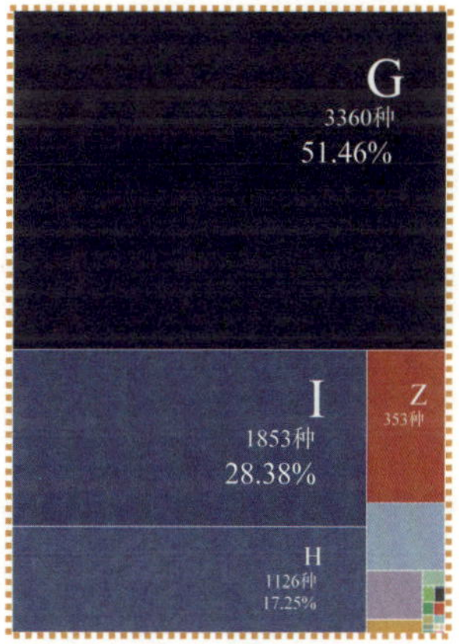

说明：
1.主图中每个点代表一本书，一圈为一年，由内到外为2000—2020年。
2.分析取用2000年1月—2020年12月的数据，不包含无书号的图书。
3.中型开本大小为16—32开。
4.2020年图书部分出版时间月份不详，计入12月出版。

图 3-20　2000—2020 年浙江少年儿童出版社非义务教育类图书出版情况总览

2.3 图书开本类型

就图书开本而言，去除未知开本数据 51 条，浙江少年儿童出版社出版的图书中，非义务教育类图书以 16 开和 32 开等中型开本为主，占比 89.01%；2 开、4 开、8 开等大型开本和 40 开、48 开、64 开等小型开本类型占比较小，分别为 458 种和 469 种；义务教育类图书以中型开本为主，占比 85.41%，其中 16 开最多，32 开次之，以 8 开为代表的大型开本共 183 种，64 开、96 开、128 开等小型开本占比较小，共 28 种（图 3–21）。

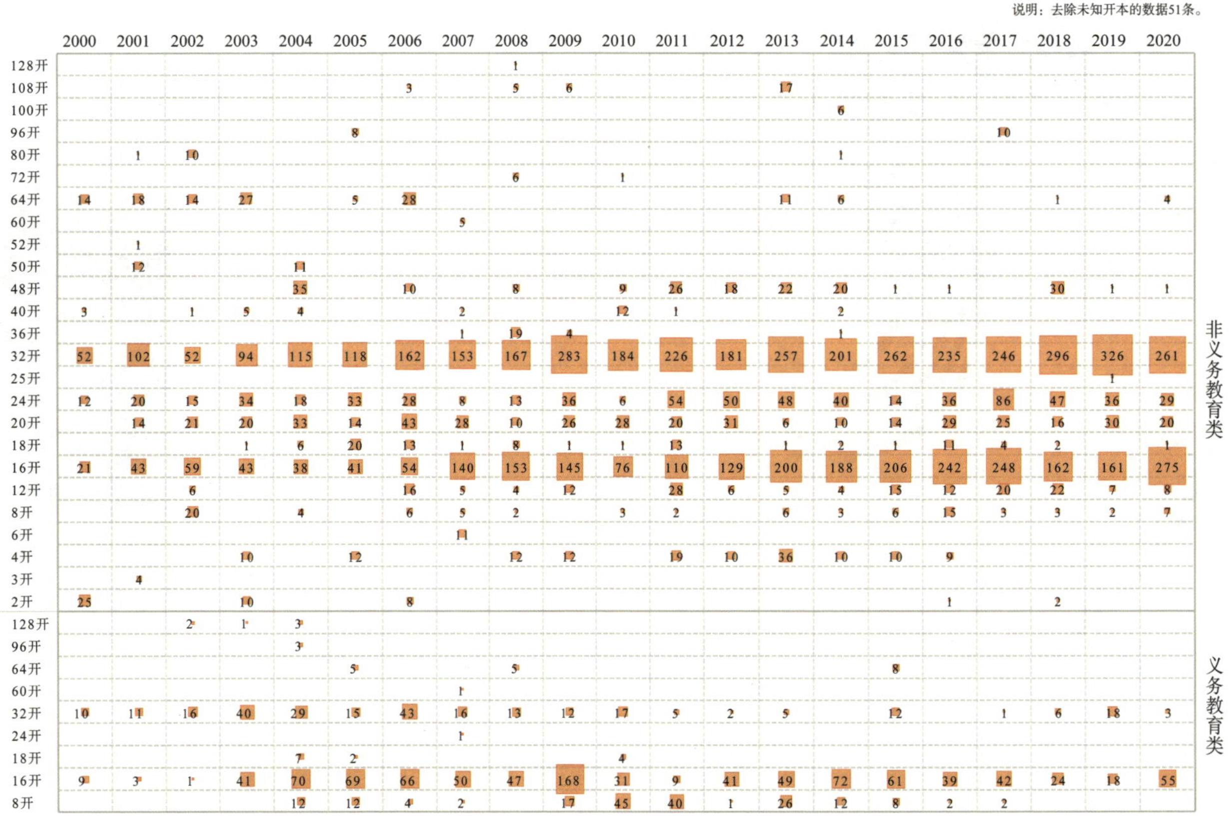

图 3–21　2000—2020 年浙江少年儿童出版社图书开本情况

总体来看，该社历年出版的图书以 16 开和 32 开等中型开本为主。其中，32 开本图书数量更多，以最具代表性的原创儿童文学图书为例，《没头脑和不高兴》及“动物小说大王沈石溪·品藏书系”“装在口袋里的爸爸”等经典品牌图书皆以 32 开为主，多采取平装形式。《没头脑和不高兴》由著名儿童文学作家、翻译家任溶溶撰写，主要讲述了两个带着缺点——“没头脑”和“不高兴”长大的孩子的故事，通过一些夸张、出奇的情节、惊险的际遇，让孩子们看到看似无关紧要的小毛病所造成的严重后果。“动物小说大王沈石溪·品藏书系”是沈石溪经典动物小说集，通过描写动物们的故事，传达了生命中残酷竞争、顽强生存和追求辉煌的精神内核，包括《第七条猎狗》《最后一头战象》《再被狐狸骗一次》《保姆蟒》《和乌鸦做邻居》《一只猎雕的遭遇》《乌奴》《狼王梦》《斑羚飞渡》《骆驼王子》《雪豹悲歌》《残狼灰满》《疯羊血顶儿》《双面猎犬》《混血豺王》等。“装在口袋里的爸爸”系列是中国首位迪士尼签约作家杨鹏的代表作之一，已成为当代儿童文学领域中深受读者欢迎的经典图书。它融童话、科幻和儿童幽默为一体，通过夸张的手法，描绘了小主人公杨歌和他只有拇指大的小人儿爸爸发生的一系列幽默故事，包括《植物也疯狂》《动物语言机》《我变成了巨人》《捡到一只喷火龙》《魔力金钥匙》《少年魔法师》《天降神弟》等图书。

2.4 丛书与非丛书

按照丛书与非丛书区分，出版社历年出版丛书共 7500 余种。浙江少年儿童出版社出版的非义务教育类图书以丛书为主体，义务教育类图书以非丛书为主体。其中，G（文化、科学、教育、体育）类丛书出版数量最多，H（语言、文字）类丛书出版数量次之（图 3–22）。从四分位数的统计角度看，2009 年出版的丛书“魔力铅笔”（G 类图书）和“世界少年文学经典文库”（H 类图书）以及 2018 年出版的丛书“小学生名家经典快乐阅读书系”（I 类图书）总品种远高于同种分类法的其他丛书，分别为 30 种、100 种和 20 种。

浙江少年儿童出版社在少儿出版领域的地位举足轻重，重要原因之一便是其强烈的品牌意识。在四十年的发展中，该社打造了不计其数的优秀图书品牌，推出了大量的品牌书系。例如“淘气包马小跳系列”“不列颠少儿百科全书”“动物小说大王沈石溪·品藏书系”“红蜻蜓暖爱长篇小说”“七彩童书坊”等非义务教育类丛书。以著名的丛书品牌“淘气包马小跳系列”和“不列颠少儿百科全书”为例。“淘气包马小跳系列”是著名作家杨红樱创作的儿童文学系列小说，首次出版于 2003 年 7 月，截至 2021 年已有 29 种。该小说主要讲述了马小跳等孩子的成长生活以及他们和家长、老师、朋友的故事，探析成人世界与儿童世界之间的隔膜误区，倡导理解沟通。2019 年，“淘气包马小跳系列”总销量突破 6000 万册，并被多次改编成电视剧、动画片、舞台剧等艺术形式。“不列颠少儿百科全书”是美国不列颠百科全书公司主编、2014 年由浙江少年儿童出版社出版的图书，全套共 10 册，每册有四五十篇主题文章，每篇主题文章都配有高质量的图片，并附以奇闻轶事、小问题，让科学知识变得有趣。此外，出版社在教材教辅领域涉猎较少，出版的义务教育类图书有“小学生口算估算速算天天练”“全日制义务教育学生必读书系”等。

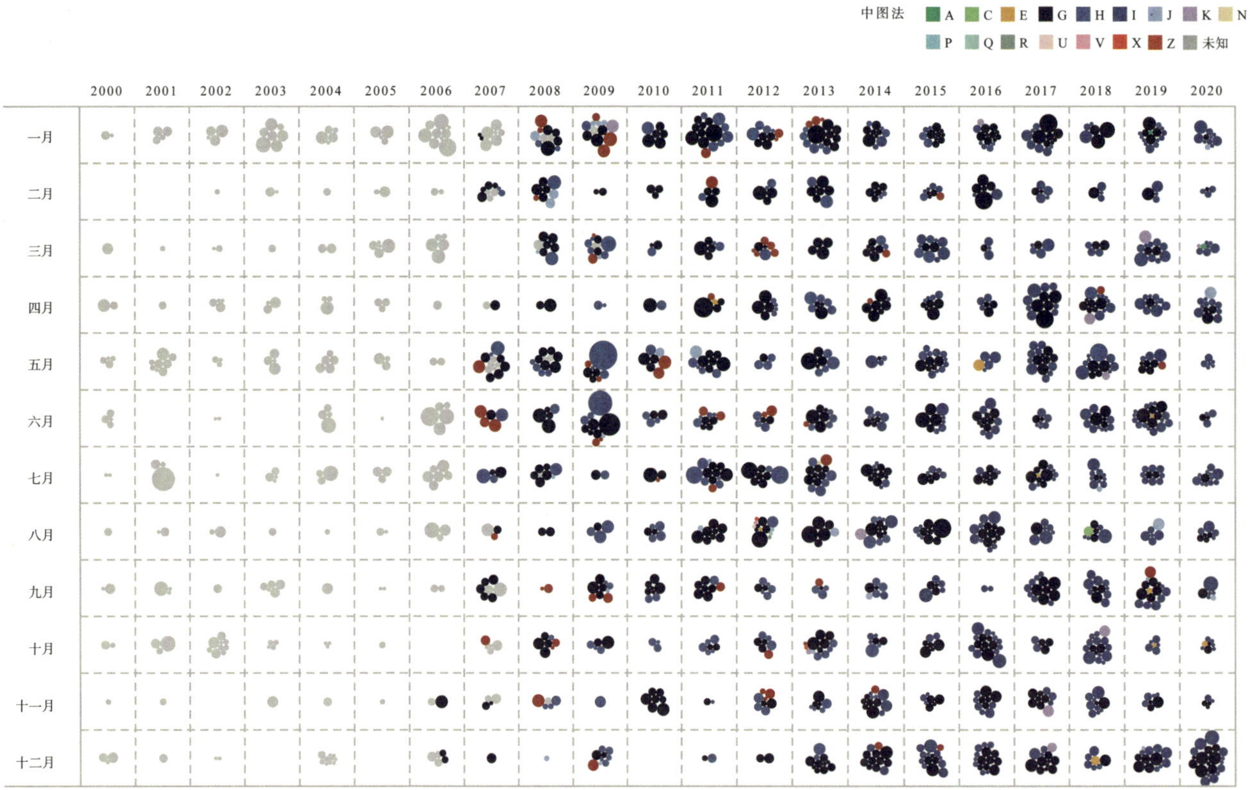

说明：
1.浙江少年儿童出版社在2000年1月—2020年12月出版图书数据共10337条，数据来自浙江出版集团。
2.未知中图法类型图书数据共计2341条。

图 3-22　2000—2020 年浙江少年儿童出版社丛书出版情况

2.5 图书责任编辑与作者

数据分析仅选择历年来图书编辑数逾 130 种的责编。而由多位责编合作完成的图书，数据分析只选取主编辑，并排除未知责编信息的图书 308 种。统计显示，2000 年至 2020 年，共有 31 位责编所负责编辑的图书超过 130 种，单个编辑所编辑图书总数最低为 130 种，年均编辑图书约为 6.19 种，单个编辑图书总数最多为 524 种，年均编辑图书约为 24.95 种（图 3-23）。

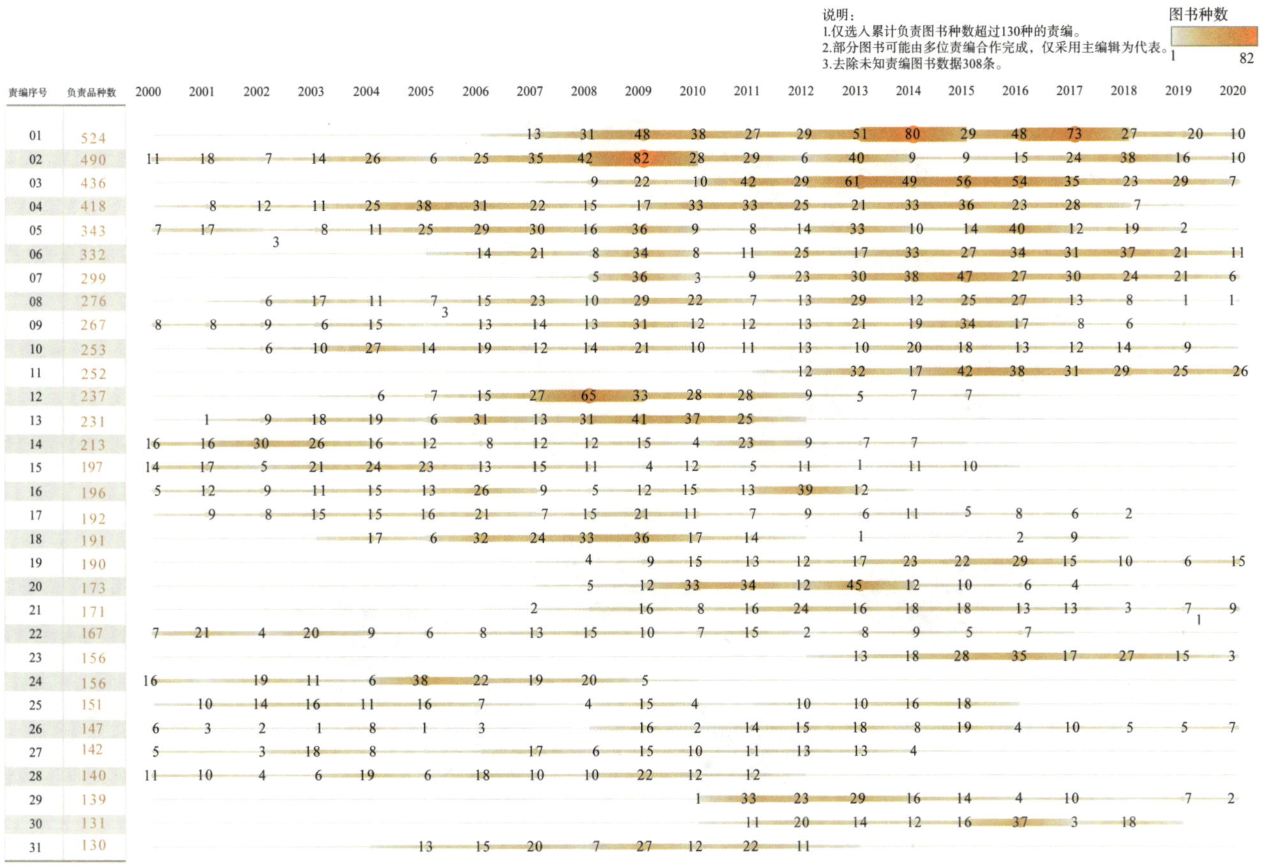

图 3-23 2000—2020 年浙江少年儿童出版社责任编辑责编种数统计

以图书作者分析，图书出版超过 20 种的作者 / 编写组共有 63 个。历年来作者图书出版总量最高值为 390 种，作者为幼狮文化，出版总量超过 100 种的共有 6 位作者，除幼狮文化外，还有伍美珍、浙江少年儿童出版社、大米原创、沈石溪和杨红樱，分别为 186 种、182 种、128 种、121 种和 106 种（图 3-24）。

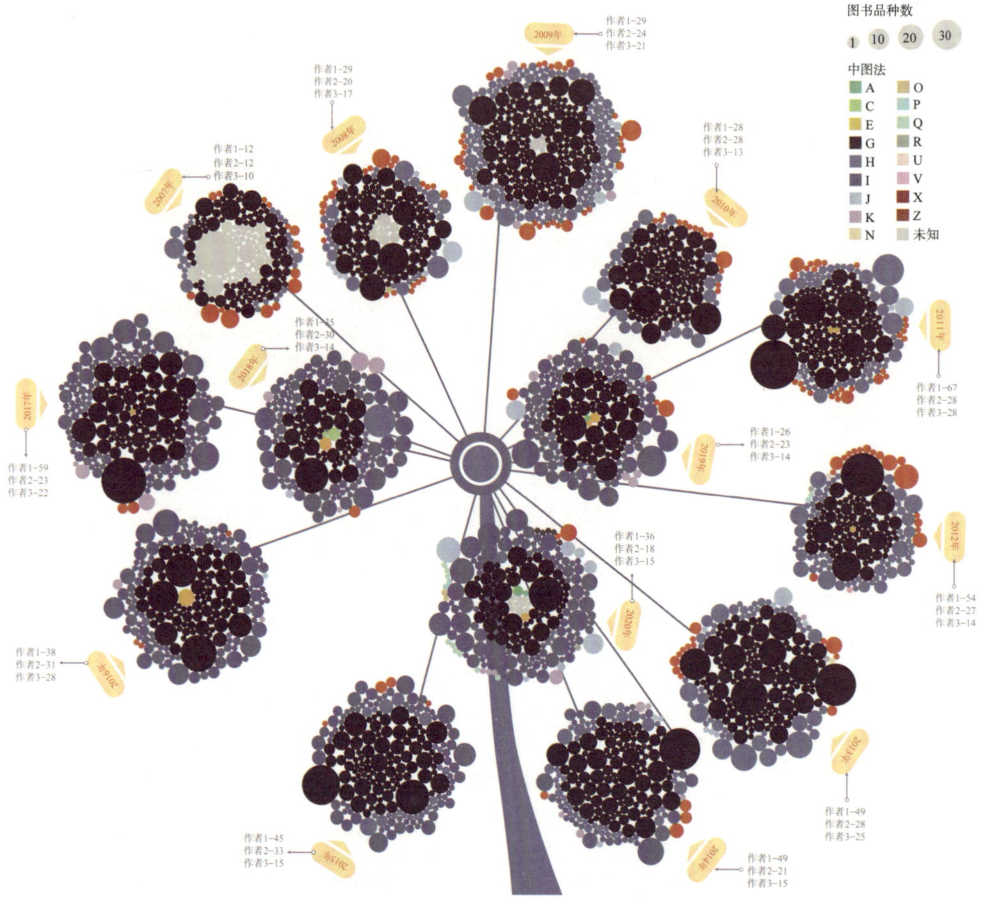

图 3-24　2000—2020 年浙江少年儿童出版社作者出版情况

图书作者来源结构表现出如下特点：

其一，图书出版以个人作者为主。从统计数据来看，出版量进入排行榜前 39 位的作者中，个人作者共 27 人，占比为 69.2%，如伍美珍、沈石溪、杨红樱等，都超过了百种。

其二，集体作者中“幼狮文化”编写的童书数量最多。以图书出版总量计算，出版量进入排行榜、图书出版超过 30 种的集体编写者共有 12 个，分别是幼狮文化、浙江少年儿童出版社、大米原创、深圳文圣教育科技有限公司、《快乐学习吧》编委会、上海淘米网络科技有限公司、深圳华强数字动漫有限公司、《高中新课程同步训练》编写组、台湾小牛顿科学教育有限公司、北京华图宏阳图书有限公司、东方梦工厂和阿优文化。

在以上诸多集体编写单位中，以幼狮文化主编的童书数量最多，达 390 种。如 2012 年浙江少年儿童出版社出版的“七彩童书坊”《故事大王》（注音版）就是由幼师文化策划和主编的幼儿启蒙绘本，该套童书讲述了许多美丽的童话故事、神话传说，既充满童趣，又饱含哲理，是一部开启儿童智慧、开阔儿童视野、滋养儿童心灵的优质启蒙读物。

其三，重视打造名家品牌和培育新人作家。一方面，浙江少年儿童出版社坚持专业立社，深耕原创儿童文学领域，厚植品牌意识，积聚优质资源，以战略签约制、设立作家工作室、量身定制产品线等灵活高效的方式立体搭建实力作家梯队，逐渐汇集了任溶溶、张之路、沈石溪、郑渊洁、杨鹏、汤素兰等儿童文学领域头部作家，以及张秋生、周锐、冰波、方卫平、方素珍、乐多多、徐玲、彭绪洛等重点作家，还专门成立了沈石溪工作室和汤汤工作室，围绕两位作家核心作品进行深度的全版权运营，从选题策划、编辑加工、版权输出、IP 打造等方面进行全链条密切维护[①]。另一方面，浙江少年儿童出版社并不局限于自身的名家作者资源，而是不断寻找、培养新兴作家，保持人才队伍源源不断的生机和活力。例如在 2020 年北京图书订货会上，浙江少年儿童出版社推出了鲁迅文学奖得主鲍尔吉·原野的系列作品“亲爱的大自然：鲍尔吉·原野散文少年读本”，并与其签订了战略合作协议；此前也推出过马原的首部童话《湾格花原》及续作《湾格花原：砖红色屋

① 邵若愚 . 以高质量出版打造新时代原创童书精品［N］. 中国新闻出版广电报，2022-10-13（45）.

顶》、跨界作家程玮的儿童文学新作“海龟老师”系列[①]。

2.6 出版社获奖

2000年至2020年，浙江少年儿童出版社出版了一批优质的图书，有800多种在国际、国内（省以上）图书评奖活动中获奖。浙少版图书在全国少儿图书市场的占有率和畅销书排行中，也一直名列前茅，在省内乃至全国范围内产生了较大的影响力，获得了文津图书奖、“三个一百”原创工程奖、中华优秀出版物奖、主题出版重点选题奖等。其中，获得文津图书奖的作品包括刘斌、余靖静著的《五千年良渚王国》，法国作家阿内－索菲·希拉尔和格温尼拉·布莱著的“思考世界的孩子”（全2册），顾抒的《城墙上的光》，美国国家地理学会主编的《美国国家地理少儿版百科》，萧袤著的《老鼠养了一只猫》以及葡萄牙作家何塞·雷迪亚著、画家安德烈·雷迪亚绘的《如果我是一本书》；获得“三个一百”原创工程奖的图书有“幼儿故事大王”（四册）（汤素兰、周锐等文，沈苑苑、唐云辉等绘）；获得中华优秀出版物奖的图书有《大爱颂：献给抗震救灾的诗》和“中国原创绘本精品系列”（20册）；获得主题出版重点选题奖的有《信仰的种子》、“中华好故事”。其中，《五千年良渚王国》是国内首部良渚主题童书，由专研良渚文化的考古学家主笔，以图文并茂的形式，清晰地介绍了良渚文化先民生活的方方面面，不仅适合儿童阅读，也适合作为大众的普及读本。此外，“思考世界的孩子”（全2册）、《美国国家地理少儿版百科》《如果我是一本书》为引进版图书，可以看出浙江少年儿童出版社不仅深耕于国内少儿出版市场，还积极与国际市场对接，引进优质童书资源，在东西文化交流中寻求高质量发展，实现良好的经济效益和社会效益（表3-3）。

表3-3　2000—2020年浙江少年儿童出版社获奖情况

文津图书奖

书名	著作责任者	类别	届数 / 年份	奖项时间
美国国家地理少儿版百科	美国国家地理学会、于梅	推荐图书	第七届	2012年
老鼠养了一只猫	萧袤	图书奖	第九届	2014年

① 余若歆.出版企业如何拥有立身之本？看这家社是怎么做到的！［EB/OL］.www.cptoday.cn/news/detail/9395.

（续表）

书名	著作责任者	类别	届数 / 年份	奖项时间
如果我是一本书	[葡] 何塞·雷迪亚、[葡] 安德烈·雷迪亚	推荐图书	第十四届	2019 年
思考世界的孩子	[法] 阿内 – 索菲·希拉尔、格温尼拉·布莱、[法] 帕斯卡尔·勒梅特尔	推荐图书	第十四届	2019 年
城墙上的光	顾抒、袁小真、逆行阿星	推荐图书	第十五届	2020 年
五千年良渚王国	刘斌、余靖静、曾奇琦	图书奖	第十五届	2020 年

“三个一百”原创工程

书名	著作责任者	类别	届数 / 年份	奖项时间
幼儿故事大王	汤素兰、周锐、沈苑苑、唐云辉	“三个一百”	第一届	2017 年

中华优秀出版物奖

书名	著作责任者	类别	届数 / 年份	奖项时间
大爱颂：献给抗震救灾的诗		抗震救灾特别奖 – 图书	第二届	2008 年
中国原创绘本精品系列		图书奖	第五届	2015 年

中宣部主题出版重点出版物选题

书名	著作责任者	类别	届数 / 年份	奖项时间
信仰的种子	浙江电视台少儿频道	图书奖	2013 年	2013 年
中华好故事		图书奖	2016 年	2016 年

3. 浙江少年儿童出版社发展特色

3.1 优化产品结构，打造童书品牌

回顾浙江少年儿童出版社近40年的发展历程，作为居于一隅的地方出版社，既没有地域优势，也没有资源优势，却通过一次次出版改革的探索和尝试，深耕原创内容，厚植品牌意识，走出了一条专而精的发展道路，在少儿出版尤其是原创儿童文学领域发挥着中流砥柱的作用。该社自建社以来多次获得中国出版政府奖、中华优秀出版物奖、全国优秀儿童文学奖等各项国家重大出版奖项，一大批图书获得省部级以上各类优秀图书奖，还有一大批图书入选国家“十三五”“十四五”重点出版规划和国家出版基金项目。

浙江少年儿童出版社一直坚持专业立社，始终处于少儿出版的第一方阵。40年来，该社所有图书品种中，原创品种高达80%；其原创图书比例，曾一度高达90%[①]，是原创儿童文学作品的出版重镇。近年来，该社不断推进选题和产品结构优化，逐渐形成了以儿童文学为基石，低幼启蒙、知识科普、动漫绘本、文创文教等板块共同发展的结构布局，同时开拓六大产品线集群——“实力名家作品系列集群”“青年新锐作品系列集群”“学龄前融出版集群”“精品图画书系列集群”“知识科普系列集群”“名师大文教系列集群”[②]，推出一大批双效突出、图文精美的品牌书系，形成了该社独特的出版品牌矩阵。

浙江少年儿童出版社一直密切关注市场，在不断扩大原创儿童文学产品规模的同时，顺应市场变化，推动少儿科普、少儿绘本、传统文化等具有极强潜力的细分品类的发展，进一步丰富和优化腰部产品阵容，以谋求高质量发展。例如其历时3年打造的原创硬核科普读物“科学原来这样学”书系，由教科版小学科学教材副主编、著名科普专家郑永春主编，以小学科学课程设置为切入点，结合青少年的兴趣和关注点，涵盖了天文宇宙、地球科学、物质科学、生命科学等学科领域的关键问题，形成鲜明的“浙少特色”，在众多科普图书中脱颖而出，并被列为国家“十三五”出版规划第二次增补项目，印数达11.6万册（图3-25）。

图3-25 “科学原来这样学”系列丛书

① 陈香.少儿出版的“浙少”现象：40年，以原创突围市场[N].中华读书报，2023-3-22（6）.

② 邵若愚.以高质量出版打造新时代原创童书精品[N].中国新闻出版广电报，2022-10-13（45）.

此外，少儿主题出版也是最近几年关注较多的细分门类。浙江少年儿童出版社积极响应国家政策，依托其坚实的原创儿童文学资源和少儿出版“以小见大”的特色优势，围绕主题主线，推出了《中国有了一条船》《我们的队歌》《列车开往乞力马扎罗》《乌兰牧骑的孩子》及“中华文化传承之匠心　工匠的故事”等少儿主题出版图书，社会效益成绩斐然[①]。

浙江少年儿童出版社的品牌意识不仅体现在品牌图书的打造上，还体现在作家队伍的培养上。其以畅销书作家为核心，持续打造沈石溪、任溶溶、杨鹏、郑渊洁等名家畅销书集群，积极推出实力作家的原创力作，培育原创畅销新品，努力建设中国原创儿童文学出版高地。如浙少版的沈石溪作品集群，累计印数近 5000 万册，销售码洋 10 亿元。“中国幽默儿童文学创作·任溶溶系列”（注音版），累计印数超过 1000 万册。其中《没头脑和不高兴》一册印数近 800 万册，码洋超过 1.1 亿元。杨鹏“装在口袋里的爸爸”系列形成了文字版、漫画版和衍生系列，已出版 60 种，累计码洋 3.3 亿元，单册最高销量达 70 万册[②]。

3.2 讲好中国故事，开拓童书出海新路径

一直以来，浙江少年儿童出版社在扩大国内影响的同时，努力把中国的优秀文化推向世界，已先后向海外输出近千种图书版权。同时与世界各地的知名出版社的长期合作，促进了中外文化交流。其中，47 种入选“中国图书对外推广计划”；43 种入选“经典中国国际出版工程”；59 种入选“丝路书香工程”，3 种入选“中国当代作品翻译工程”[③]。

浙江少年儿童出版社曾获得“国家文化出口重点企业”“浙江省文化出口重点企业”称号。除图书版权贸易外，该社还将目光放至海外资本输出，以大幅提高版权输出的数量与质量。其先后收购了澳大利亚新前沿出版社，在英国伦敦建立新前沿出版社（欧洲）公司，打造出一个地跨亚欧澳三大洲的国际童书出版平台，并实施本土化策略，充分发挥驻外机构的自主性和桥梁作用，挖掘国内国外资源，利用好国内国外两个市场，进一步推进特色童书出版“引进来”和“走出去”工作，推动少儿出版市场的繁荣发展[④]。目前，浙江少年儿童出版社海外出版单位共出版图书 907 种，已完成国际同步出版项目 10 种，多种图书获

① 商务君．40 年引领童书市场，这家社创造了多少书业传奇？［EB/OL］www.cptoday.cn/news/detail/15217.
② 孙海悦．浙少社：深耕原创 打造精品 传承文化［N］．中国新闻出版广电报，2022-05-26（3）.
③ 李子木．栉风沐雨四十载 勇立潮头铸新篇［N］．中国新闻出版广电报，2023-03-24（4）.
④ 同②.

得澳大利亚及英国的国家级、州级奖项 47 次，实现纸质书版权贸易 241 种、数字版权交易 24 种，涵盖 40 多个国家和地区[①]。

3.3 探索融合发展，建设特色童书营销模式

进入数字化时代以来，浙江少年儿童出版社一直紧跟时代发展，大力推进数字化变革，于 2019 年成立数融事业部，积极探索少儿出版融合发展。其加快产品新形态开发，整合聚集出版资源，结合新兴数字技术，策划跨介质融合出版产品，包括且不限于音视频、电子书、搭载智能硬件的交互式图书、在线课程等数字产品[②]。

直至 2022 年，浙江少年儿童出版社数字出版营收持续高速增长。例如 2022 年 9 月上线的“装在口袋里的爸爸”精品有声剧，上线 2 个月，播放量超 1000 万人次，排名喜马拉雅儿童新品榜第一。

图 3-26 “浙里听听”平台界面

与此同时，浙江少年儿童出版社还积极搭建自有数字运营平台，开拓数字业务新的融合点，全方位打造和运营原创 IP，延伸数字出版产业链，以推进少儿出版融合发展。其推出的“浙里听听”知识服务平台（图 3-26），涵盖了国内外经典童话、睡前故事、文化教育、知识科普、名师课堂等多种音视频数字童书资源，拓宽了优质童书的传播渠道，提升了其使用价值。从内容到技术再到平台，该社走出了一条具有自身特色的融合发展道路。近几年，该社的多个数字产品获得国家级重点工程和奖项，其中，其出版成果连续两次入选中宣部“全国有声读物精品出版工程”，1 次入选中国音像与数字出版协会“2022 年数字阅读推荐作品”；浙江少年儿童出版社喜马拉雅音频号、蜻蜓 FM 音频号入选“大众喜爱的阅读新媒体号”[③]。

另一方面，作为没有教材教辅托底的地方专业少儿社，浙江少年儿童出版社凭借较高的市场化程度在渠道推广和营销创新方面先行探路，取得良好的经济效益和

① 李子木 . 栉风沐雨四十载 勇立潮头铸新篇 [N]. 中国新闻出版广电报，2023-03-24（4）.
② 同上 .
③ 同上 .

社会效益。多年来，在营销创新方面，该社以服务读者为宗旨，积极参与全民阅读推广，创建了“名家人文行”“全国阅读示范基地学校”“浙少故事总动员”等品牌公益活动，以每年数百场主题公益讲座辐射至全国近 30 个省市，活动覆盖十万人次，得到了全国小读者和家长的广泛好评和认可。[①]

为了应对疫情带来的困难和市场变局，浙江少年儿童出版社主动调整转型，努力构建“线上线下双循环”渠道新格局。一方面，浙江少年儿童出版社积极开拓新兴媒体渠道，在微博、微信、小红书、微店、抖音、快手、淘宝店铺等平台上开设账号，从多维度挖掘细分市场，培育私域流量，如在 2022 年“双十一”当天，浙江少年儿童出版社在其抖音直播间进行专场直播，11 位编辑、营销人员轮番上阵担任主播，重点推 11 套图书，送出 111 波福利，累计上万人收看，订单数超 1000 单；另一方面，积极与其他自媒体平台达人合作，从横向获取和扩大图书产品的经济效益和社会效益，如其与王芳等达人合作直播带货，成功打造了“漫画中国古典名著”“亲近历史·中华上下五千年”“蔡志忠漫画国学经典系列”“作文敲敲门”及《小学生散文读本（中国卷）》等多款爆品[②]。

四、浙江人民美术出版社

1. 浙江人民美术出版社历史沿革

浙江人民美术出版社初建于 1958 年 7 月 15 日，原属浙江日报社，1980 年 1 月 18 日在原浙江人民出版社美术编辑室和工农兵画报社的基础上重新组建，社址在杭州南山路浙江美术学院（现中国美术学院南山路校区）内，由浙江美术学院主办，主要出版宣传画、年画、连环画等，办有期刊《跃进画报》。1960 年，出版社由浙江日报社接办，1970 年，归属浙江省毛主席著作出版办公室，迁入杭州武林路 196 号（今武林路 357 号），并入浙江人民出版社。其出版物仍沿用浙江人民美术出

① 李子木 . 栉风沐雨四十载 勇立潮头铸新篇［N］. 中国新闻出版广电报，2023-03-24（4）.

② 同上 .

版社社名，出版以当时的样板戏、电影为题材的连环画，以及宣传画、年画等，并办有期刊《工农兵画报》（后更名《富春江画报》）。

1980年，浙江人民美术出版社独立建制。1991年迁至杭州体育场路347号。2005年“事转企”改制后，更名为浙江人民美术出版社有限公司，简称浙江人民美术出版社（下称“浙美社”）。

1980年以来，浙美社已经出版各类美术读物2400余种，其中获全国性图书奖的出版物76种。浙美社自1980年重新建社以来，先后在年画、连环画、画册等领域出版了一批具有开创性的、高质量的美术读物，陪伴了几代美术专业人士和广大美术爱好者。该社出版的“世界文学名著连环画”丛书，在中国连环画史上留下了重要的一页。具有中华民族特色的卡通读物《中华少年奇才（上、下）》被称为是中国动画工程启动的标志。与山东美术出版社合作出版的《20世纪中国美术——中国美术馆藏品选》画集，得到了出版界、美术界专家学者的高度评价，被一致认为是当代美术画册进入学术层次的典范，是美术出版业的里程碑。此外，由该社主办的杂志《幽默大师》连续两年入选国家新闻出版署“全国百种重点社科期刊”。浙美社于1992年被国家新闻出版署和劳动人事部授予全国先进出版单位，是中共中央宣传部首批表彰的15家优秀图书出版单位之一。

为配合浙江省的文化宣传活动，让更多的人了解浙江，该社还先后出版了《人文浙江·美术解读》《当代工笔画：南北·工笔对话》等带有地域特色的画册，都取得了较好的反响。2006年，该社还配合浙江省重大题材美术创作出版相关作品集，并于2009年完成第一批作品。2008年，为纪念陆俨少诞辰100周年的活动出版《陆俨少全集》。此外，还推出了一批普及版的黄宾虹作品精编系列等。

为推进数字化建设，该社于2020年正式成立数字团队，并依托其原有优质版权资源，与包括喜马拉雅、浙江广电、哔哩哔哩在内的多家公司达成内容合作，并尝试独立孵化数字项目，多层次、多样化开展数字出版工作。

浙美社在全国美术专业出版阵营中享有盛誉，曾荣获“全国优秀出版社”“全国百佳出版单位”“全国新闻出版广播影视系统先进集体”等称号。其始终坚持“用服务求支持，用贡献求发展”的战略思路，秉持“传承文明、弘扬艺术、引领生活”的立社宗旨，在专业美术、大众美术、少儿美术、数字美术等领域中多元开拓，创新融合，努力为读者奉献精品佳作。

2. 浙江人民美术出版社出版现状数据分析

2.1 出版规模概况

本文采集到浙美社 2000 年至 2020 年出版图书 8923 种，年均出版图书 425 种。其中，2020 年，该社年出版图书种类最多，达 950 种；2001 年，该社年出版图书种类最少，仅有 128 种。

从单月图书出版数量来看，浙美社出版图书较多的月份为 2000 年 8 月，2005 年 6 月，2006 年 9 月，2008 年 6 月，2014 年 12 月，2016 年 8 月，2017 年 1 月，2018 年 1 月、5 月和 8 月，2019 年 11 月，2020 年 12 月等 12 个月份（单月出版图书均超过 100 种），其中，2020 年 12 月出版图书种类为历年单月出版图书数量之最，达 498 种。（图 3–27）

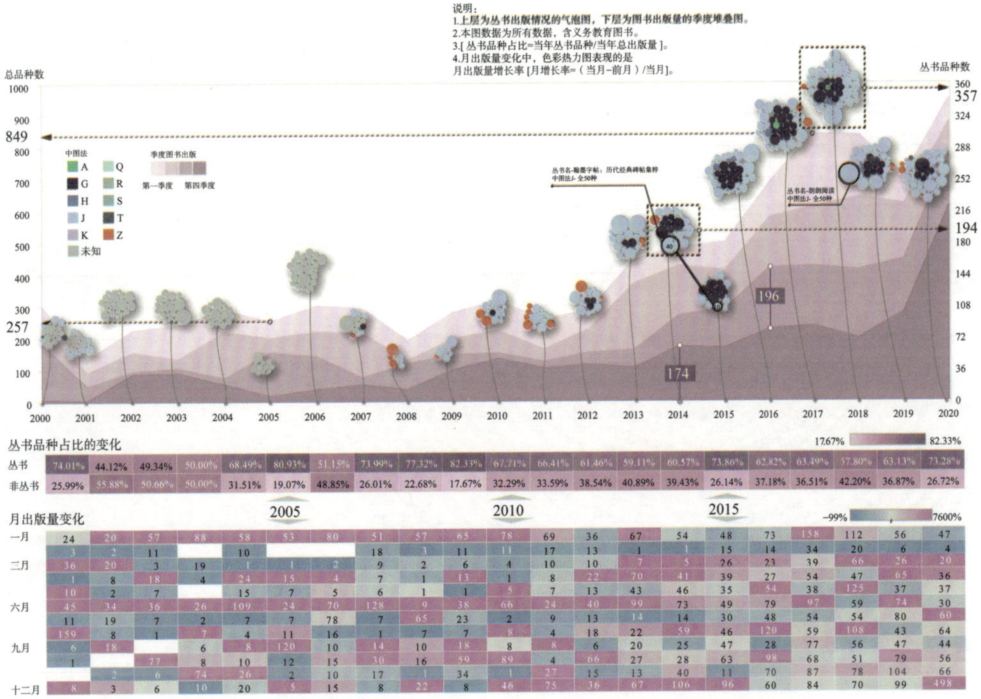

图 3–27　2000—2020 年浙江人民美术出版社图书出版量变化图

按照义务教育类图书和非义务教育类图书区分，2000 年至 2020 年，浙美社出版的图书以非义务教育类为主，共 8494 种，占整个图书出版数量的 95.19%；义务教育类图书共 429 种，占整个图书出版数量的 4.81%。（图 3–28）

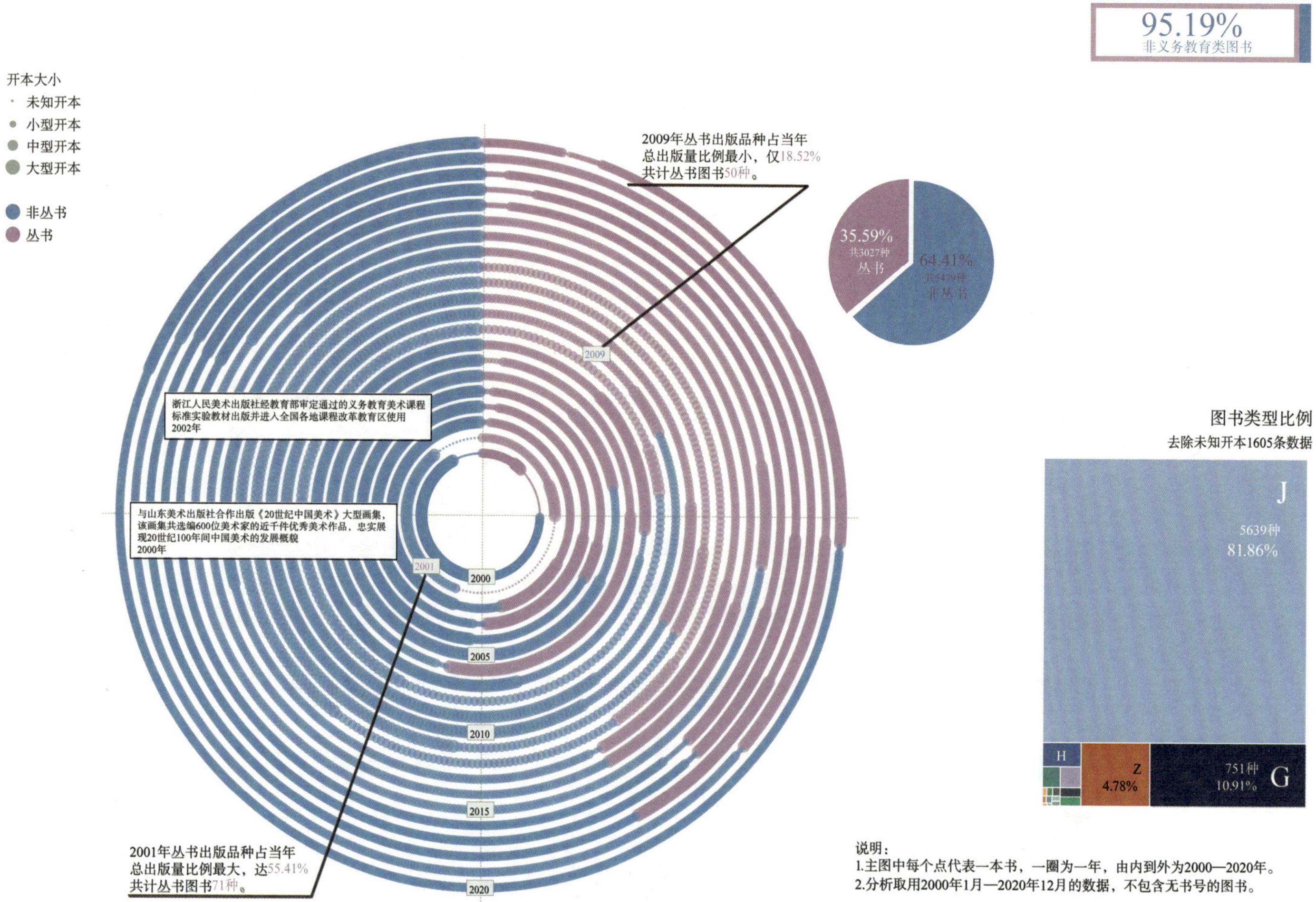

95.19%
非义务教育类图书
开本大小
未知开本
小型开本
中型开本
大型开本
非丛书
丛书
2009年丛书出版品种占当年总出版量比例最小，仅18.52%共计丛书图书50种。
35.59%
共3027种
丛书
64.41%
非丛书
2009
浙江人民美术出版社经教育部审定通过的义务教育美术课程标准实验教材出版并进入全国各地课程改革教育区使用
2002年
与山东美术出版社合作出版《20世纪中国美术》大型画集，该画集共选编600位美术家的近千件优秀美术作品，忠实展现20世纪100年间中国美术的发展概貌
2000年
2001
2000
2005
2010
2015
2020
2001年丛书出版品种占当年总出版量比例最大，达55.41%共计丛书图书71种。
图书类型比例
去除未知开本1605条数据
J
5639种
81.86%
H
Z
4.78%
751种
10.91%
G
说明：
1.主图中每个点代表一本书，一圈为一年，由内到外为2000—2020年。
2.分析取用2000年1月—2020年12月的数据，不包含无书号的图书。

图 3–28　2000—2020 年浙江人民美术出版社非义务教育类图书出版情况总览

自1980年建社以来，浙美社在年画、连环画、大型画册、绘画技法等领域出版了许多具有开创意义的优秀图书，《路》《潘天寿全集》及“世界文学名著连环画”“中国美术分类全集·中国绘画全集”“黄宾虹全集”等一批大型出版项目屡受国家表彰。

该社的出版物类型主要涵盖美术图书、美术刊物、美术教材三大板块，以艺术爱好者、艺术从业者、青少年、教师等为主要读者群体，出版了适合不同年龄段、不同职业、不同身份的读者阅读的图书。例如以艺术科普和传播为目的出版的图书，内容涉及艺术大类中各领域（如美术、书法、摄影等）的时代背景、代表人物、经典作品、发展趋势等总结归纳，以通俗的语言和结构向大众普及艺术知识和理论，如《中国美术史》《拈花意》《美术大师经典》及黄宾虹作品精编系列等；从专业视角归纳国内外某一艺术细分领域的历史沿革、作品合集、名家集群等，以供信息检索和研究之用而出版的图书如《20世纪中国美术：中国美术馆藏品选》《中国美术五十年：1942—1992》及“墨西哥艺术”等；以服务艺术学习者、从业人员及爱好者为目的，设有一定阅读门槛的艺术理论文献，如《式古堂书画汇考（全四册）》《张廷济批校本金石萃编》《宋代山水画长卷》等；面向青少年群体出版的图画书，如具有中华民族特色的卡通读物《中华少年奇才（上、下）》，其被称为中国动画工程启动的标志，还有“孙子兵法（连环画丛书）”“共和国领袖的故事”及《我的父亲邓小平（上、下）》等。

在义务教育类图书出版上，浙美社于2002年经教育部审定，负责出版义务教育美术课程标准实验教材并在全国各地课程改革教育区推行使用。此外，浙美社出版的义务教育类图书还包括一些教辅，如《核心教案：速写应试大全》《亦教亦美：浙美版美术教育论文集1》《美术教师资格考试辅导用书（高中卷）》及“高考色彩静物经典范本”等。其中，《核心教案：速写应试大全》和“高考色彩静物经典范本”是学生艺术应试类教辅，《核心教案：速写应试大全》从各大美术专业院校的实际评分标准出发，采取实战分析讲解方法，专项对比分析讲解，评述清晰、直观易懂，直击训练和考试要点，精选数幅优秀范例，作品造型严谨、技法熟练，使考生快速把握高分方向。“高考色彩静物经典范本”则是由浙美教育机构等主编，帮助考生提高色彩感知和把握能力，其将考题的要求分为写生类、默写类、半默写类和主题性表现类。而《亦教亦美：浙美版美术教育论文集1》则主要面向美术教师，为其进一步推进美术课改提供了一些理论支撑和指导。总体来说，浙美社在义务教育类图书出版上以美术教材为主，在其他图书如教辅出版方面，多以理论结合案例的形式，合理安排结构，符合艺术考生的需求。

2.2 图书出版类型

排除未知类型数据 1605 条，2000—2020 年浙美社出版的非义务教育类图书以 J（艺术）类图书出版数量最多，占整个图书出版的 81.86%，共 5639 种。其次是 G（文化、科学、教育、体育）类图书，占比 10.91%，共 751 种，此外，还有 Z（综合性）图书，占比 4.78%。以上三大类图书出版的规模共占整个图书出版的 95% 以上，符合该社作为一家艺术类专业出版社的内容定位。

浙美社出版的艺术类图书占总出版量八成以上，其在专业美术、大众美术、少儿美术、数字美术等领域均有布局。在专业美术领域，浙美社汇集各类名家、美术馆、权威艺术编委机构，为我国艺术研究提供了源源不断的史料文献，既涵盖了中国美术发展的历史沿革以及藏品合集，如《20 世纪中国美术：中国美术馆藏品选》《中国美术五十年：1942—1992》等汇总梳理了 20 世纪中国美术的发展历程，《中国美术五十年：1942—1992》涉及自 1942 年起 50 年间经过历史检验的作品，其中包括雕塑、绘画近 400 件；也有对中国古代艺术领域理论、名家、物件的研究，如“诸乐三集”《中国篆刻全集》（共 50 册）、《式古堂书画汇考（全四册）》等，其中“诸乐三集”是一套将诸乐三先生的成就做全面性总结的合集（包括诗、书、画、印方面的艺术成就，医学方面的手稿以及在艺术教学方面的教案等），也是迄今为止对诸乐三作品最为全面的整理与出版；还有对国外艺术史的梳理汇编，例如“墨西哥艺术”是国内唯一一套原创的墨西哥艺术史著作，全面展示墨西哥艺术的奇特璀璨，具有相当高的收藏价值。

在大众美术领域，浙美社秉持“传承文明、弘扬艺术、引领生活”的立社宗旨，出版了诸多大众艺术图书，影响广泛。如浙美社在 1980 年代策划出版的巨型连环画丛书“世界文学名著连环画”，在中国连环画史上留下了重要的一页。这套书共 15 卷，采用 32 开连环画的形式出版，一页上下两图，前 10 卷为欧美卷，后 5 卷是亚非卷。其用生动的图画，精练的文字对原著进行改编，把世界文学经典呈现给读者，同时还融文学性、艺术性、知识性于一体，其规模堪为当时之最，是一项伟大的工程。此外，浙美社还出版了《东瀛之恋：张大千与山田喜美子》《中国美术史》《琴棋书画：中国文人的生活》《拈花意》及“世界美术教育经典译丛”等面向大众的图书。

在少儿美术领域，浙美社也出版了不少具有影响力的图画书。如具有中华民族特色的卡通读物《中华少年奇才上、下》，被称为中国动画工程启动的标志；“孙子兵法（连环画丛书）”“共和国领袖的故事”及《中华少年奇才（上、下）》《我的父亲邓小平（上、下）》等四种图书荣获中宣部“五个一工程”奖。此外，还出版了《外星小毛毛》《诗人的旅途》《写给孩子们的音乐史》

《写给孩子们的图画史》和“少儿美术临摹卡”系列等有助于启发美商的图书。

在数字美术领域，浙美社也在积极布局。例如其开发了数字美育课程“艺术启蒙 101”，此课程收纳了 101 件古今中外的名画和非遗名作，配有 101 个艺术精讲视频，可使读者足不出户就能遍览全世界奇迹；还推出了线上教学视频（以书法教学为主），探索数字化出版，如《天下三大行书·晋王羲之兰亭集序》便增设了相应教学视频，邀请书法名家书写临范版本，以方便书法爱好者学习临摹。此外，浙美社还成立了数字团队，并与喜马拉雅、浙江广电、哔哩哔哩等平台合作，积极孵化数字项目。

2.3 图书开本类型

就图书开本而言，浙美社出版的非义务教育类图书以 16 开和 32 开等中型开本为主，共出版近 5000 种；2 开、4 开、8 开、

说明：去除未知开本的数据124条。

非义务教育类

	2000	2001	2002	2003	2004	2005	2006	2007	2008	2009	2010	2011	2012	2013	2014	2015	2016	2017	2018	2019	2020
128开								5													
108开																		6			
80开																	10				6
64开				4			9	2						3				16		1	1
48开			1														1		6	1	2
40开					4											1	10	6	4		
36开																				1	8
35开			2	6																	
32开	8	6	21	15	9	5	3	25	32	37	10	41	49	134	93	121	220	201	202	223	182
24开	6	1	3	7	16	4					1		4	17		17	21	32	11	2	10
20开	1	1	1	1	6	13	1	1		3				1	21	2	1	7	8	1	
16开	88	27	60	63	91	29	86	61	68	57	88	79	97	86	236	216	250	304	393	275	456
15开																			16	11	13
12开	7		4	11	6	14	16	14	7	33	19	25	36	64	53	35	77	129	94	101	91
8开	79	6	35	49	21	18	75	54	32	39	48	18	23	19	55	51	72	83	79	67	156
6开	6	5	2															1	4		
4开	20	11	40	17	11	43	34	43	10	16	25	6	1	20		1	11	3	14	6	4
3开	4			8	3	18	4									2	6	9			
2开	18	20	42	59	100	77	40	78	35	80	97	83	55	54	1	3	2	4	5	1	
全开					3	2		6	4	5	13	10	8	19							

义务教育类

	2000	2001	2002	2003	2004	2005	2006	2007	2008	2009	2010	2011	2012	2013	2014	2015	2016	2017	2018	2019	2020
64开					7																
32开	1	5	14	1	7	9	10	3			3		7		3	15	1	12	1	5	2
24开				1	2													4		12	
16开			4	2	6	25	27	4	6	13	15		8	29	30	41	12	32	7	8	10
12开														4							
8开																			2	1	

图 3-29　2000—2020 年浙江人民美术出版社图书开本情况

12 开等大型开本的出版数量次之，2014 年以后以 8 开和 12 开居多；40 开、48 开、64 开等小型开本占比很小。义务教育类图书以 16 开和 32 开等中型开本为主，占比超过九成，共 397 种，其中 16 开最多，32 开次之；以 8 开为代表的大型开本、64 开等小型开本占比较小。（图 3–29）

以浙美社常出版的艺术文献为例，以 32 开中型开本为主，如“湖山艺丛”。这是一套现当代艺术大家谈思想和理论的丛书，包含《画法要旨》《山水画的写生与创作》《中国画的特点》《中国画法研究》《黄宾虹画语录》《听天阁画谈随笔》《中国传统绘画的风格》《非翁画语录》等 12 种图书，各册篇幅不长，但深入浅出，发人深省，堪称艺术领域的“大家小书”。此外，该社书画、图册、摄影集等偏大型开本的图书也不少，例如该社历时 8 年出版的、列入国家“十一五”出版规划的“黄宾虹全集”。这部由书画、文史构成的全集共 10 卷，收录黄宾虹的绘画、书法作品 3000 余幅，是海内外各大图书馆、博物馆及各类艺术机构、艺术家、艺术评论家、艺术爱好者、收藏家的必备之画册，以 8 开精装的形式印刷出版，具有很高的研究价值和收藏价值。

2.4 丛书与非丛书

按照丛书与非丛书区分，浙江人民美术出版社出版的非义务教育图书以非丛书为主，共计 5400 余种，占比 64.41%；丛书 3000 余种，占比 35.59%。

丛书出版方面，非义务教育类丛书出版数量占当年总出版量比例最大的是 2001 年，达 55.41%，共 71 种；丛书出版数量占当年总出版量比例最小的是 2009 年，仅 18.52%，共 50 种。按照中国图书馆分类法统计，艺术类（J 类）丛书出版数量最多，其次是文化、科学、教育、体育类（G 类）丛书，在 2014 年以后，G 类丛书出版数量有所增加。

浙美社出版的非义务教育类丛书类型丰富，涉及艺术理论、艺术文献、中国书画、字帖画册、大众美育等方面。例如“翰墨字帖：历代经典碑帖集粹”系列，包括《史晨碑》《王羲之十七帖》《爨宝子碑》《唐人灵飞经》等 50 册，从中国书法发展演变的历史入手，选取篆书、隶书、楷书、行书、草书等历代名家的经典碑帖作为摹写对象，是一套适合中小学生及初级书法爱好者自学的书法用书，也是各种书法培训班的最佳摹本和教材。此外，“世界美术教育经典译丛”帮助父母和美术教育工作者更好地理解孩子的作品，是一套艺术教育工作者进行艺术学习和艺术教学的专业教科书，包括《你的孩子和他的艺术》《艺术教育哲学》《艺术视觉的教育》《教育的目的》《创造与心智成长》《博物馆教育者手册》6 种图书。

义务教育类丛书以教材和艺术类教辅为主。例如“工艺美术制作教程”系列、“色彩立方”系列、“素描立方”系列等（图 3–30）。“工艺美术制作教程”系列是从欧洲引进的工艺美术教材，面向对此类型感兴趣的读者，全面介绍了相关技术的发展史、人文背景、历史传统以及演变过程、工具使用的发展成果等，包括《工艺美术制作教程：木饰工艺》《工艺美术制作教程：印染工艺》《工艺美术制作教程：陶瓷工艺》《工艺美术制作教程：当代首饰工艺》《工艺美术制作教程：金银器工艺》等 7 种图书。“色彩立方”系列、“素描立方”系列则主要面向绘画初学者、爱好者，是关于色彩和素描入门和练习的图书。

图 3–30　“工艺美术制作教程”系列、“色彩立方”系列、“素描立方”系列

2.5 图书责任编辑与作者

本处数据分析仅选择图书编辑数量大于 60 种的责编。而由多位责编合作完成的图书，数据分析只选取主编辑，并排除未知责编信息的图书 384 种。统计显示，2000 年至 2020 年，共有 36 位责编所负责编辑的图书超过 60 种，单个编辑所编辑图书总数最低为 68 种，年编辑图书平均约为 3.24 种，单个编辑图书总数最多为 737 种，年编辑图书平均约为 35.09 种。其中，编辑图书总数超过 500 种的有 3 位责编，最多的编辑了 700 余种。（图 3–31）

说明：
1.仅选入累计负责图书种数超过60种的责编。
2.部分图书可能由多位责编合作完成，仅采用主编辑为代表。
3.去除未知责编数据384条。

书号计数 1 — 151

责编序号	负责品种数	2000	2001	2002	2003	2004	2005	2006	2007	2008	2009	2010	2011	2012	2013	2014	2015	2016	2017	2018	2019	2020
01	737	28	8	24	73	94	131	76	6	5	11	8	8	22	91	27	22	22	26	18	21	16
02	599								126			133	99									
03	576															3	30	89	120	151	91	92
04	394	3	2	3	10	22	12	34			2	25	31	6								
05	326														32	93	87	44	43		1	3
06	318		1	9	12	9		12	9	12	12	32	18	4						2		
07	317	12					5								26	25	30	25	12		1	1
08	317																			84		
09	295																24	61	75		40	41
10	287				2	10	3	16	13	10	26	9	5	19	43	43				17		
11	277	7	2	6													24	28	20		6	8
12	250	146			12	27	23	3														
13	228															7	18	32	53	27	78	13
14	213					1		5	19	9	27	3	10	8	9							
15	204		8	5	1		8									3	7	9	22	16	12	17
16	184	7				10		13	15	7	17	6	9	13	36							
17	182		6	21	1		2									16	19	20	9	1	2	
18	167																					29
19	147	8	2	5	3	3	4	5	8	2	2	7		2	2			2	40	28	11	
20	140																					34
21	137															11	30	19	40	36	1	
22	122																					1
23	108		1	6	1	3	10	3	3	3		2	1		2	10	4	31	14	7	4	
24	103													5								3
25	100																10	18	21	25	19	
26	91	10	5	15	32	5	12	12														
27	90								5	6	9											
28	90												12	10	44	5	4	15				
29	88																		15	6	6	18
30	88																					
31	83																2	5	5	45	19	7
32	83																					
33	78																			40	27	11
34	74	9	8	4	17	3		13	20													
35	70																	25	13	29	3	
36	68								30	37	1											

图 3-31　2000—2020 年浙江人民美术出版社责任编辑责编种数统计

以图书作者分析，排除作者数据缺失的图书 1687 种，图书出版超过 20 种的作者 / 编写组共有 38 个。其中，以“浙江人民美术出版社”集体作者名义策划出版的图书数量最多，总计达 884 种，图书创作数量超过 100 种的作者还有浙江义乌永诚文化用品有限公司、爱德少儿、阅是、杨晓红、艺文类聚金石书画馆、路振平、胡文虎等作者。（图 3-32）

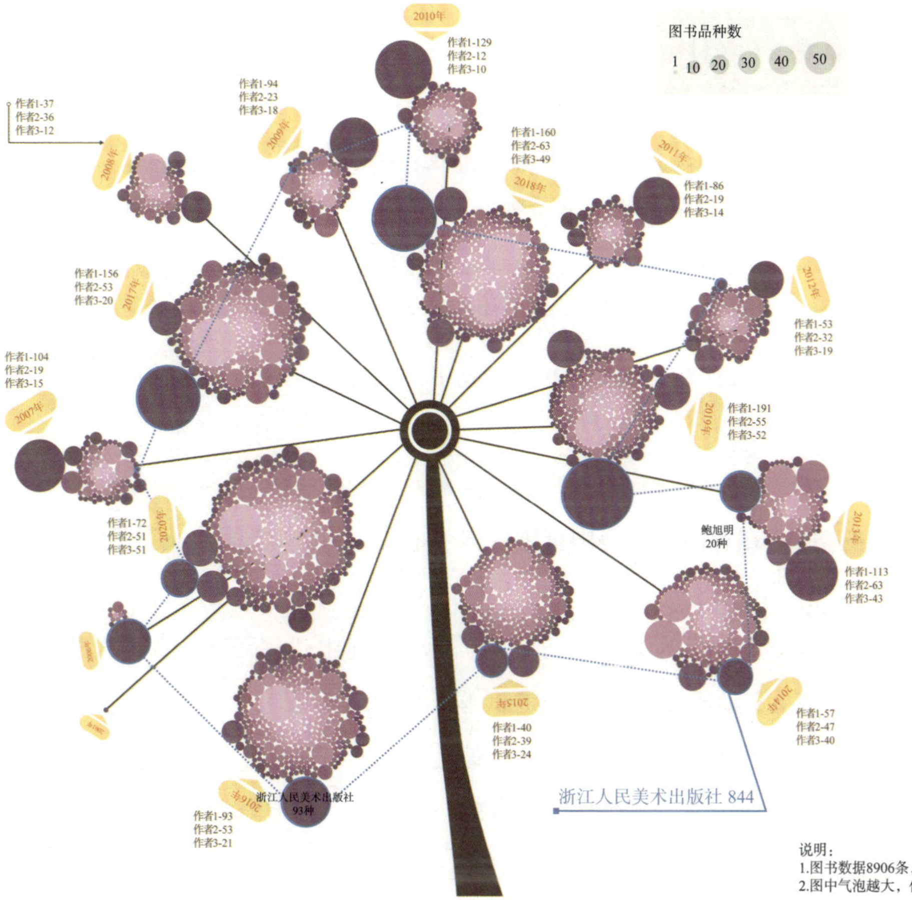

说明：

1.图书数据8906条，作者数据缺失1687条。

2.图中气泡越大，代表该作者出版的图书数量越多，且列出每年数量排名前列的具体种数。

图 3-32　2000—2020 年浙江人民美术出版社作者出版情况

图书作者来源表现出如下特点：

一，集体作者编书数量较大，头部效应显著。以图书出版总量统计，图书出版超过 30 种的作者 / 编写组共有 25 个。其中，个体作者与集体作者的数量基本各占一半。但是从编写图书数量来看，集体作者策划出版的图书数量较多，图书出版数量排名前 5 名的作者中，除了杨晓红为个体作者外，其余 4 名均为集体作者，分别为浙江人民美术出版社、浙江义乌永诚文化用品有限公司、爱德少儿和阅是，分别策划和编写图书 884 种、617 种、351 种、242 种。前 4 名集体作者共计出版图书 2094 种，在图书排行榜前 30 的作者中占据了 62.4% 的份额，体现出非常明显的头部效应。以上集体作者中“爱德少儿”是武汉一家图书公司创办的图书品牌，以出版童书为主，图书种类涵盖少儿美术、低幼启蒙、益智游戏、中小学课外阅读等。

二，重视与专家、学者、权威机构的合作。浙美社作为一家艺术类专业出版社，非常注重学术类著作的整理、出版，汇集了许多名家、编委组织，以专业的视角、优质的作品填补了中国艺术领域研究的空白。如《国家图书馆藏金文全集》《中国篆刻全集》等选题，就是在学术层面深入的结果。这些选题在内容上注重对中国优秀传统文化的整理和挖掘，强调原创性、思想性、学术性，作者都是美术领域中的顶尖学者[①]。近几年来，出版社在大众美育板块策划了一大批优质图书，如《喵喵艺术史》《海印梵钟》等是由一批专业作者写给非专业读者的大众读物。

2.6 出版社获奖

2000 年至 2020 年，浙美社出版了一批优质的图书，在省内乃至全国范围内产生了较大的影响，多次获得出版大奖，包括中国图书奖、中华优秀出版物奖、中国国家图书奖、中国出版政府奖、中国好书奖等，还有一些作品被选入“三个一百”原创工程、主题出版重点选题等。其中，获得中国图书奖荣誉奖的作品为英国作家妮古拉·霍奇、莉比·安森著的《美术大师经典》；获得中华优秀出版物奖图书奖的图书有《陈云家风》（中央文献研究室第三编研部、陈云纪念馆编著）、“老一辈革命家风采”（第一辑）（中国中共文献研究会组织编纂）；获得中国国家图书奖的包括刘曦林等主编的《20 世纪中国美术：中国美术馆藏品选》、中国古代书画鉴定组所著的“中国美术分类全集·中国绘画全集”、程大利等主编的“中国美术分类全集·中国民间美术全集”，

① 管慧勇 . 美术出版的三个新趋势［N］. 文艺报，2022-03-16（6）.

其中，《20 世纪中国美术：中国美术馆藏品选》获正式奖，其余两部皆获荣誉奖；获得中国出版政府奖的图书是王伯敏主编的“黄宾虹全集”（10 卷）；获得中国好书奖的是王屹峰所著的《古砖花供：六舟与 19 世纪的学术和艺术》。入选“三个一百”原创工程文学少儿类的图书是《古瓷谈荟》，入选主题出版重点选题的有《陈云家风》《大决策：邓小平与改革开放》。值得一提的是，大型画集《20 世纪中国美术：中国美术馆藏品选》共选编了 600 位美术家的近千件优秀美术作品，忠实展现了 20 世纪 100 年间中国美术的发展概貌，具有极高的研究价值和艺术价值。（表 3–4）

表 3–4　2000—2020 年浙江人民美术出版社获奖情况

中国图书奖

书名	著作责任者	类别	届数 / 年份	奖项时间
美术大师经典	［英］妮古拉·霍奇、［英］莉比·安森	荣誉奖	第十二届	2001 年 3 月

中华优秀出版物奖

书名	著作责任者	类别	届数 / 年份	奖项时间
陈云家风	中央文献研究室第三编研部、陈云纪念馆	图书奖	第六届	2016 年 12 月
老一辈革命家风采（第一辑）	中国中共文献研究会	图书奖	第七届	2019 年 12 月

中国国家图书奖

书名	著作责任者	类别	届数 / 年份	奖项时间
20 世纪中国美术——中国美术馆藏品选	刘曦林	正式奖	第五届	2001 年 11 月
中国美术分类全集·中国绘画全集	中国古代书画鉴定组	荣誉奖	第六届	2003 年 12 月
中国美术分类全集·中国民间美术全集	程大利	荣誉奖	第六届	2003 年 12 月

（续表）

中国出版政府奖

书名	著作责任者	类别	届数 / 年份	奖项时间
黄宾虹全集（10 卷）	黄宾虹、王伯敏	图书奖－艺术类、印刷复制奖	第一届	2008 年 8 月

中国好书

书名	著作责任者	类别	届数 / 年份	奖项时间
古砖花供——六舟与 19 世纪的学术和艺术	王屹峰	文学艺术类	2017 年	2019 年

“三个一百”

书名	著作责任者	类别	届数 / 年份	奖项时间
古瓷谈荟	李刚	文学少儿类	第二届	2009 年

主题出版重点选题

书名	著作责任者	类别	届数 / 年份	奖项时间
陈云家风	中央文献研究室第三编研部、陈云纪念馆	图书	2015 年	2015 年
大决策——邓小平与改革开放	邓小平思想生平研究会	图书	2018 年	2019 年

3. 浙江人民美术出版社发展特色

3.1 坚持专业立社，艺术类精品著作层出不穷

浙江人民美术出版社自建社以来，出版了大量高水准的艺术文献、大众读物和美术刊物。为中国艺术领域在历史发展、书画典籍、名家作品、外国艺术等方面的了解和研究提供了大量图书文献，多次获得国家图书奖、中国图书奖等各项国家重大出

版奖项，一大批图书获得省部级以上优秀图书奖。此外，由该社主办的杂志《幽默大师》连续两年入选国家新闻出版署“全国百种重点社科期刊”，创刊 18 年来，一直深受广大读者的喜爱，拥有良好的品牌形象。

近些年来，在图书选题上，浙美社愈加精耕细作，以读者需求为导向，朝学术端和大众端深入策划。学术出版层面，在国家出版基金资助、国家“十四五”重点出版选题规划、各类出版奖项评选等政策引导下，浙美社组织策划了许多大型出版工程，如《国家图书馆藏金文全集》《中国篆刻全集》等。其策划推出的国家出版基金项目——五卷本的《潘天寿全集》，不到两年时间就销售一空。大众读物也是浙美社重要出版阵地，主要以普及艺术知识、提高大众审美水平、满足大众精神需求为目的。例如“中小学生新时代美育系列丛书”，选取 100 幅具有指导意义的绘画作品并附以点评，为学生的创作、学习提供了新思路，同时也可作为培训教材、自学教程、教学参考等。浙美社还出版了一些多元化的大众读物，如《最近的远方》《种文化：农民画里话小康》《徐渭水墨写意图卷》《喵喵艺术史》等。

此外，浙美社对于艺术类图书的主题出版建设也颇有成绩。其出版了《美术经典中的党史》《点亮：一位摄影师眼中的邓小平》《邓小平品格风范》《觉醒年代（青少插图版）》等一系列精品图书。《觉醒年代（青少插图版）》《邓小平品格风范》等获得了主题出版物奖。《美术经典中的党史》是在中央广播电视总台特别节目《美术经典中的党史》的基础上，整理改编而成的以美术经典反映百年党史的图文结合的大型画册，从美术视角诉说了中国共产党成立 100 年来波澜壮阔的发展之路。《点亮：一位摄影师眼中的邓小平》和《邓小平品格风范》皆是描写改革开放总设计师邓小平同志的图书。前者重点选取邓小平同志领导中国实行改革开放历史进程中的重要节点的近百幅图片及部分生活照片，汇编成册，以展示小平同志的丰功伟绩；后者则基于习近平总书记在纪念邓小平同志诞辰 110 周年座谈会上发表的重要讲话精神，从信念坚定、热爱人民、实事求是、开拓创新、战略思维、坦荡无私六个方面，全面展示了邓小平同志的品格风范。（图 3–33）

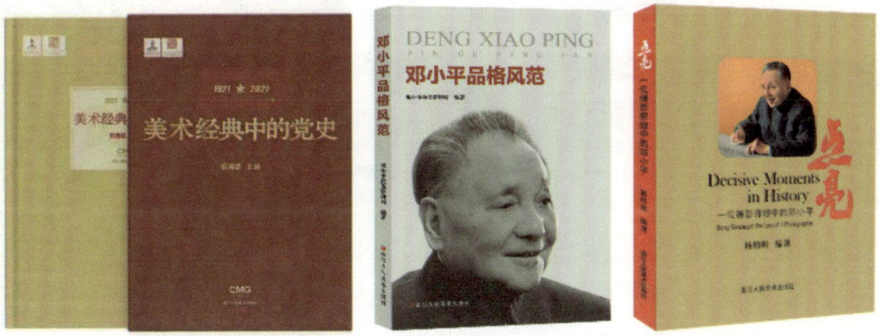

图 3–33 《美术经典中的党史》《邓小平品格风范》《点亮：一位摄影师眼中的邓小平》

作为一家艺术类专业出版社，在图书衍生产品的开发上，浙美社独具特色。浙美社目前有“出类”“艺文类聚”等文创品牌，总计开发了近 300 款衍生产品。例如 2021 年其与中国美术学院教授、著名山水画家林海钟一起策划了“小林国艺丛书”之后，又联手作者，拓展开发了“吉祥宝盒”“人间好时节”等艺术衍生品，在岁末年初成为佳节礼品，受到了读者的欢迎[①]。

3.2 探索融合发展，数字技术赋能艺术出版

近几年来，数字技术的应用在出版行业如火如荼。作为一家艺术类专业出版社，尽管纸质图书仍是主要载体，浙美社亦已迈入转型行列，于 2020 年正式成立了数字团队，并在喜马拉雅、浙江广电、哔哩哔哩等平台积极布局。在图书的呈现形式上，浙美社推出纸电联动的模式，以书画临摹的图书为主，加上在线音视频教程，提升读者阅读和学习体验。例如其出版的“原大临本”（8 种）（图 3-34）是一套由花鸟画大师陆抑非入室弟子赏竹先生解读陆老花鸟画的技法临本，在这套书中每一张示范图都用二维码关联了赏竹先生亲自示范的视频，这些示范视频有效弥补了纸质图书表达的不足，使读者能清晰看到绘画过程的细节[②]。

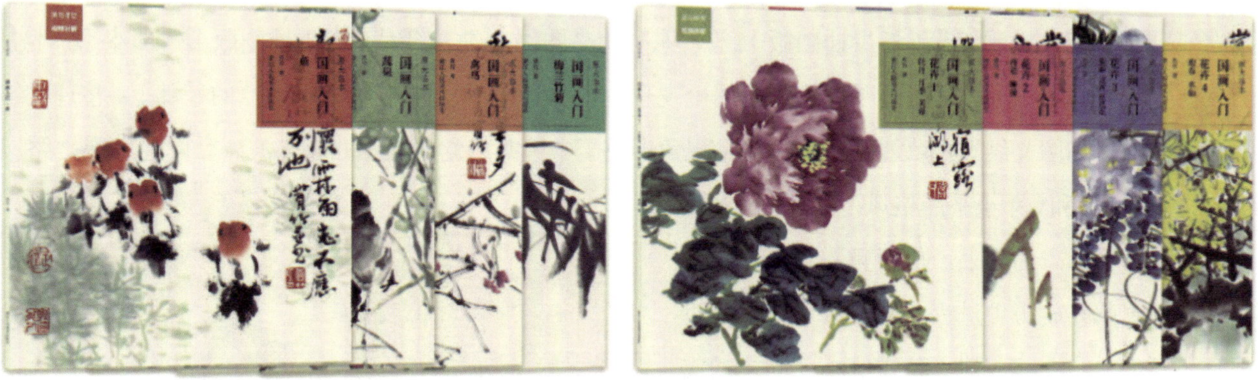

图 3-34 “原大临本”系列

① 管慧勇 . 美术出版的三个新趋势［N］. 文艺报，2022-03-16（6）.
② 同上 .

在营销渠道上，实体渠道仍然是整个书业销售端不可缺少的部分。实体渠道可以发挥城市书房、社区书房的作用，增加读者的黏性，同时拓展店堂外销售，让销售走出书店。浙美社在实体渠道全品种发货，据调查，浙美社线下渠道销售较好的图书是专业书画类图书及动漫图书。同时，基于艺术类图书受众群体的特殊性，浙美社在实体渠道的建设上较为成熟：一方面，艺术类图书的线下渠道具有稳定的客户群体，对定价的敏感度低于线上渠道；另一方面，除了产品展陈、品牌露出以外，浙美社的实体渠道还会承担如读书活动、馆配等业务[①]。受疫情冲击，2022 年浙美社在实体渠道的发货码洋同比下降 15%，实体渠道的发货码洋占全社发货总码洋的 20%，实体渠道占比逐年下滑[②]。这促使浙美社积极布局线上渠道，就目前而言，浙美社的线上销售渠道包含淘宝旗舰店、微店、有赞、抖音等平台，仍需继续推进短视频和直播渠道的建设（图 3-35）。值得一提的是，浙美社基于自身的特点积极与其他行业合作，深入探索跨界合作的方式，比如浙美社在 2021 年建党 100 周年之际，与嘉兴南湖革命纪念馆开发了一系列红色文创产品[③]。

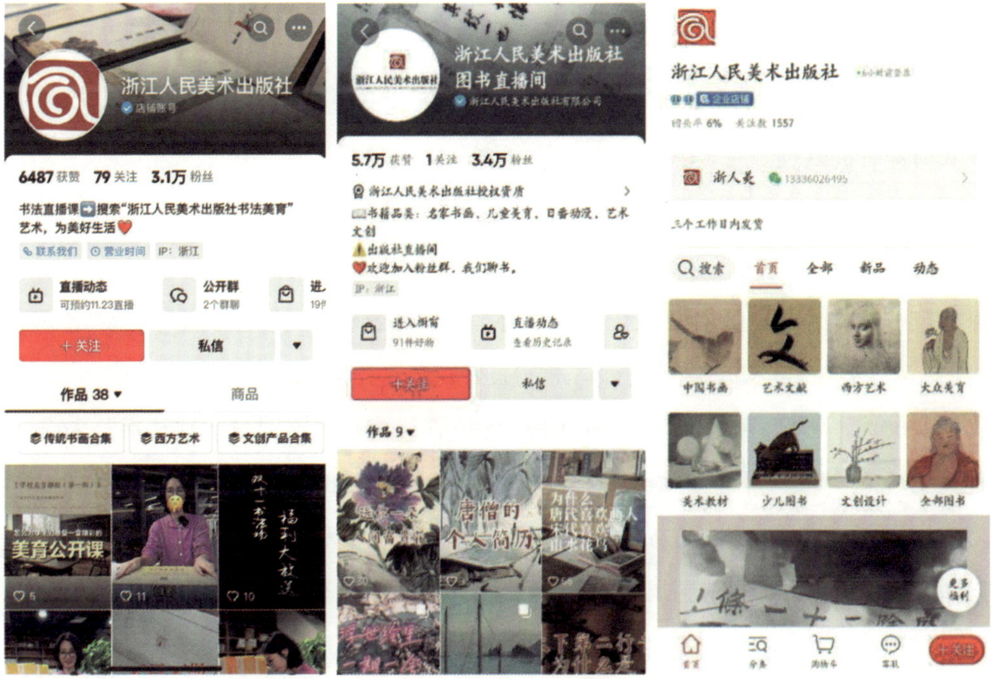

图 3-35 浙美社微店、抖音账号界面

① 王少波 . 出版社还关注实体渠道吗？[N]. 中国出版传媒商报，2023-04-07（1）.
② 同上 .
③ 管慧勇 . 美术出版的三个新趋势[N]. 文艺报，2022-03-16（6）.

五、浙江科学技术出版社

1. 浙江科学技术出版社历史沿革

浙江科学技术出版社成立于 1980 年 1 月，是一家以出版高水准科学专著、应用技术读物和大众读物为主旨的综合性地方科技出版社，2004 年底转制为企业，是全国最早的文化体制改革试点单位之一，现隶属浙江出版联合集团。

浙江科学技术出版社建社之初就非常重视农技图书的出版。20 世纪 80 年代，该社先后组织出版了《农业生产科技问答》《长毛兔饲养管理和疾病防治》《农家万宝全书》《化肥使用手册》《农药使用手册》等一大批科普农技图书，受到农技人员和广大农村读者的欢迎。

1986 年，为适应引进吸收国外先进农业技术的需要，出版社策划出版了由中国近代园艺学奠基人吴耕民撰写的《日英汉农林园艺词汇》一书。这是一部农林方面的综合性工具书，也是浙江科学技术出版社建社后出版的第一部专业工具书。1995 年，浙江科学技术出版社出版《转移核糖核酸：结构、功能与合成》一书，全面系统地介绍了转移核糖核酸的研究历史，分离纯化及序列分析、结构、生物合成和人工合成技术，取得良好社会效益。该书获得 1999 年度国家科学技术进步奖三等奖和第三届国家图书奖。①

2005 年，浙江科学技术出版社出版“无公害蔬菜病虫鉴别与治理丛书”，接着，2007 年又出版《国内外茶花名种识别与欣赏》，以上两种书均入选新闻出版总署“三个一百”原创出版工程。截至目前，浙江科学技术出版社已连续 4 届共有 9 种图书获得中国出版政府奖，5 种图书获得中华优秀出版物奖，2 种图书获国家科学技术进步奖，3 种图书获国家图书奖，7 种图书获中国图书奖，获奖数量居全国出版社前十位。自 2012 年以来，该社已连续 8 年共有 17 个项目被列入国家出版基金资助项目。

2012 年浙江科学技术出版社成功取得全品种教辅出版资质后，与世纪金榜、世纪天鸿、南京经纶等国内具有实力的民营书业签订了战略合作协议，有效地提高了该社的出版生产力，扩大了教辅图书的市场占有率，加快了发展速度。

近年来，浙江科学技术出版社秉持“思想引领时代，知识服务用户”的价值观和“立足科技，服务大众，传承文化”的办社

① 《浙江通志》编纂委员会．浙江通志·哲学社会科学志［M］．杭州：浙江人民出版社，2018：652.

宗旨，坚持“专业立社、学术壮社、精品强社、品牌名社”的发展目标，围绕科技学术出版、科普科幻出版、科技教育出版三大领域，重点打造出版了一批有品质、有影响力的精品力作，取得了较好的社会效益，有 15 种选题被列入“十二五”国家重点出版物出版规划，有 15 种选题被列入“十三五”国家重点出版物出版规划。

2. 浙江科学技术出版社出版现状数据分析

2.1 出版规模概况

2000 年至 2020 年，浙江科学技术出版社共出版图书近 8000 种，年均出版图书近 400 种。其中，2012 年，该社年出版图书数量最多，达 584 种。（图 3–36）

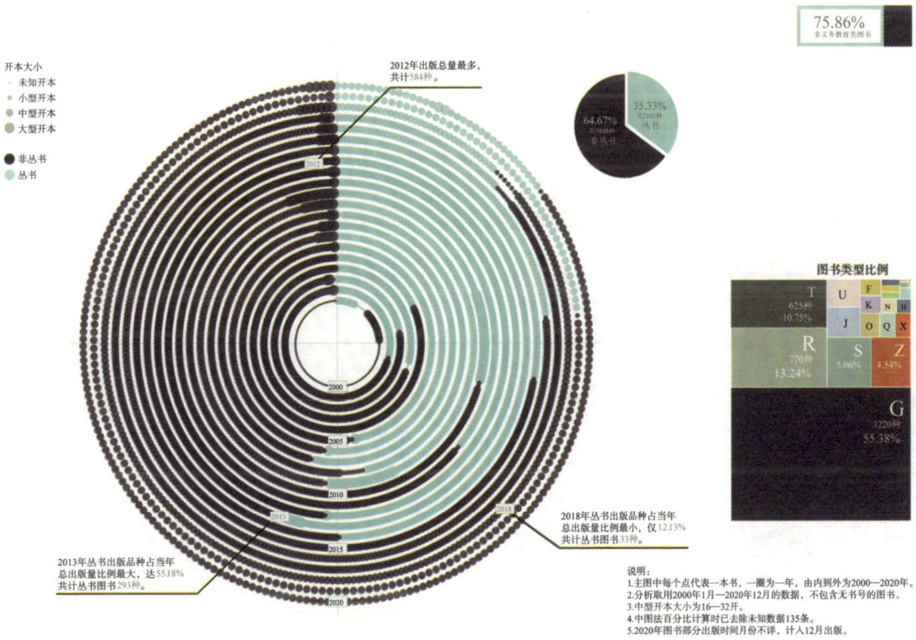
75.86%
非义务教育类图书
开本大小
未知开本
小型开本
中型开本
大型开本
非丛书
丛书
2012年出版总量最多，共计584种。
2012
35.33%
共2102种
丛书
64.67%
非丛书
2000
2005
2010
2013
2015
2018
2020
2013年丛书出版品种占当年总出版量比例最大，达55.18%共计丛书图书293种。
2018年丛书出版品种占当年总出版量比例最小，仅12.13%共计丛书图书33种。
图书类型比例
T 625种 10.75%
U
F
K
N
H
J
O
Q
X
R 770种 13.24%
S 5.06%
Z 4.54%
G 3220种 55.38%
说明：
1.主图中每个点代表一本书，一圈为一年，由内到外为2000—2020年。
2.分析取用2000年1月—2020年12月的数据，不包含无书号的图书。
3.中型开本大小为16—32开。
4.中图法百分比计算时已去除未知数据135条。
5.2020年图书部分出版时间月份不详，计入12月出版。

图 3–36　2000—2020 年浙江科学技术出版社非义务教育类图书出版情况总览

按照义务教育类图书和非义务教育类图书区分，2000 年至 2020 年，浙江科学技术出版社出版的图书以非义务教育类为主，共 5950 种，占整个图书出版数量的 75.86%；义务教育类图书共 1893 种，占整个图书出版数量的 24.14%。（图 3–37）

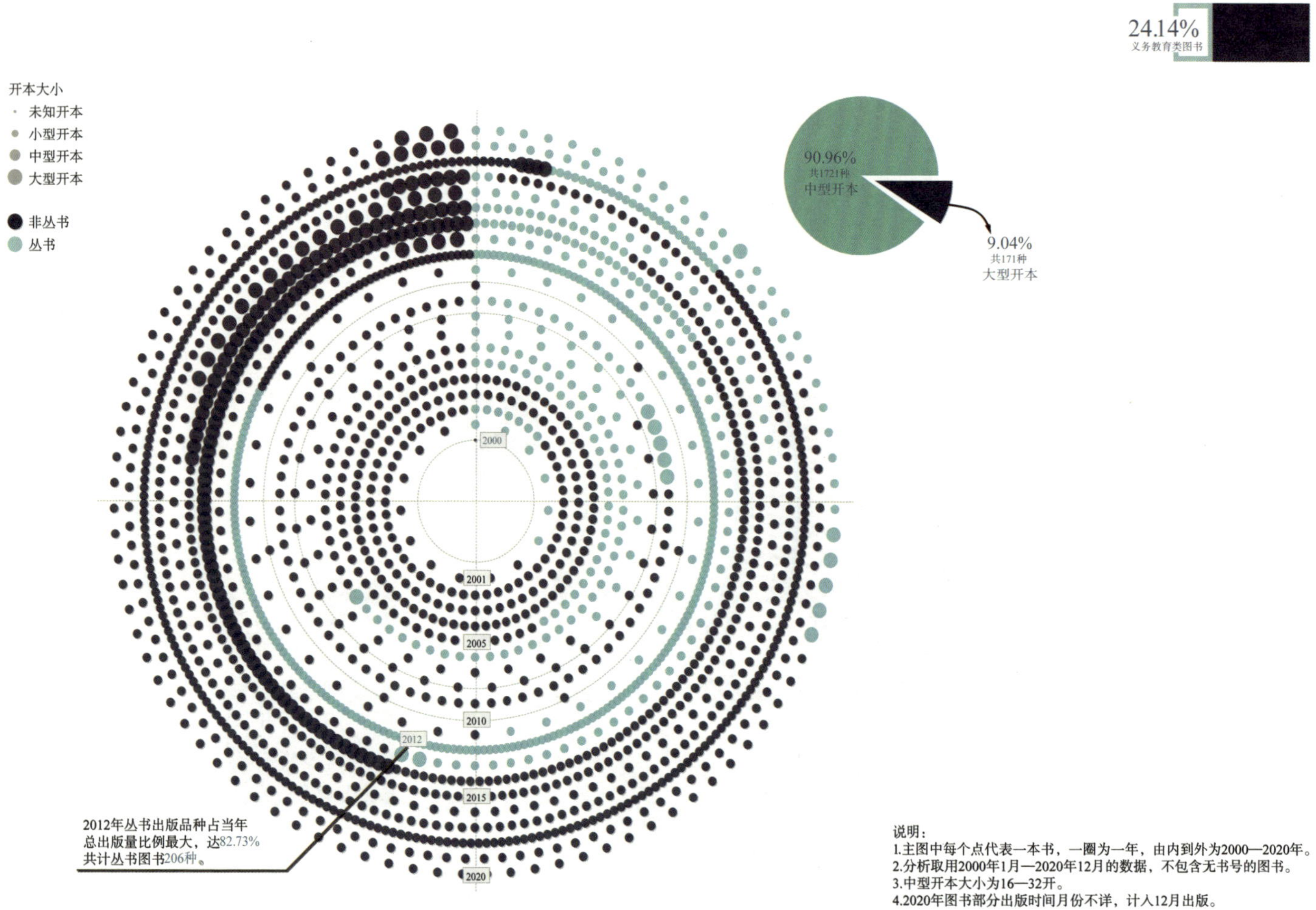
24.14%
义务教育类图书
开本大小
未知开本
小型开本
中型开本
大型开本
非丛书
丛书
90.96%
共1721种
中型开本
9.04%
共171种
大型开本
2000
2001
2005
2010
2012
2015
2020
2012年丛书出版品种占当年
总出版量比例最大，达82.73%
共计丛书图书206种。
说明：
1.主图中每个点代表一本书，一圈为一年，由内到外为2000—2020年。
2.分析取用2000年1月—2020年12月的数据，不包含无书号的图书。
3.中型开本大小为16—32开。
4.2020年图书部分出版时间月份不详，计入12月出版。

图 3–37　2000—2020 年浙江科学技术出版社义务教育类图书出版情况总览

从单月图书出版数量来看，自 2012 年以来，每年的 7、8 月份和 10—12 月份是该社图书出版的两个高峰期，2012 年 7 月、2012 年 10 月、2012 年 12 月、2013 年 7 月、2014 年 8 月、2014 年 12 月、2018 年 8 月、2020 年 12 月等月份的单月出版量均超过 100 种，其中，2020 年 12 月出版数量为历年单月出版量之最，达 209 种。（图 3–38）

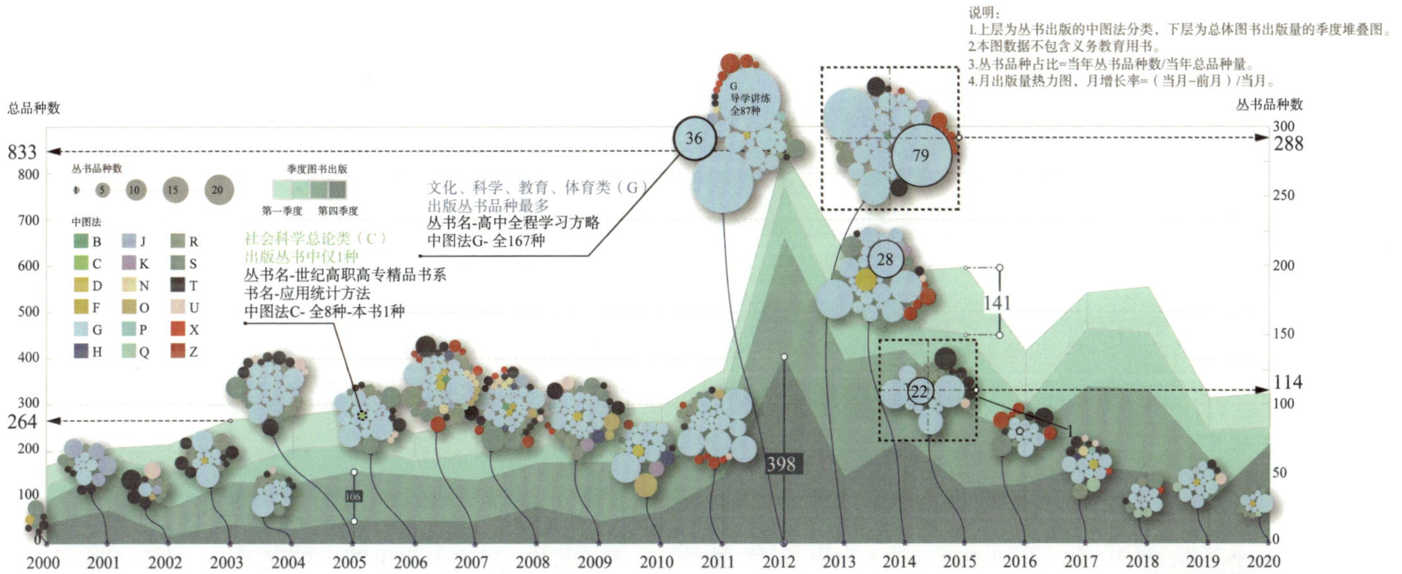

丛书品种占比的变化（9.57% — 90.43%）

	2000	2001	2002	2003	2004	2005	2006	2007	2008	2009	2010	2011	2012	2013	2014	2015	2016	2017	2018	2019	2020
非丛书	87.35%	69.95%	79.62%	75.00%	86.40%	53.47%	44.26%	47.91%	56.67%	55.63%	71.48%	62.50%	39.26%	44.73%	60.90%	77.17%	76.72%	90.43%	87.52%	78.32%	80.19%
丛书	12.65%	30.05%	20.38%	25.00%	13.60%	46.53%	55.74%	52.09%	43.33%	44.37%	28.52%	37.50%	60.74%	55.27%	39.10%	22.83%	23.28%	9.57%	12.48%	21.68%	19.81%

月出版量变化（月出版增长率 -85% — 20800%）

	2000	2001	2002	2003	2004	2005	2006	2007	2008	2009	2010	2011	2012	2013	2014	2015	2016	2017	2018	2019	2020
一月	17	8	18	77	37	57	16	29	15	21	28	17	14	45	61	31	52	41	60	34	45
	11	5	18	12	25	10	25	23	24	7	32	25	26	25	16	42	39	17	26	11	12
	14	6	21	16	9	10	19	19	25	14	12	8	35	78	38	68	26	19	11	25	15
四月	13	5	27	10	15	15	6	8	10	30	20	15	24	35	8	35	20	51	16	16	6
	6	14	26	10	19	18	13	13	8	10	15	20	65	31	26	45	16	18	44	18	26
	13	8	24	7	39	24	9	36	16	28	15	44	17	12	18	85	25	54	62	23	4
	10	7	34	14	33	27	13	36	32	37	13	18	145	75	28	72	45	33	32	29	
八月	13	17	15	54	50	30	43	28	37	51	40	43	70	102	128	40	30	97	119	37	
	27	62	12	23	14	49	42	24	24	40	49	36	39	73	31	52	28	38	25	29	
	16	20	6	18	9	17	8	14	11	15	24	36	104	31	91	78	38	6	28	24	1
	8	39	6	12	4	16	13	14	17	19	20	45	111	81	33	13	58	97	72	37	
十二月	18	12	4	11	18	15	28	19	51	12	23	61	183	29	100	26	31	62	50	26	209

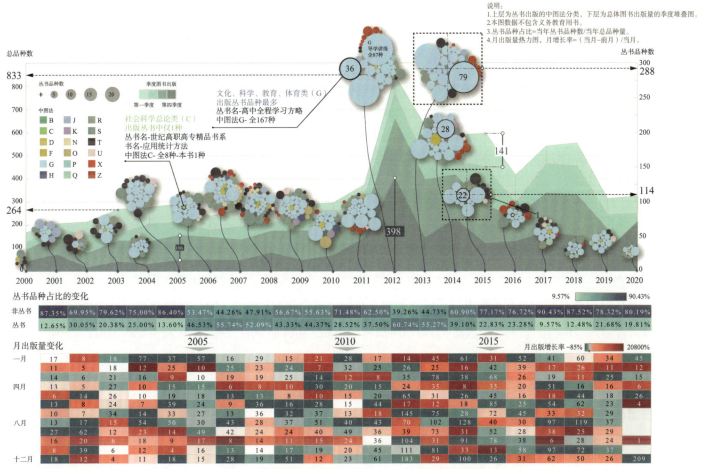

图 3–38　2000—2020 年浙江科学技术出版社图书出版量变化

2020

浙江科学技术出版社出版图书涵盖理、工、农、医、文、艺等多个门类，出版选题符合不同年龄段和不同职业、不同身份读者的具体需求，例如面向基层农技员的农村能源、农业机械、粮油生产、水果生产、茶叶生产、农技推广、畜牧兽医类图书；面向职业技能培训人员的建（构）筑物消防员、灭火救援和操作技能、危险化学品管理、焊工（技师、高级技师）、消防管理、消防基础知识、汽车驾驶员（技师）、助理景观设计师、园林绿化（初、中级）等系列图书和花卉工岗位培训、绿化工岗位培训、苗圃工岗位培训等系列培训教材；面向老年读者群体的《健康从饮食开始》《打开心窗说性福》《合理用药细思量》《自然疗法强身体》《运动让你更长寿》《老来无病莫大意》《进补养生贵相宜》《谁为老人解心愁》等系列图书。其中，《谁为老人解心愁》一书用案例讲解、讨论的方法对健康热点话题进行介绍，使老年读者充分了解应该掌握的医学常识、健康观念、良好生活习惯，以及一些误解和片面认识等。这些图书选题贴合老年读者实际，内容通俗易懂，受到广大老年读者的喜爱。

义务教育类图书多为面向教师和学生群体的教育教辅类图书，如针对初中各年级的语文、数学、英语、科学教材，以及“新课标数学口算天天练”“名师大课堂”“新课标小学语文生字同步练字帖”“科学实验活动练习册”“初中自主学习课时训练”和“新课标天天伴我学”（语文、数学、英语、科学）、“中考全程复习训练”（语文、数学、英语、科学）、“学习与评价”（语文、数学、英语、科学）等系列教辅。这些教材和教辅多由中小学一线骨干教师编写。在内容安排上，注重基础知识的全面把握，并且与学生的生活经验紧密结合；在练习编写上，力求多样、精要、新颖、灵活，并着眼学生的个性发展。

该社出版的高等教育和职业教育类图书以面向高等教育和职业教育学校的师生为主，同时兼顾不同类型学校和学生的学习需求。如针对普通高等院校的系列规划教材、计算机等级考试书系、高校通识教育丛书；针对高职高专院校的国家示范性高等教育职业院校建设教材。此外，该社还出版了针对新世纪高等院校和高职高专学生培养的系列教材读物，如“世纪高等教育精品大系”“世纪高职高专精品书系”等。

2.2 图书出版类型

根据项目调研组的调研数据，2000—2020 年浙江科学技术出版社出版的图书种类以 G（文化、科学、教育、体育）类最多，占整个图书出版的 55.38%，共 3220 种，超过整个图书出版数量的一半。除科技、文教类图书之外，该社出版数量较多的图书种类还有 R（医药、卫生）类和 T（工业技术）类，医药、卫生类图书占整个图书出版数量的 13.24%，共 770 种，工业技术类图书占比 10.75%，共 625 种。以上三大类图书出版的规模已占整个图书出版的 80%，这符合该社作为一家科技类专业出版社的内容定位。

浙江科学技术出版社出版的图书涵盖理、工、农、医各门类，具体如农业种植、作物栽培、养殖、绿色发展、农业科技、农业气象、畜牧、林业、食谱工业、化工产品、数控机床、高空作业、科学知识、科学实验、科普、大数据、信息技术、医学卫生、医疗器械、健康养生食谱、电子电器、汽车家电维修、高等教育、义务教育、学前教育、职业教育、安全教育、交通安全知识、职业技能培训、心理健康、中华文化、互联网、电子商务、企业管理等多个类别。

浙江科学技术出版社出版的图书选题非常广泛，所涉及的知识信息十分丰富。例如，该社出版的健康养生食谱类图书，涵盖了中医养生、孕产妇营养食谱、婴幼儿营养食谱、儿童青少年营养食谱、甜点制作、饮食宜忌、地方特色菜、四季营养餐、女性生理调养食谱、蒸炒炖煮焖烧卤熏、五脏营养调理食谱、家庭营养餐、食材搭配等多方面的题材内容。又如，该社 2018 年出版的《我的健康我做主（典藏版）》一书，从饮食起居、运动锻炼、疾病防治到身心调养、性情陶冶等方面传递科学养生知识、修身养性感悟。全书分为养身篇、养性篇、知识篇三部分，内容包括大健康观、生活方式、合理膳食，常见疾病的防治等。为了使内容更具权威性，该书还特别邀请国内权威医学专家学者、文化名人、养生达人参与撰文介绍。该社 2012 年出版的《孕产期营养食谱 1688 例》一书，全方位多角度地为孕产期女性精选了 600 多道营养调理食谱，书中还附有 600 多个营养功效和 600 多个小贴士，有助于孕产期女性方便快捷地了解孕期营养方面的各种知识。

2.3 图书开本类型

就出版开本而言，浙江科学技术出版社出版的非义务教育类图书以中型开本为主，16 开的图书出版数量最多，其次是 32 开的图书。从调研数据来看，该社还出版了数量较多的 B5 开图书，B5 开与 16 开大小近似。该社出版的 12 开及以上的大型开本以及 36 开以下的小型开本占比较小，36 开和 40 开的图书总计不超过 10 种。该社出版的义务教育类图书也以 16 开和 32 开为主，8 开以上大型开本和 36 开以下的小型开本图书占比较小。（图 3–39）

说明：
1.去除未知开本的数据143条。
2.大于32开为小型开本，小于16开则为大型开本。

开本计数 1 100 200 300

中型开本

		2000	2001	2002	2003	2004	2005	2006	2007	2008	2009	2010	2011	2012	2013	2014	2015	2016	2017	2018	2019	2020
非义务教育类	64开		1	1			2	1	1	2	1	2	1	1	2	1	1	1	6	4	1	1
	48开									6										1		
	40开		1										1	1						1		
	36开												1									
	B5							1	22	45	49	52	73	133	106	79	135	68	53	48	40	12
	32开	13	58	62	99	78	95	57	48	56	35	51	48	49	31	37	46	37	19	18	24	11
	24开		4	15	16	10	12	8	9	7	9	20	19	13	9	10	3	7	8	3	1	
	20开		1	2		9		2	3		1		6	6	1		1				2	
	16开	18	121	79	93	105	114	98	145	119	90	117	180	376	371	269	236	199	289	190	125	197
	12开								1		1	1		1			2	1	1	4	1	
	8开		1	2			1			1	23	38		4	11	1	4	3	2	2		6
	5开																			1		
	4开								4	1												
	2开						1	6			1	3	1									
义务教育类	B5							1	3	4	1	1			6	13	12	16	6	18	20	9
	32开			13	13	9	13	8	5	8	19		17	6		2	19		36	40	9	2
	16开		15	35	39	61	50	52	22	21	49	6	21	243	74	85	92	59	105	211	81	71
	12开																8					
	8开							1			5				6	81	28	17	7	4	5	9

图 3-39 2000—2020 年浙江科学技术出版社图书开本情况

以该社出版较多的农业技术类图书为例，该类型的图书 16 开较多。例如，该社 2001 年出版的《禾谷多粘菌传麦类病毒研究》一书，由享誉国际植物病毒界的浙江省著名青年科学家陈剑平主编，其研究成果处于世界领先水平，曾获国家科技进步奖一等奖，该书采用 16 开的形式出版。2017 年出版的《弗吉尼亚栎引种研究与应用》一书，为国家林业局“948”引进项目、科技部农业科技成果转化资金项目等国家级重大科研项目的研究成果总结，是首部系统介绍弗吉尼亚栎在我国引种、大规模繁育及推广应用的综合性学术专著。该书也采用了 16 开的中型开本印刷出版。

2.4 丛书与非丛书

按照丛书与非丛书区分，浙江科学技术出版社出版的非义务教育类图书以非丛书为主，共计 3848 种，占比 64.67%；丛书 2102 种，占比 35.33%。

丛书出版方面，非义务教育类丛书出版数量最多的是 2013 年，共 293 种，占当年总出版量比例最大，达 55.18%。2018 年丛书出版种数占当年出版总量比例最小，共 33 种，仅占当年度总体图书出版数量的 12.13%。义务教育类丛书出版最多的年份是 2012 年，该年度丛书出版种数占当年出版总量比例最大，达 82.73%，共 206 种。（图 3–40）

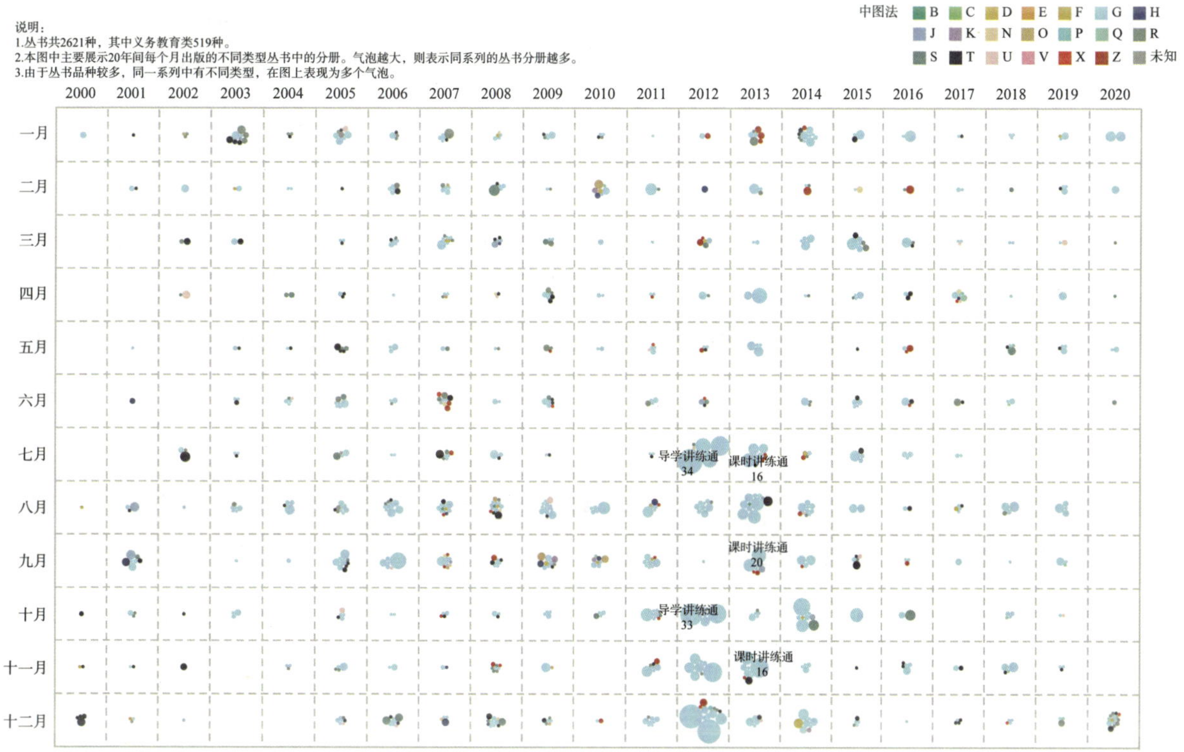

图 3–40　2000—2020 年浙江科学技术出版社丛书出版情况

义务教育丛书涵盖九年制科学、语文、数学、英语、物理、化学、历史、生物、地理、计算机、社会等各个学科，图书内容策划所面向的对象主要为一线教师、中小学生等群体。例如针对中小学生群体的“快乐寒假”“课时讲练通”“课时特训”“心理健康教育辅导活动手册”“135 高效课堂”“浙江名卷”“新编单元测试 AB 卷”“导学阶梯：新编初中古诗文阅读与拓展训练”“天天练口算”及《小学科学实验与探究》等。

2012 年，该社出版了“初中新课标百练百胜”丛书，该丛书从初中生学习实际出发，重视对各科教材的解读、方法的指导、规律的总结，结构简洁明晰，知识脉络一目了然。丛书中特设训练册，精选习题，巧妙组合，既有对基础知识的巩固检测，也有对素质能力的拓展训练。2013 年，浙江科学技术出版社出版了一套“伴你成长”教辅丛书，该套丛书具体包括七至九年级语文、英语、数学、科学等学科的周周练、月月测、课时练，能力激活与训练——阶段综合测试卷等。该套“伴你成长”丛书是在对教材、教参、课程标准、中考考情认真分析的基础上编写而成，分重难点给出典型的练习题，在体例框架安排上较为科学合理。

除了义务教育类丛书外，该社还出版了众多非义务教育类丛书，例如，2012 年，该社出版了一套插花系列丛书，该丛书包括《实用插花技巧图解》《实用插花基础教程》《实用插花设计与造型》。该插花系列丛书以图配文的形式对各种时尚实用的花型作了详细介绍，从各种花材的认识、剪裁、搭配到花型的制作，由浅到深，循序渐进，既适合各层次的插花爱好者，也适合职业插花员阅读。

2.5 图书责任编辑与作者

本处数据分析仅选择历年来图书编辑数量大于 50 种的责编。一本书如果由多位责编共同负责，本数据分析只选取主编辑，并排除未知编辑信息的图书 213 种。统计显示，2000 年至 2020 年，共计有 37 位责编所负责编辑的图书超过 50 种，单个编辑所编辑图书总数最低为 55 种，年编辑图书平均约为 2.62 种，单个编辑图书总数最多为 461 种，年编辑图书平均约为 21.95 种。（图 3–41）

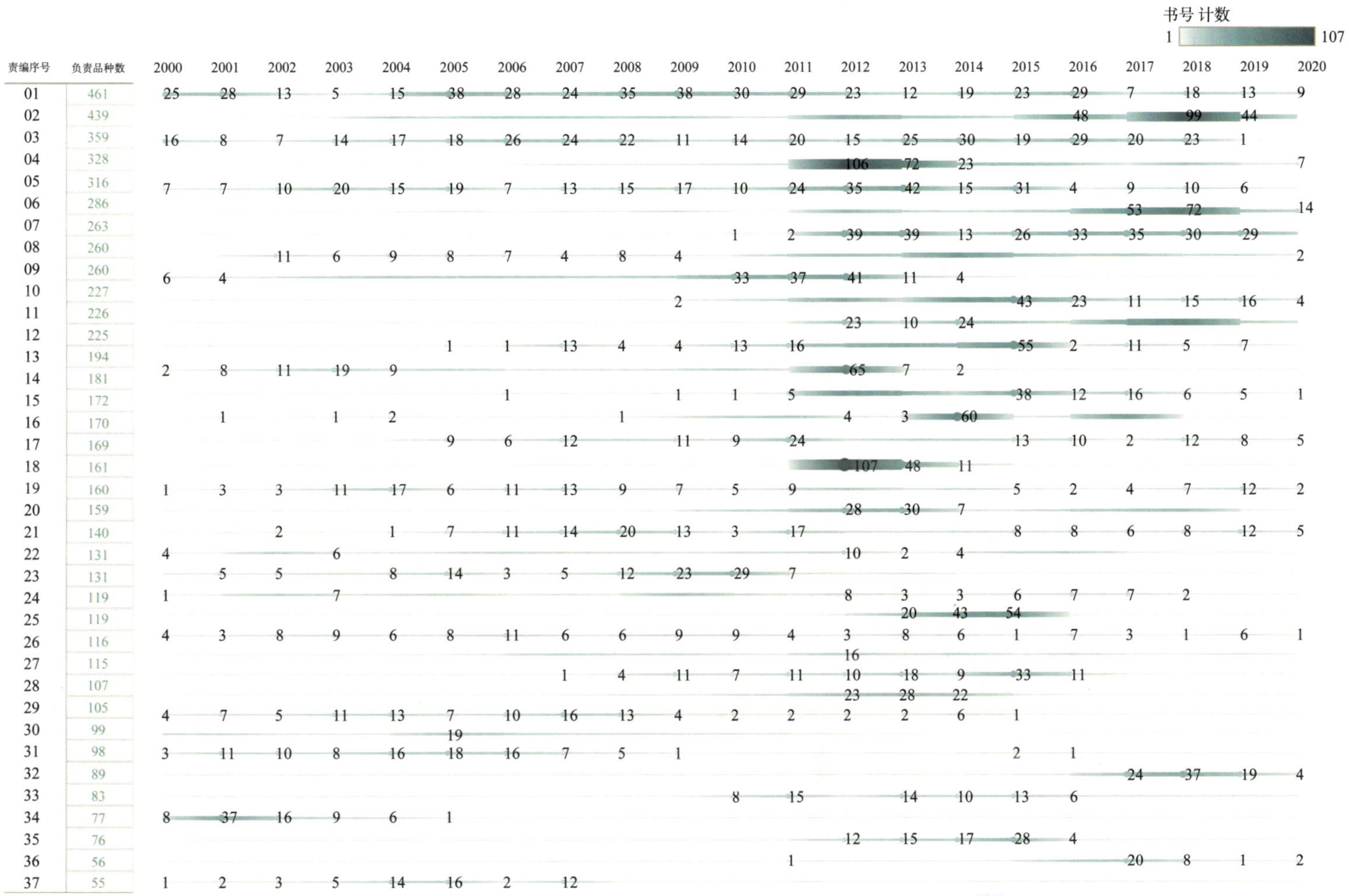
书号 计数
1
107
责编序号
负责品种数
2000 2001 2002 2003 2004 2005 2006 2007 2008 2009 2010 2011 2012 2013 2014 2015 2016 2017 2018 2019 2020
01 461
02 439
03 359
04 328
05 316
06 286
07 263
08 260
09 260
10 227
11 226
12 225
13 194
14 181
15 172
16 170
17 169
18 161
19 160
20 159
21 140
22 131
23 131
24 119
25 119
26 116
27 115
28 107
29 105
30 99
31 98
32 89
33 83
34 77
35 76
36 56
37 55
25 28 13 5 15 38 28 24 35 38 30 29 23 12 19 23 29 7 18 13 9
48 99 44
16 8 7 14 17 18 26 24 22 11 14 20 15 25 30 19 29 20 23 1
106 72 23 7
7 7 10 20 15 19 7 13 15 17 10 24 35 42 15 31 4 9 10 6
53 72 14
1 2 39 39 13 26 33 35 30 29
11 6 9 8 7 4 8 4 2
6 4 33 37 41 11 4
2 43 23 11 15 16 4
23 10 24
1 1 13 4 4 13 16 55 2 11 5 7
2 8 11 19 9 65 7 2
1 1 1 5 38 12 16 6 5 1
1 1 2 1 4 3 60
9 6 12 11 9 24 13 10 2 12 8 5
107 48 11
1 3 3 11 17 6 11 13 9 7 5 9 5 2 4 7 12 2
28 30 7
2 1 7 11 14 20 13 3 17 8 8 6 8 12 5
4 6 10 2 4
5 5 8 14 3 5 12 23 29 7
1 7 8 3 3 6 7 7 2
20 43 54
4 3 8 9 6 8 11 6 6 9 9 4 3 8 6 1 7 3 1 6 1
16
1 4 11 7 11 10 18 9 33 11
23 28 22
4 7 5 11 13 7 10 16 13 4 2 2 2 2 6 1
19
3 11 10 8 16 18 16 7 5 1 2 1
24 37 19 4
8 15 14 10 13 6
8 37 16 9 6 1
12 15 17 28 4
1 20 8 1 2
1 2 3 5 14 16 2 12

说明：
1.仅选入累计负责图书种数超过50种的责编。
2.部分图书由多位责编合作完成，仅采用主编辑为代表。
3.排除未知责编图书213种。

图 3-41　2000—2020 年浙江科学技术出版社责任编辑责编种数统计

以图书作者分析，共统计数据 7843 条，排除作者信息未知数据 1374 条，历年来作者图书出版总量最高值为 1067 种，作者为张泉，其次为 163 种，作者为《高中新课程讲学练》编写组。（图 3–42）

图书作者来源结构表现出如下特点：

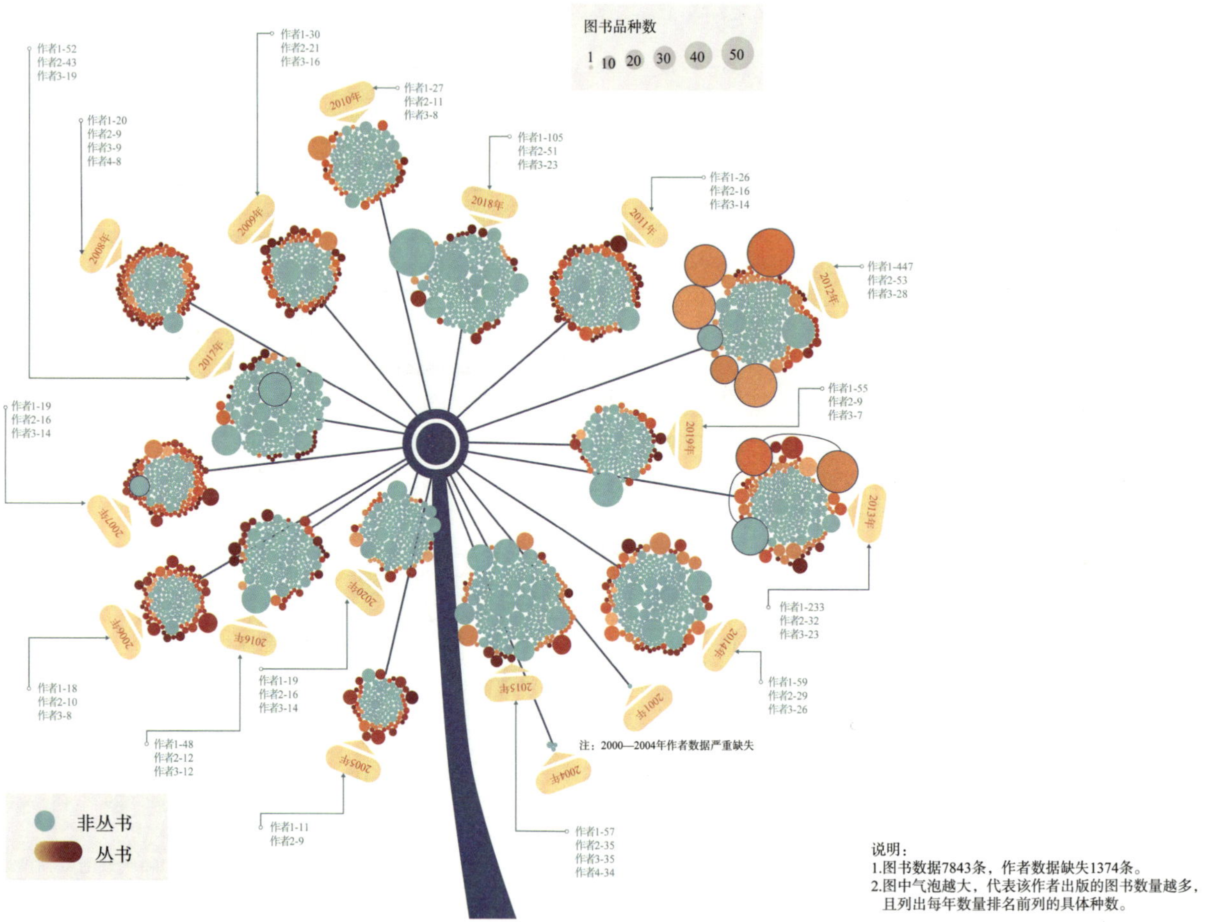

图 3–42　2000—2020 年浙江科学技术出版社作者出版情况

其一，作者资源丰富多样，集体作者与单个作者并存。以图书出版总量计算，图书出版超过 20 种的作者 / 编写组共有 33 个。出版作者为组织机构的依次为《高中新课程讲学练》编写组、浙江省教育厅教研室、犀文图书、浙江省职业技术技能教学研究院、温州市教育教学研究院、本书编委组、《暑假学与练》编委会、《暑假学习乐园》编委会、浙江省公安厅交通管理局、《生命与安全》编委会、果壳阅读、《伴你成长》编写组、《轻松课堂》编写组、《学程跟踪》编写组、引进日本版权、浙江省职业技能鉴定中心、《新编教与学》编写组、《新编单元测试 AB 卷》编写组、《新课标名师大课堂》丛书编写组、浙江科学技术出版社职业教育教材开发中心。出版量进入排行榜前 20 位且为个体作者的依次为张泉、任志鸿等，其中，张泉是以上作者中出版图书数量最多的一位，20 年间一共出版了上千种图书。

其二，教材、教辅类图书以集体作者居多。该社教材、教辅类图书多以集体作者的名义出版。这些集体作者有：① 编委会、编写组。如《导学阶梯》编写组、《少年作家》编辑部、《期末金牌卷》编写组、《心理辅导课学生活动手册》编委会、《新编单元测试 AB 卷》编写组、《暑假学习乐园》编委会、《浙江名卷》编写组、《第三学期 暑假衔接》编写组、《高中新课程讲学练》编委会、《高中新课程讲学练》编委会；② 部门单位。如浙江省交通运输厅、浙江省卫生厅、浙江省公安厅交通管理局、浙江省交通规划设计研究院、温州市第三中学、温州市实验中学等；③ 教研室。如浙江省教育厅教研室、金华市教育局教研室、宁波市教育局教研室、杭州市成教教研室、宁波市教育局教研室；④ 学会、研究所、研究会、研究中心。如宁波市林业园艺学会、浙江省职业技能教学研究所、浙江省职业技能教学研究所、阿里巴巴电子商务研究会、浙江省基础教育课程教材开发研究中心等。

其三，重视与著名学者、专家以及专业技术人员的合作。为了体现图书内容的权威性，该社十分重视发掘国内外知名的专家、学者，与他们开展合作。2006 年出版的《特种蔬菜栽培新技术》一书为一线农业技术人员所编写。他们在多年研究实践的基础上把理论和实践经验相结合，编写了针对农民种植、养殖农产品新品种的技术培训用书。该书重点介绍了芦笋、雪菜、樱桃番茄、食荚豌豆、西生菜、苦瓜、西芹、芥蓝、香椿、落葵、荠菜、芦蒿、菊花脑、黄秋葵、菜用枸杞、马兰、食用仙人掌等热门特种蔬菜的特征、栽培、贮藏和加工技术，具有较强的实用性和推广价值。

该社 2006 年出版的《大学生心理健康实用教程》是由浙江省部分高职院校长期从事心理学教学、大学生心理健康教育和心理的专家学者所编写的一部实用性教材。作者从大学生所特有的心理、生理特点着手，围绕当代大学生所面临的学生恋爱、挫折等问题，潜心研究并编写了此书。2008 年，浙江科学技术出版社出版了“黑蝴蝶科幻系列”，具体包括《教授儿子失踪案》《新月》《狼蝙蝠》《不枯竭的泉》《宇宙蛋》《绿蚊子》。该丛书是由国内著名科幻作家写作，内容涉及对地球、环境、生物、人类等未来的科学幻想，以小说的文体呈现，适合所有喜爱科幻作品的读者。该社 2013 年出版的一套硬笔书法字帖，精选中小学生较为熟悉和喜爱的毛泽东诗词、传世名赋、古文名篇、幽默妙语等，由著名书法家薛平用楷书、行书两种字体来书写，内容设置“学习指南”和“点画技法”两个板块，帮助读者提高硬笔书法水平。

2.6 出版社获奖

2000 年至 2020 年，浙江科学技术出版社出版了一批优质的图书，在省内乃至全国范围内产生了较大的影响，多次获得出版大奖，包括中国图书奖、中华优秀出版物奖、中国出版政府奖、“三个一百”原创工程奖、文津图书奖等。其中，获得中国图书奖的作品包括王炜主编的《整形外科学》，郭柏灵、丁时进所著的《自旋波与铁磁链方程》以及陆拯主编的“近代中医珍本集”（十四册）；获得中华优秀出版物奖的图书有《让心中充满阳光：地震救援人员心理健康自助读本》（赵国秋、谭忠林著）、《杭州湾跨海大桥技术创新与应用》（王仁贵主编）；获得中国出版政府奖的图书有张金哲主编的《张金哲小儿腹部外科学》以及秦孟兆、王雨顺所著的《偏微分方程中的保结构算法》；获得“三个一百”原创工程奖的图书有“无公害蔬菜病虫鉴别与治理丛书”、《国内外茶花名种识别与欣赏》《乳病珍本集腋》《大气、海洋：无穷维动力系统》《汪忠镐血管外科学》。其中，2006 年出版的《张金哲小儿腹部外科学》一书，由我国小儿创伤外科的创始人张金哲院士主编，该书系统翔实地介绍了小儿创伤外科这一学科的基础理论、临床应用现状以及领域内的突破性成就。此外，2013 年，该社引进出版的德国著名作家克里斯蒂安·安科维奇创作的少儿读物《父与子冒险书》（郑萌芽译）一书获得“文津图书推荐奖”。（表 3-5）

表 3-5　2000—2020 年浙江科学技术出版社获奖情况

中国图书奖

书名	著作责任者	类别	届数 / 年份	奖项时间
整形外科学	王炜	荣誉奖	第十二届	2001 年 3 月
自旋波与铁磁链方程	郭柏灵、丁时进	/	第十三届	2002 年 12 月

（续表）

书名	著作责任者	类别	届数 / 年份	奖项时间
近代中医珍本集（十四册）	陆拯	特别奖	第十四届	2004 年 12 月

中华优秀出版物奖

书名	著作责任者	类别	届数 / 年份	奖项时间
让心中充满阳光：地震救援人员心理健康自助读本	赵国秋、谭忠林	抗震救灾特别奖－图书	第二届	2008 年 12 月

中国出版政府奖

书名	著作责任者	类别	届数 / 年份	奖项时间
杭州湾跨海大桥技术创新与应用	王仁贵	图书奖－科技类	第二届	2011 年 3 月
张金哲小儿腹部外科学	张金哲			
偏微分方程中的保结构算法	秦孟兆、王雨顺		第三届	2014 年 1 月
刘丹		优秀出版人物	第五届	2021 年 7 月

“三个一百”原创工程

书名	著作责任者	类别	届数 / 年份	奖项时间
无公害蔬菜病虫鉴别与治理丛书	郑永利	工程科学技术类	第一届	2007 年
国内外茶花名种识别与欣赏	高继银		第二届	2009 年
大气、海洋：无穷维动力系统	楼丽华			
乳病珍本集腋	郭柏灵、黄代文		第三届	2011 年
汪忠镐血管外科学	汪忠镐			

（续表）

文津图书奖

书名	著作责任者	类别	届数 / 年份	奖项时间
父与子冒险书	［德］克里斯蒂安·安科维奇、郑萌芽	推荐图书 – 少儿类	第八届	2013 年

3. 浙江科学技术出版社发展特色

3.1 坚持专业立社，学术类专著品牌效应显著

浙江科学技术出版社自成立以来，出版了大量反映高水准科学技术、应用技术类的学术专著和大众读物。目前，该社已经形成了以医药卫生、科学普及、农业及生活类图书为代表的品牌特色。

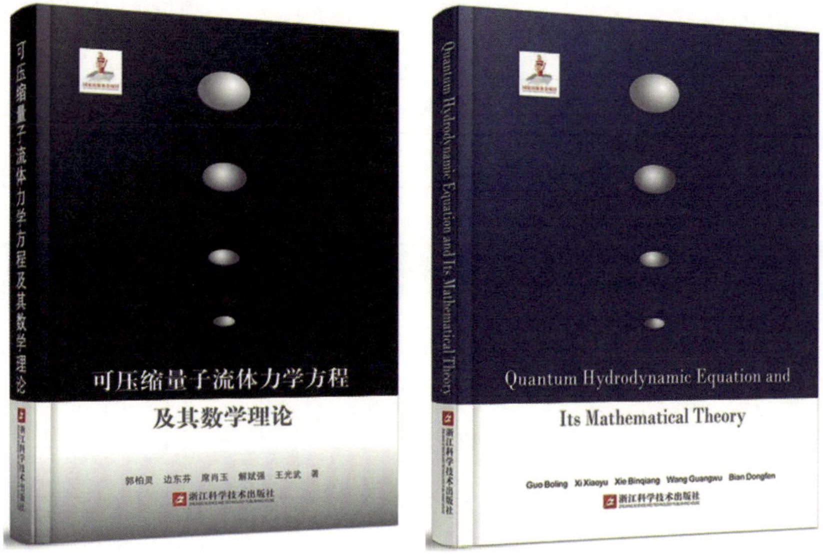

图 3–43 《可压缩量子流体力学方程及其数学理论》（中英文版）

2018 年，浙江科学技术出版社出版的中国科学院院士郭柏灵及其团队的最新研究成果《可压缩量子流体力学方程及其数学理论》入选该年度国家出版基金项目，同时列选国家"十三五"重点出版物出版规划，以及中华人民共和国成立 70 周年百种科技新书。这一著作出版后，相关领域专家给予了高度评价，认为该书是一部高水平的学术专著。该著作以中文、英文两种语言出版，既可以让世界共享中国的学术成果，促进国家之间的学术交流，又可以扩大中国学术成果在国际上的影响，展示中国学术研究的前沿动态和最新成果（图 3–43）。

《整形外科学》是浙江科学技术出版社出版的一部经典之作，被国外专家学者赞誉为“东方整形外科的旗舰”。该书自 1999 年出版以来，已连续多次再版，成为该社一部长销书。2019 年，浙江科学技术出版社对该书进行了改版，将整形外科的最新发展和创新性成果融入其中，推出了一部系统体现现代整形外科新学科体系的高端学术专著——《中国整形外科学》（图 3-44）。

图 3-44 《中国整形外科学》（4 卷）

该书分 4 卷，共计 830 万字，由我国整形外科学界权威专家、上海交通大学医学院附属第九人民医院终身教授王炜担任主编，全国各地及美国、加拿大、日本、韩国等国的 360 位专家教授和年轻学者共同编撰。《中国整形外科学》一书出版后，得到了业界专家的一致好评，认为该书是一部能代表我们国家整形外科学界最高学术水平的教科书。

3.2 坚持数字融合和用户思维，科普类图书出版形成特色

浙江科学技术出版社在科普图书的出版方面取得了较大的成绩，尤其在健康医学科普、青少年科学素养、学科专业系列科普、生态科普、科幻读物等图书的出版方面形成较为鲜明的特色。近年来，浙江科技出版社出版的许多科普类图书深受广大读者的喜爱。例如，在 2019 年度“浙版传媒好书”评选结果中，该社出版的《他日归来：钱学森的求知岁月》获得优秀主题出版物奖，《女生呵护指南》获优秀科普生活出版物奖。[①]

浙江科技出版社开展科普活动的对象主要是农村村民和中小学生。针对农村村民，该社开展科普知识进入农村文化大礼堂、农家书屋的科技下乡活动，把农技人员和最新技术送到田间地头，同时，通过开展共建文化新农村活动，将心理健康科普知识送到各个家庭。针对中小学生，该社主要通过科技周、节能周等科技节日进入学校举办科普宣讲、赠书活动。与此同时，该社结合学校教学需求，进入校园开展科普讲堂、科学小实验、中医药进校园等科普宣传活动，在书店、图书馆举行科普新书

① 黄琳 . 11 种图书荣膺年度“浙版传媒好书”［N］. 中国新闻出版广电报，2020-01-20（3）.

分享会等，传播科普知识。[①]

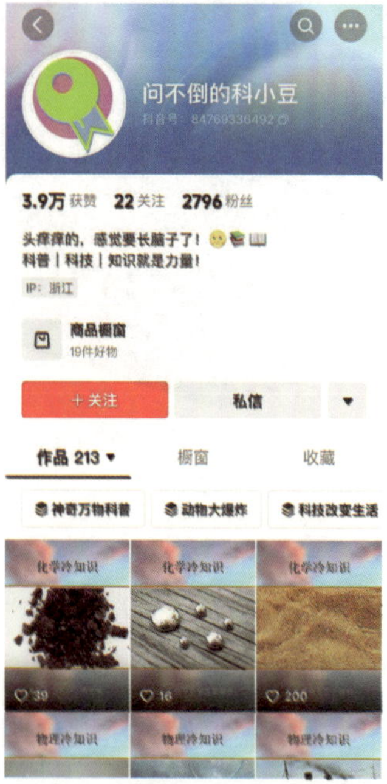

图 3–45　浙江科学技术出版社抖音短视频号

近年来，随着互联网信息技术的发展，出版环境发生了深刻变化，传统出版向融合出版的转变已是大势所趋。浙江科学技术出版社适时把科普宣传的阵地由线下转移到线上，在喜马拉雅、抖音、视频号、B 站、贴吧、人民号、头条号上开设专栏、专号，开展科普工作。目前，该社已在 B 站建立了“战锤”科幻号，在喜马拉雅开设有声书专号，在抖音注册“问不倒的科小豆”少儿科普短视频号（图 3–45）。

在移动互联网时代，阅读市场发生了很大的改变，根据 2019 年中国音像与数字出版协会发布的《中国数字阅读白皮书》，截至 2019 年，中国数字阅读用户总量达到 4.7 亿。面对庞大的数字阅读用户群体，浙江科学技术出版社紧跟时代步伐，坚持用户思维，积极关注用户的数字需求，大力推进传统纸质出版向电子出版、数字出版转化。例如，2019 年，浙江科学技术出版社的《女生呵护指南》，不仅推出纸质版图书，还同步推出了电子书，并通过线上线下开展多渠道推广。除了举办线下读者签售会，该社还在微信公众号、微博、知乎、“一条”等新媒体平台开展线上营销推广活动。通过线上线下多渠道立体推广，该书很快成为当年的爆款图书，长时间位于“当当”保健类图书销售榜 TOP3，并位列豆瓣 2019 年度 TOP10（科学·新知类）图书榜单，仅电子书已累计销售超过 30 万元码洋。目前，该书仍在畅销，累计印数已逾 30 万册。[②]

当下随着出版融合步伐的加快，浙江科学技术出版社在科普类图书出版上将进一步朝融媒体科普书以及基于 AR（增强现实）、VR（虚拟现实）、MR（混合现实）技术的虚拟科普出版物方向发力，在有效提升读者阅读体验的同时，打造科普全产业链运作的新模式。

① 聂慧超．“大科普”时代，出版业向科学要答案［N］. 中国出版传媒商报，2022–09–16（1）.
② 严粒粒．精品好书是怎样炼成的［N］. 浙江日报，2020–05–19（7）.

六、浙江古籍出版社

1. 浙江古籍出版社历史沿革

浙江古籍出版社成立于1983年10月，是在原《汉语大词典》浙江编写组基础上组建的一家专业出版社，主要业务方向为中国古代文化典籍整理与学术研究成果出版。2005年，该社开展了“事转企”改制，成为独立经营的一家出版企业。浙江古籍出版社现隶属于浙江联合出版集团有限公司。

浙江古籍出版社自成立后，就十分注意利用浙江“文物之邦”的资源优势，出版体现文化积累的图书。自1984年起，先后整理出版了一批古代文献，如“两浙作家文丛”“明末清初史料选刊”“元代史料丛刊”等。

“两浙作家文丛”共出版31种，主要收录两浙地区的文人著作，是地域性很强的古典文学类丛书，包括《宗泽集》《雪翁诗集》《朱淑真集注》《永嘉四灵诗集》《林和靖诗集》《赵孟頫集》《王季重十种》《陈洪绶集》《朱彝尊词集》《龚自珍编年诗注》《洪昇集》《沈约集校笺》等。“明末清初史料选刊”收录明末清初史料30种，包括《流寇志》《太和县御寇始末（外一种）》《卢象升疏牍》《鲁之春秋》《豫变纪略》《甲申核真略（外二种）》《孙传庭疏牍》《海东逸史（外三种）》《柴庵疏集　忆记》《明遗民录》《岭表纪年（外二种）》《东江疏揭塘报节抄（外二种）》《南渡录》等，基本涵盖了明末清初这一历史巨变时期的大部分重要史料，为学界研究明末清初的历史提供了珍贵的参考资料。“元代史料丛刊”侧重于元代政书的收录，共出版了7种，分别是《通制条格》《吏学指南（外三种）》《庙学典礼（外二种）》《元代法律资料辑存》《宪台通纪（外三种）》《秘书监志》《元代奏议集录》。“元代史料丛刊”的出版不仅对于元史的研究，而且对于中国政治史、法制史、职官史等专业史的研究都有着较高的价值。

浙江古籍出版社在成立之初，就开始着手整理中国历史上在政治、思想、文化、哲学、艺术等方面有广泛影响和突出成就的大家名家文集。首先整理的是“黄宗羲全集”。黄宗羲是明末清初浙江人，著名思想家，一生著述甚丰，涉猎甚广，涉及哲学、经学、史学、天文学、地理学、数学等多学科门类。该全集从1985年开始整理，至1994年整理完成并最终出版，前后历时10年，共出12卷。“黄宗羲全集”作为浙江古籍出版社出版的第一部著名学者全集，奠定了该社在古籍出版界的地位。该书荣获浙江树人出版奖。除“黄宗羲全集”外，20 世纪 90 年代以来，浙江古籍出版社又先后收集、整理并出版了《李渔全集（全二十卷）》《徐朔方集（1—5 卷）》《夏承焘集（全八册）》《宋濂全集（全四册）》及“马一浮集”等著名学者的著述。

除了名家文集的整理出版外，浙江古籍出版社还出版了一批有影响力的文史类普及读物，如“浙江历代文学家评传丛书”“浙江历代名家诗选丛书”“百部中国古典名著”“中国历代笔记小说选译丛书”“幽兰珍丛”等。

进入 21 世纪后，浙江古籍出版社参与了“中华大典”“清史编纂工程”等国家重大的出版文化工程，同时，还出版了《刘宗周全集》《吕祖谦全集》《王阳明全集（新编本）》等历史上著名学者、思想家的文集。此外，该社还出版了《中国印刷史（插图珍藏增订版）》《1860：圆明园大劫难》和“浙江省博物馆典藏大系”等在业界有影响的学术著作和大型画册，为专业研究者提供了翔实可靠的参考资料。2010 年底，该社开始着手编纂整理大型文献编纂出版项目“浙江文丛”。该项工作旨在对浙江人物、历史、风物等进行广泛发掘、深入研究，具有浓郁的地方文化特色，是浙江省建设文化强省的标志性出版工程。

浙江古籍出版社自成立以来，始终坚持以弘扬优秀传统文化、服务经济社会发展为导向，注重图书的学术质量、文化价值与市场效应。2000 年至 2020 年，该社累计出版图书超 3000 种，总印数达 6500 万册。荣获省级以上图书奖 60 余项，其中中国出版政府奖 1 项，国家图书奖 2 项，中国图书奖 4 项，全国优秀古籍图书奖 9 项，浙江树人出版奖 18 项，逐步形成了文献整理、学术研究、文化普及、文博图典、书画艺术等专业出版板块和线装书、礼品书系列。

2. 浙江古籍出版社出版现状数据分析

2.1 出版规模概况

2000 年至 2020 年，浙江古籍出版社出版图书 3005 种，年均出版图书 143 种。其中出版图书最多的是 2015 年，该年度总共出版各类图书达 367 种（图 3–46）。

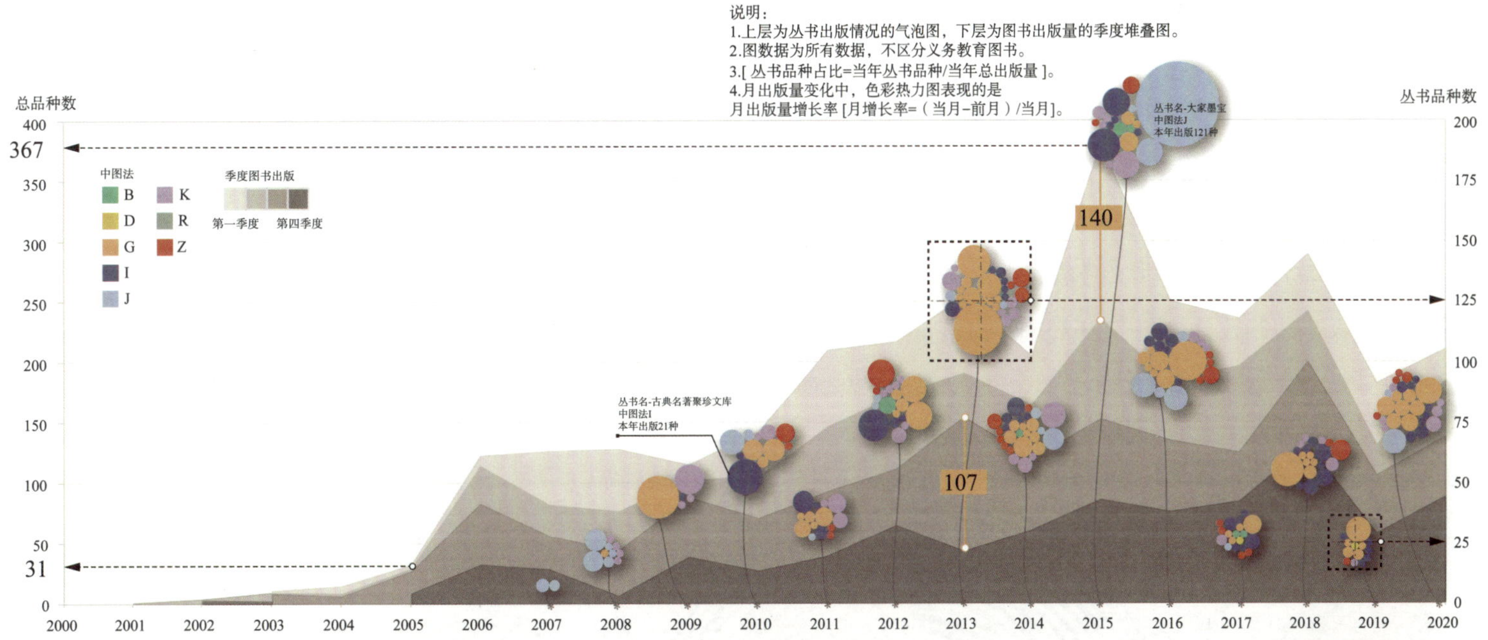

丛书品种占比的变化

12.90% 100%

	2000	2001	2002	2003	2004	2005	2006	2007	2008	2009	2010	2011	2012	2013	2014	2015	2016	2017	2018	2019	2020
丛书				20.00%	14.29%	12.90%	26.27%	22.13%	19.51%	43.24%	45.99%	20.30%	38.76%	51.23%	36.55%	56.13%	38.59%	13.22%	21.51%	14.20%	38.42%
非丛书		100%	100%	80.00%	85.71%	87.10%	73.73%	77.87%	80.49%	56.76%	54.01%	79.70%	61.24%	48.77%	63.45%	43.87%	61.41%	86.78%	78.49%	85.80%	61.58%

月出版量变化

2005 2010 2015

−94% 1400%

一月				5	2	5	35	19	4	32	47	5	44	24	91	55	5	17	25	9
			1		1	1	2	19	1	3	9	6	4	2	34	5	17	2	11	3
三月				1		2	6	11	7	1	5	32	12	13	15	4	15	27	14	13
			1	1	1	6	10	6	2	15	15	16	9	21	9	15	30	6	7	22
		1		1	1	4	8	14		8	21	20	19	7	34	19	13	18	8	16
六月	1					20	7	12	12	10	16	23	8	15	37	13	27	16	9	7
			2	2	5	4	3	16	8	14	30	5	30	11	5	22	11	30	17	16
			2		9	28	19	17	30	21	11	15	36	23	23	15	18	30	17	13
九月			2	4	4	17	5	3	10	7	10	25	41	23	36	20	10	7	13	19
					1	4	4	2	8	5	8	10	15	33	12	29	31	56	13	17
		2	1		6	10	9	1	6	6	12	22	8	12	11	16	24	23	12	28
十二月		1	1		1	17	14	3	23	15	18	30	18	13	60	28	26	47	30	40

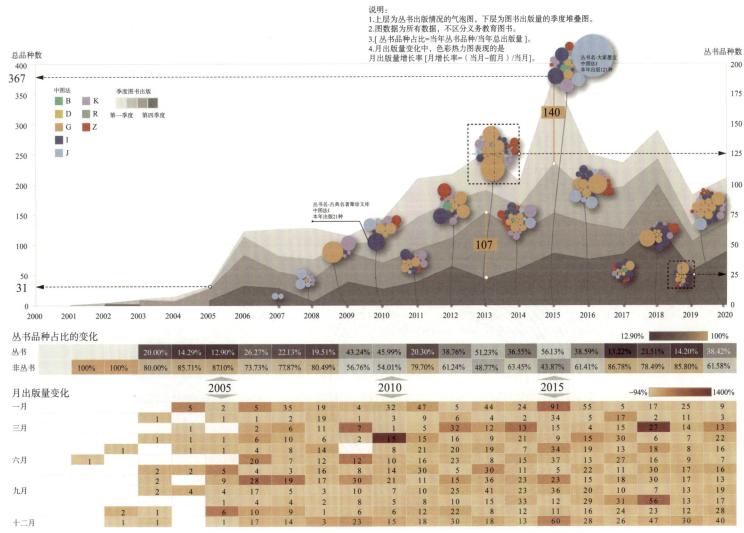

图 3-46　2000—2020 年浙江古籍出版社图书出版量变化图

从该社单月图书出版数量来看，2007 年 1 月，2009 年 8 月，2010 年 1 月，2011 年 1 月、7 月，2012 年 3 月、12 月，2013 年 1 月、7 月、8 月、9 月，2014 年 10 月，2015 年 1 月、2 月、5 月、6 月、9 月、12 月，2016 年 1 月，2017 年 4 月、10 月，2018 年 7 月、8 月、10 月、12 月，2019 年 12 月，2020 年 12 月是单月出版品种较多的月份，均在 30 种以上。根据以上统计数据发现，每年的 1 月、7—9 月、10 月、12 月是该社图书出版的高峰期。其中，2015 年 1 月出版图书数量高达 91 种，为历年单月出版数量之最。

按照义务教育类图书和非义务教育类图书区分，2000 年至 2020 年，浙江古籍出版社出版的图书品种以非义务教育类图书为主，共出版非义务教育类图书 2635 种，占整个图书出版数量的 87.69%（图 3–47）；义务教育类图书共计 370 种，占整个图

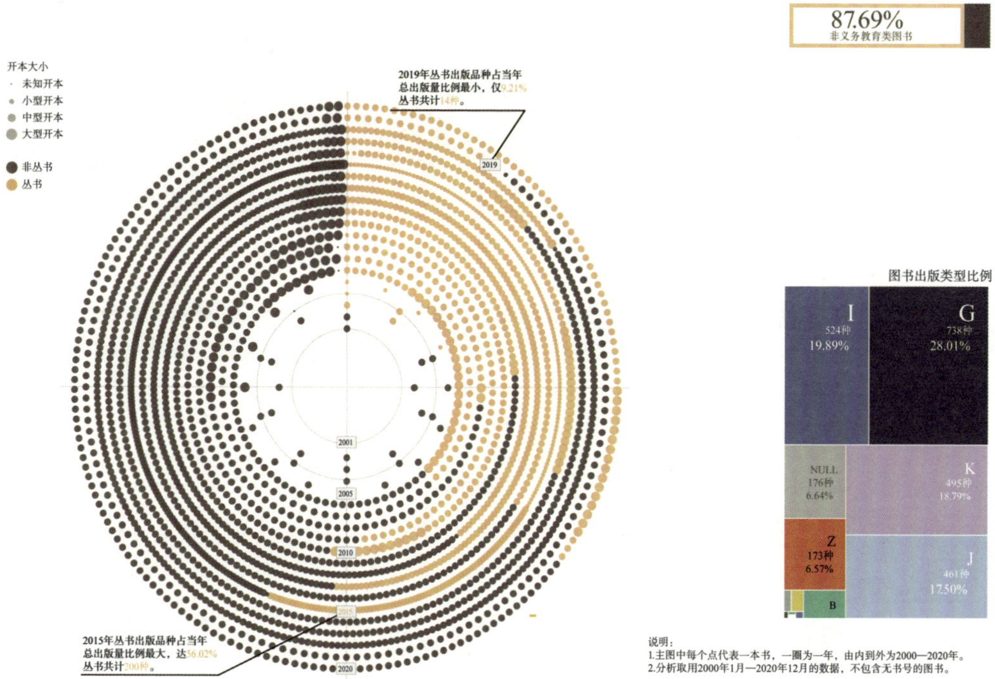

图 3–47　2000—2020 年浙江古籍出版社非义务教育类图书出版情况总览

书出版数量的 12.31%（图 3-48）。

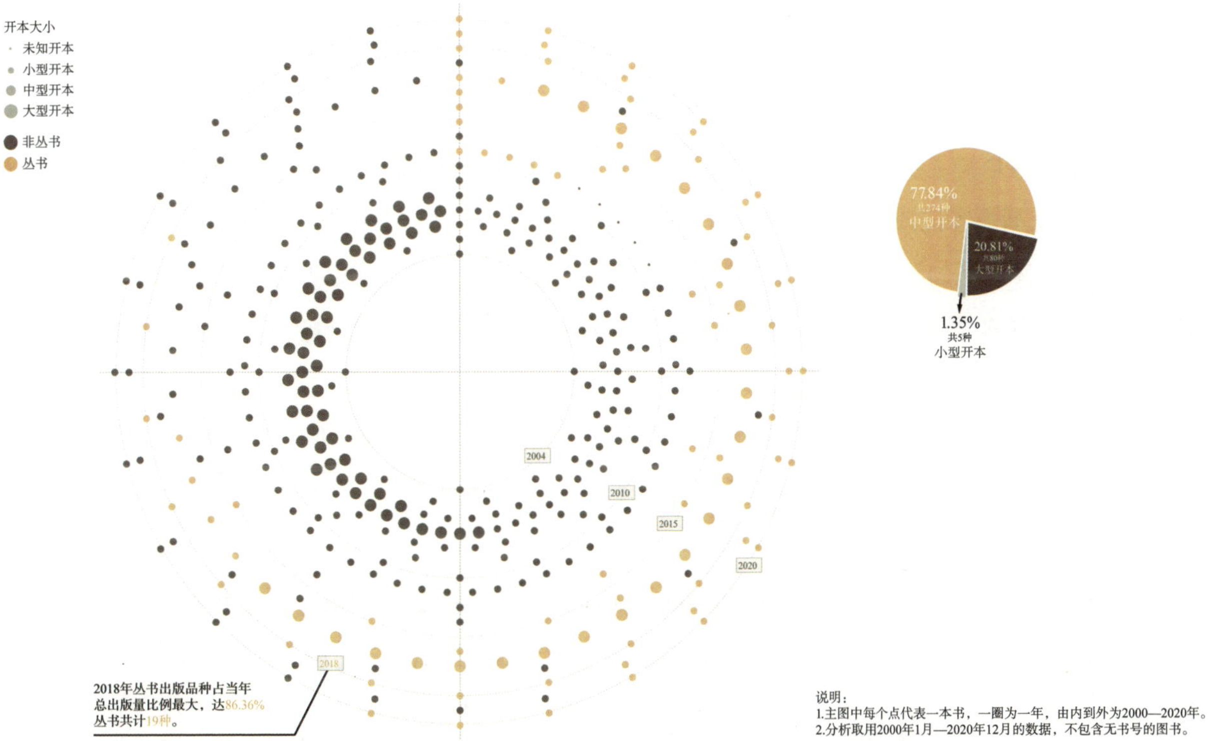
开本大小
未知开本
小型开本
中型开本
大型开本
非丛书
丛书
77.84%
共274种
中型开本
20.81%
共80种
大型开本
1.35%
共5种
小型开本
2004
2010
2015
2020
2018
2018年丛书出版品种占当年总出版量比例最大，达86.36%
丛书共计19种。
说明：
1.主图中每个点代表一本书，一圈为一年，由内到外为2000—2020年。
2.分析取用2000年1月—2020年12月的数据，不包含无书号的图书。

图 3-48 2000—2020 年浙江古籍出版社义务教育类图书出版情况总览

2.2 图书出版类型

根据项目调研组的调研数据，2000—2020 年浙江古籍出版社出版的非义务教育类图书种类以 G（文化、科学、教育、体育）类最多，占比 28.01%，共 738 种。除此之外，出版数量较多的图书种类还有 I（文学）类，K（历史、地理）类，J（艺术）类。其中，文学类图书共出版 524 种，占比为 19.89%；历史、地理类图书共 495 种，占比为 18.79%；艺术类图书共出版 461 种，占比为 17.50%。以上四大类图书出版的规模几乎占整个非义务教育类图书的八成，符合该社作为一家文化、古籍类专业出版社的内容定位。

浙江古籍出版社出版的图书类型涵盖文、史、哲、艺等学科门类。从图书选题来看，该社出版的图书选题比较广泛，所涉及的知识信息也较为丰富，具体包括文集、诗集、书法、篆刻、金石、碑帖、名人手稿、画传、名人传记、民间故事、游记、博物馆藏、历史文物、传统建筑、地方志等。以碑帖出版为例，浙江古籍出版社出版了众多碑帖类图书，如《曹全碑》《礼器碑》《石门颂》《史晨碑》《张迁碑》《褚遂良雁塔圣教序》《爨宝子碑爨龙颜碑》《怀仁集王圣教序》《李邕李思训碑》《李邕麓山寺碑》《柳公权神策军碑》《柳公权玄秘塔碑》《欧阳询九成宫碑》《石鼓文暨吴昌硕临本》等。其中，《曹全碑》全称《汉郃阳令曹全碑》，是东汉著名的隶书碑刻，碑刻内容记载了曹全爵里行谊，以及他官拜西域戊部司马时出兵征讨疏勒一事。此碑为汉碑中极负盛誉者，其字迹娟秀清丽，结体扁平匀称，舒展超逸；用笔方圆兼备，而以圆笔为主，是汉隶成熟期飘逸秀丽一路书法的典型。此碑对后世影响很大，临习者甚多。浙江古籍出版社将历代碑刻文献整理出版，对于继承和弘扬中华优秀传统文化具有积极意义。

2.3 图书开本类型

就出版开本类型而言，浙江古籍出版社出版的图书中，除 2015 年出版了 123 种 64 开的小型开本图书外，其他年份以 32 开、24 开、20 开、16 开的中型开本图书出版数量较多。另外，该社还出版了不少大型开本图书，尤以 12 开、8 开居多。自 2005 年起，该社每年均有一定数量的 12 开或 8 开的大型开本图书出版。

浙江古籍出版社出版的大型开本图书多为书法、字帖和画册。例如，该社 2016 年出版的“晋韵·全彩名帖丛刊”，采用了 8 开本印刷。该丛刊共 10 种，其中包括《灵飞经》《褚遂良〈倪宽赞〉》《空海〈风信帖〉》《米芾〈苕溪诗帖〉》《米芾〈蜀素帖〉》《小野道风〈玉泉帖〉》《赵孟頫〈洛神赋〉》《赵孟頫〈秋声赋〉》《赵孟頫〈吴兴赋〉》和《赵孟頫〈与山巨源绝交书〉》。以上每一种图书均由字帖、作品简介、历代集评、临习指南和作品局部点评五部分组成。丛刊用大开本印刷，以长卷形式还原书法名帖的原貌，展示出经典书作的魅力。

2.4 丛书与非丛书

按照丛书与非丛书区分，浙江古籍出版社出版的图书以非义务教育类丛书为主。出版社历年出版的图书中，非义务教育类丛书 2600 余种，占比 87.37%；义务教育类丛书 370 种，占比 12.63%。

从各年度出版丛书数量来看，非义务教育类丛书出版数量最多的是 2015 年，共 200 种，占当年图书出版总量的 56.02%。

2019 年非义务教育类丛书出版品种占当年出版总量比例最小，共 14 种，仅占当年图书出版总量的 9.21%。义务教育类丛书出版最多的年份是 2018 年，该年度丛书出版量占当年出版总量比例最大，达 86.36%，共 19 种。（图 3–49）

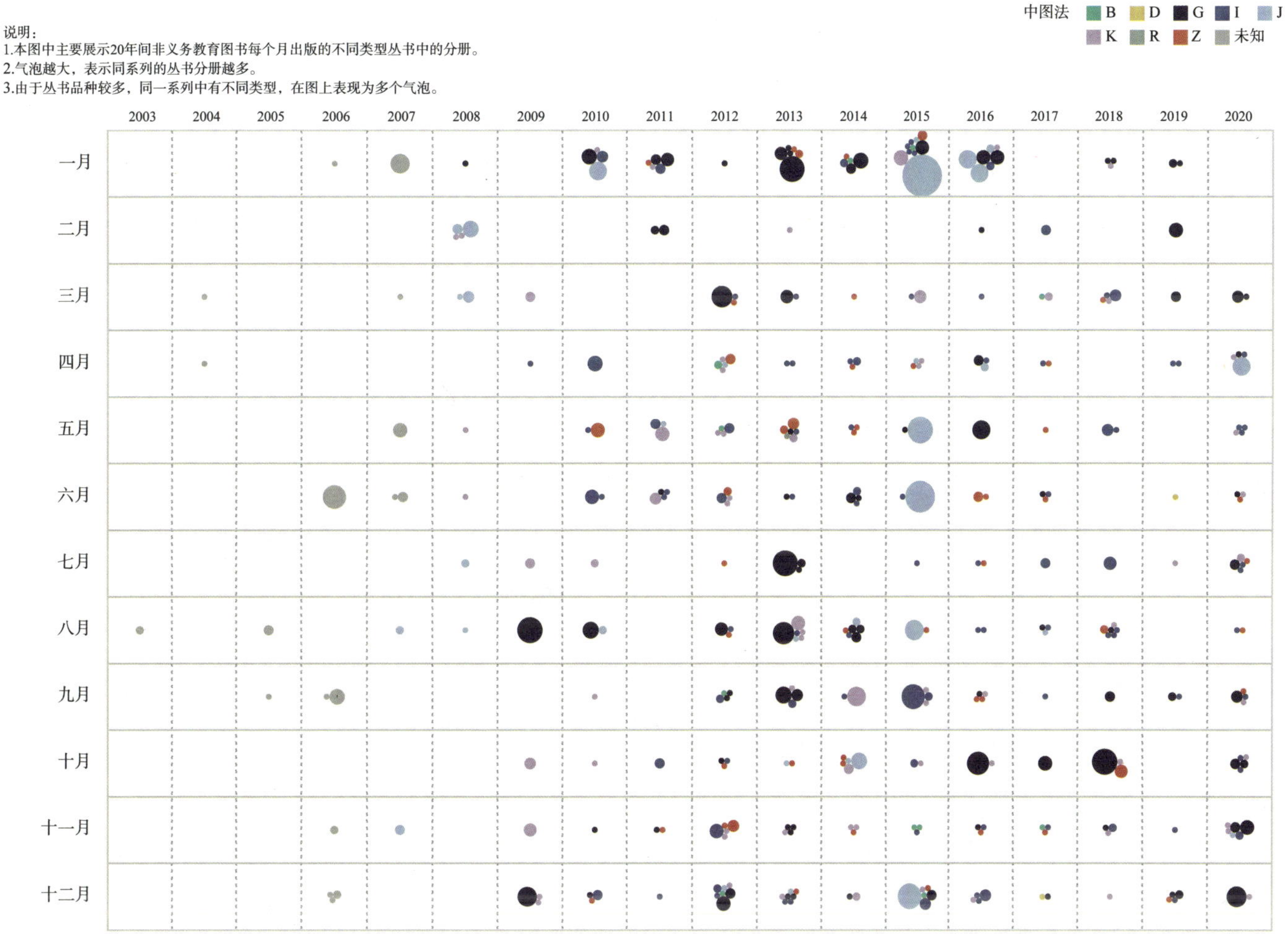

图 3–49　2000—2020 年浙江古籍出版社丛书出版情况

在非义务教育类丛书出版方面，该社出版了“浙江文丛”“中华姓氏史图册丛书”“跟名家钞名篇”“古典文库”“古典名著聚珍文库”“湘湖（白马湖）丛书”“大家墨宝”“东阳丛书”“诗说中国史”“吴昌硕研究系列丛书”“丽水瓯江文化丛书”“武义县宣平地方历史文化丛书”“四库德清文丛”“括苍丛书”“湖州历史文化丛书”“浙江历史人文读本”“诗文雅韵入门小丛书”“杭州历史文化丛书”“姚江文化丛书”“秋霞圃人文典藏丛书”等丛书。以“东阳丛书”为例，该丛书于2015年出版，收录了自唐宋至清代浙江东阳籍文人学者撰著的经、史、子、集图书共计82种，是全面了解东阳历史文化的大型古籍整理丛书。全书点校质量较高，凝聚了各界人士的心血和汗水。又如，2012年，该社出版了“秋霞圃人文典藏丛书”，该丛书包括《〈楚辞〉展奇》《〈诗经〉写真》两种。其中，《〈楚辞〉展奇》是《楚辞》研究专家徐志啸撰写的一本学术专著，其内容包括楚辞作品及其特色、屈原的贡献与地位、历代楚辞重要研究书目及现代楚辞研究八大家，并附一定数量的楚辞作品。《〈诗经〉写真》是一本解读《诗经》的通俗读物，对《诗经》产生的背景、体裁、情感、艺术、社会价值，以及部分《诗经》原文进行了详细解说。

浙江古籍出版社出版的九年义务教育类丛书数量不多，主要是中小学义务教育阶段各科教材的配套练习、单元配套测试、作文训练、扩展阅读、阅读语段训练、经典诵读、学业考试复习导引、古诗文精解精练等。如，2016年，该社出版了一套面向初中生的“初中古诗文精解精练”，该丛书紧扣语文新课标，全面覆盖人教版初中语文七年级至九年级的古诗文学习内容，全书分设作家作品、题解、注释、翻译、简析、问题、知识链接、课内外练习等板块。该丛书的出版，有助于初中阶段的学生更好地掌握和理解古诗文的相关知识。

2.5 图书责任编辑与作者

数据仅选择历年来图书编辑数量大于50种的责编。一本书如果由多位责编合作完成，本数据分析只选取主编辑，并排除未知编辑信息的图书11种。统计显示，2000年至2020年，共有22位责编所负责的图书超过50种，单个编辑所编辑图书种数最低为51种，年编辑图书平均约为2.43种，单个编辑责编图书种数最多的为246种，年编辑图书平均约为11.71种。（图3-50）

说明：
1.仅选入累计负责图书种数超过50种的责编。
2.部分图书可能由多位责编合作完成，仅采用主编辑为代表。
3.去除未知责编数据11条。

书号 计数 1 75

责编序号	负责品种数	2001	2002	2003	2004	2005	2006	2007	2008	2009	2010	2011	2012	2013	2014	2015	2016	2017	2018	2019	2020
01	246				1		17	17	12	6	13	27	25	21	18	24	17	13	8	7	20
02	214												36	66	18						
03	167										16	10	22	9	23	22	10	13	23	11	8
04	155															75					
05	148												3	21	15	18	43	6	14	12	16
06	124									6	1	5									
07	104																10	33	31	18	11
08	96	1		4	4	8	42	28	5	2	2										
09	92											9	27	11	12	10	9	5	6	2	
10	92															64	62				
11	92								12	2	18	8	13	16	15	8					
12	84															33	10	6	7	5	5
13	78				1	6	15	18	14	8	2	14									
14	74												2	10	10	19	5	6	11	5	6
15	73																		20	6	
16	72															5	10	28	15	9	5
17	72													5	8			17	17		
18	65				1	2	4	4	3	2	11	29	3			2					
19	64							13	22	15											
20	61		2		1	4	9	5	10	24	6										
21	52											10	9	11	5	8	4	5			
22	51			1			9	4	1	1	11										

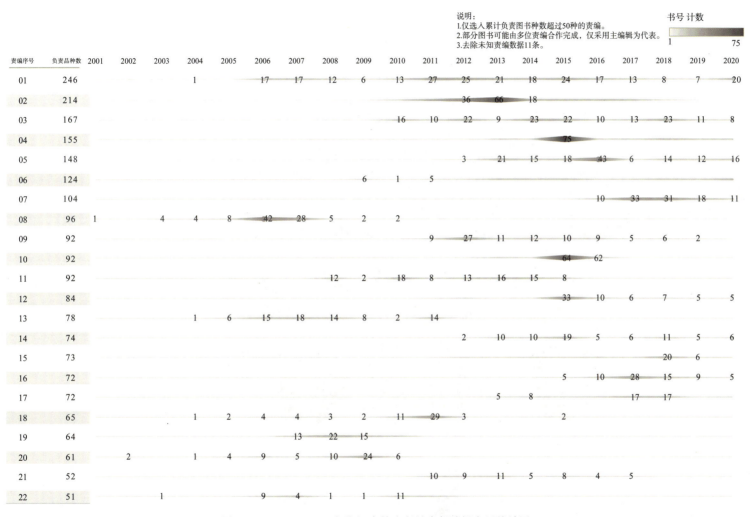

图 3-50　2000—2020 年浙江古籍出版社责任编辑书目统计图

对图书作者的分析，共统计数据 3004 条，排除作者信息未知数据 416 条。（图 3-51）

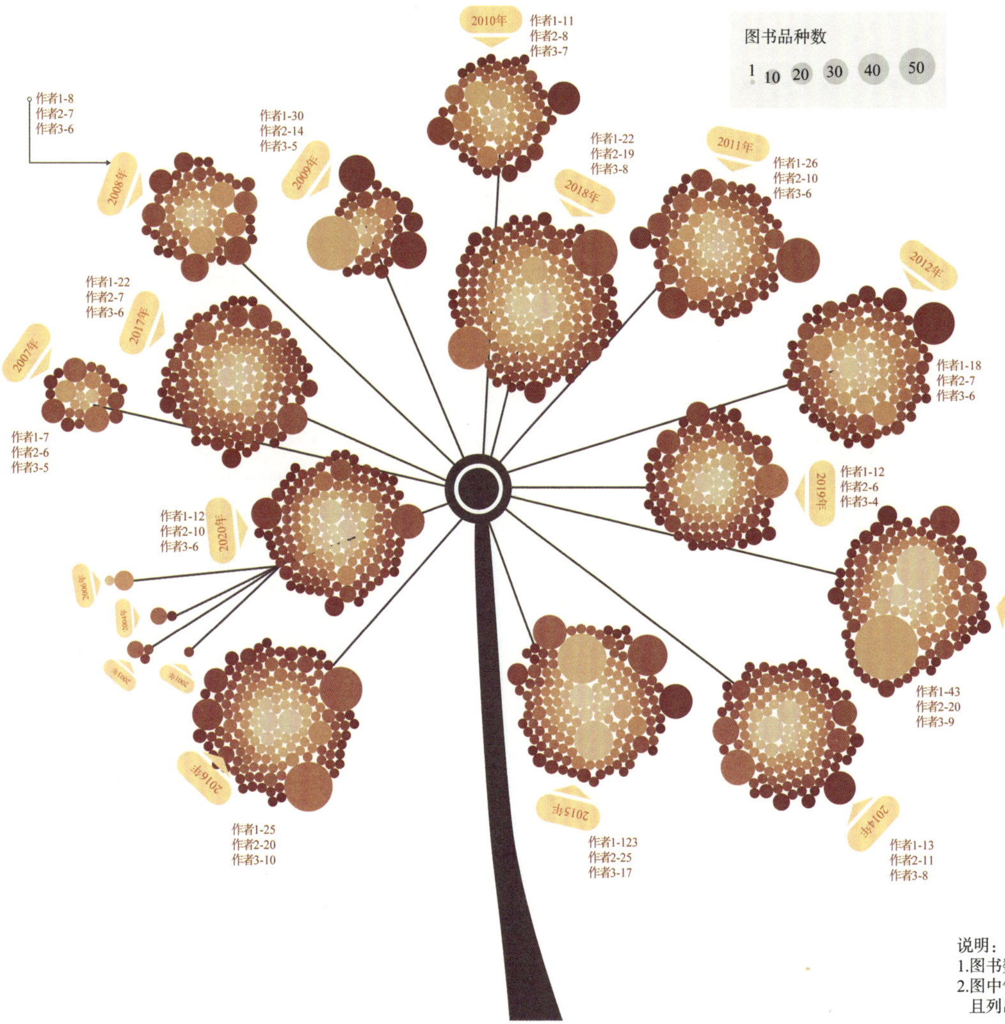

说明：
1.图书数据3005条，作者数据缺失416条。
2.图中气泡越大，代表该作者出版的图书数量越多，且列出每年数量排名前列的具体种数。

图 3-51　2000—2020 年浙江古籍出版社作者出版量统计

图书作者来源结构表现出如下特点：

其一，图书出版以单个作者为主。以图书出版总量计算，图书出版超过 20 种的作者 / 编写组共有 17 个。出版作者为组织机构的部门依次为《高中新课程同步训练》编写组、《初中毕业生学业考试复习引导》编写组、浙江省文物局、《城市学研究》编委会、温州市教育教学研究院、浙江博物馆、良渚博物馆、天一阁博物馆、浙江文丛编委会、温州市第三次全国文物普查领导小组办公室、浙江省余姚市文物管理研究所等。从集体作者和个人作者所占比例来看，该社出版的图书以个人作者创作居多。在排行榜前 20 的作者中，集体作者为 5 个，占比为 25%，个人作者为 15 个，占比为 75%。

图书出版数量排行榜前 20 位中，孟建平是出版图书数量最多的。

其二，重视与著名学者、专家之间的合作。作者队伍是重要的出版资源，出版单位只有汇聚一支稳定的、高水平的作者队伍，才能保证出版物的高质量和自身的出版风格。浙江古籍出版社非常重视发掘国内知名的美术家、书法家。如，2007 年，该社出版了“盛世鉴藏“系列，其中包括“黄宾虹专辑”“潘天寿专辑”，作者为陈振濂（中国文联副主席，中国书法家协会副主席，西泠印社副社长兼秘书长，《西泠印社》社刊主编、《中国篆刻》主编）。除了上述图书外，浙江古籍出版社还先后出版了陈振濂主编的《中国楷书大字典（上、下）》《中国篆书大字典（上、下）》。同时，该社还出版了陈振濂对历代书法、篆刻、绘画进行评论的系列图书，如《品味经典：陈振濂谈中国书法史》《品味经典：陈振濂谈中国绘画史》《品味经典：陈振濂谈中国篆刻史》等。这说明，出版社与作者之间已经建立起了长期的合作关系。

2009 年，浙江古籍出版社出版的《敦煌书法综论》一书作者为沈乐平（中国美术学院中国画与书法艺术学院副院长、书法系主任）。浙江古籍出版社与该作者的合作同样比较密切，除了上述图书外，浙江古籍出版社还出版了沈乐平编写的《柳公权楷书速成九十九天》《赵孟頫楷书速成九十九天》《智永楷书速成九十九天》等书法字帖。

2.6 出版社获奖

2000 年至 2020 年，浙江古籍出版社出版了一批优质的图书，在省内乃至全国范围内产生了较大的影响，多次获得出版大奖，包括中国图书奖、中国出版政府奖、文津图书奖、“三个一百”原创工程奖、中国好书奖等。

2004 年，浙江古籍出版社出版了欧阳健、林辰等著的“中国小说史丛书”（共 17 册），该书荣获第十四届中国图书奖特别奖。2006 年，出版了著名印刷史专家张秀民著的《中国印刷史（插图珍藏增订版）》，该书获得中国出版政府奖，同时入选首届“三个一百”原创工程奖。此外，该书还荣获第十六届浙江树人出版奖特等奖（2007 年 9 月）以及第十届华东地区优秀古籍图书奖荣誉奖（2007 年 11 月）。《中国印刷史（插图珍藏增订版）》全面系统阐述了中国印刷术的历史，对雕版印刷的发明，活字技术的发明、流传和发展，中国印刷术对亚洲和欧洲各国的影响，以及印刷和社会文化诸因素的关系，都有全面系统的讨论，是研究中国印刷史的一部重要论著。

2016 年，浙江古籍出版社出版的《中国历代家训集成》（楼含松主编）入选该年度主题出版重点出版物选题。该书旨在为读者提供一套易得、易读、易懂的家训著作集，便于广大读者深入了解这一文化遗产。该书对中国古代家训文献的收录不仅丰富全面，而且考订严谨，校勘细致。尤为值得一提的是，该书还收录了不少稀见家训文献，其中很多著作是第一次点校出版。据粗略统计，本集成所收 285 种书目中，除去存目的 6 种，有 142 种是首次点校出版，占一半左右①。

另外，在第二十三届（2019、2020 年度）的华东地区古籍优秀图书评奖会上，浙江古籍出版社共有 12 种图书斩获各种奖项，其中，《国家图书馆宋元善本图录》获荣誉奖，《夜航船》获特等奖，《厉鹗全集》《章懋集》获一等奖，《放翁乐府笺》《贝琼集》《沈谦集》《和陶集　陶庵对偶故事》《老子校诂》《王端履集》《汉魏六朝赋摘艳谱说》等 7 种图书获二等奖，《曾文正尺牍》获古籍优秀通俗读物奖。以上这些获奖图书，从一个侧面展示了浙版古籍类图书出版的高水平和影响力。（表 3-6）

表 3-6　2000—2020 年浙江古籍出版社获奖情况

中国图书奖

书名	著作责任者	类别	届数 / 年份	奖项时间
中国小说史丛书（十七册）	欧阳健、林辰	特别奖	第十四届	2004 年 12 月

中国出版政府奖

书名	著作责任者	类别	届数 / 年份	奖项时间
中国印刷史（插图珍藏增订版）	张秀民	图书奖	第一届	2008 年 8 月

① 陈小林：家训文献整理新成果［N］. 浙江日报，2018-04-23（11）.

（续表）

中国国家图书奖

书名	著作责任者	类别	届数 / 年份	奖项时间
清诗史	严迪昌	提名奖	第六届	2003 年 12 月

中宣部主题出版重点出版物选题

书名	著作责任者	类别	届数 / 年份	奖项时间
中国历代家训集成	楼含松	图书	2016 年	2016 年

文津图书奖

书名	著作责任者	类别	届数 / 年份	奖项时间
1860：圆明园大劫难	[法]伯纳·布立赛	图书奖	第二届	2006 年

“三个一百”

书名	著作责任者	类别	届数 / 年份	奖项时间
中国印刷史（插图珍藏增订版）	张秀民	人文社科	第一届	2008 年

中国好书

书名	著作责任者	类别	届数 / 年份	奖项时间
看见 5000 年：良渚王国记事	马黎	人文社科	2020 年	2020 年

3. 浙江古籍出版社发展特色

3.1 深耕古籍整理出版业务板块，积极传承中华优秀传统文化

浙江古籍出版社在文集、诗集的策划、整理、出版方面，成就尤为显著。例如，2016 年，该社整理出版的《俞樾全集》，将清代著名学者俞樾现存全部著述结集出版。俞樾是晚清著名学者、教育家，被誉为“一代儒林宗硕，湛思而通识之人”。《俞樾

全集》编为 32 册，收录了俞樾现存所有的文字作品，在他所著的《春在堂全书》基础上又增补了书信、日记及散见诗文等新材料，是对俞氏著作的首次系统整理。该书内容丰富，篇幅宏大，具有重大的学术价值和出版价值，是浙江古籍出版社在古籍整理出版事业中具有里程碑意义的项目。

浙江古籍出版社在古籍整理出版工作中抱着“十年磨一剑”的精神，努力打造精品图书。例如，该社出版的《国家图书馆宋元善本图录》（图 3-52），自 2005 年开始策划，至 2019 年正式出版，前后历时 15 年。全书按经、史、子、集四辑编排，共收书 1613 种。该书精选国家图书馆馆藏的宋元善本进行高清拍摄、高质影印，并邀请相关专家撰写提要，详细介绍其版本、行款、存卷、钤印等重要信息。该书出版后，荣获第五届中国出版政府奖图书奖提名奖。

图 3-52 《国家图书馆宋元善本图录》

2010 年，浙江古籍出版社开始规划大型文献编纂出版项目——浙江文丛。该文丛历经 10 年，至 2020 年第 2 期出版工程全部完成，累计出版 160 余位浙籍名家的文集，共计 800 册。该文丛具有浓郁的地方文化特色，是浙江省建设文化强省的标志性出版项目，也是浙江出版史上规模最大的出版工程。该书不仅是对浙江古代优秀文化的集中展示，更是对中国文化遗产的充实、丰富，是地方文献整理的典范之作，在学术界、出版界产生了较为深远的影响[①]。

① 王旭斌 . 衣带渐宽终不悔——浙江古籍出版社精品出版的探索与实践［N］. 中国新闻出版广电报，2022-02-28（6）.

为保证“浙江文丛”的编纂质量，该社聘请了国内一批文史学界一流的专家、学者，如安平秋、陈平原、廖可斌、张涌泉、包伟民等担任学术顾问。点校整理作者也多为全国各高校或者古籍所的学者，其中有不少知名学者。如《王阳明全集（新编本）》（图 3-53）的整理者吴光、董平、钱明，是目前国内整理阳明学文献成就突出的学者；《袁枚全集新编》编者王英志是国内研究袁枚的权威学者；《全浙诗话（外一种）》点校者蒋寅是清代诗学研究第一人。通过“浙江文丛”项目的实施，浙江古籍出版社汇聚了一支高水平的作者队伍，积累了一批优质的专业出版资源。

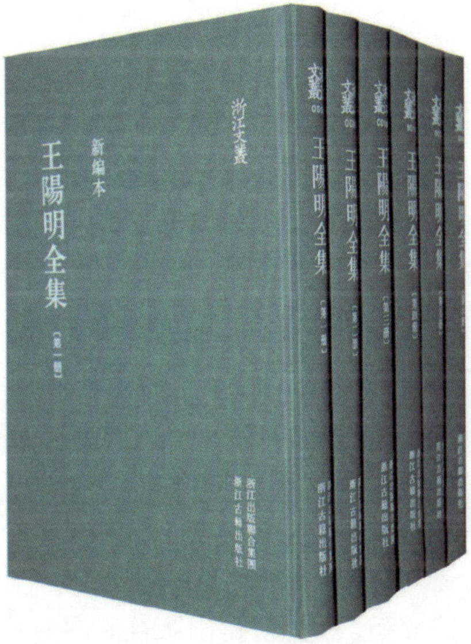

图 3-53　“浙江文丛”之《王阳明全集（新编本）》

3.2 瞄准学术前沿，引领夯实专业学术出版

除古籍整理外，浙江古籍出版社在专业学术出版方面也有不少建树。该社曾出版过吴熊和的《唐宋词通论》、左言东的《中国政治制度史》、蒋伯潜的《诸子通考》、龚延明的《宋史职官志补正》、郭在贻的《郭在贻语言文学论稿》、蒋礼鸿的《蒋礼鸿语言文字学论丛》等学术著作，在业界产生了较大的影响。

为了做好古籍学术出版，浙江古籍社专门成立了学术顾问委员会，不定期召开学术会议，规划系列学术出版物，重点打造一批学术精品图书，如“宋学研究丛书”“问学丛书”等精品工程[①]。其中，“宋学研究丛书”是浙江古籍出版社联合浙江大学宋学研究中心启动的一项浙江文化研究工程项目。该项目拟用10年，邀请全球宋学研究专家、学者，推出一批研究宋代政治、经济、文化、社会生活等各方面内容的学术著作。

此外，为了推动宋学研究的发展，浙江古籍出版社和浙江大学宋学研究中心还共同承办了“宋学大讲堂”，列入大讲堂的学者既有来自国内宋学研究的知名学者，如北京大学人文社会科学研究院院长邓小南，中国历史研究院副院长路育松，北京大学中文系教授张剑，北京大学历史系教授赵冬梅，浙江大学文科资深教授张涌泉、桑兵，浙江大学宋学研究中心学术委员会主任龚延明教授，浙江大学考古与艺术学院教授缪哲，复旦大学中文系首席教授王水照等；也有来自国外高校的宋学研究专家，如美国哈佛大学教授包弼德、日本大阪市立大学文学研究科教授平田茂树等。除了个人作者之外，“宋学大讲堂”也获得了国内多家学术研究机构的支持，如中国历史研究院、北京大学历史系、清华大学国学院、复旦大学哲学院和中文系、中山大学历史系、四川大学古籍所等，都成为讲堂的后援单位[②]。

总之，在实施学术精品出版工程中，浙江古籍出版社汇集了一批文史、艺术学界的专业作者。他们既是该社的作者，也是出版学术顾问。国内外知名专家、学者的汇聚，有力保证了该社在学术出版方面的品质。

3.3 树立新型出版理念，拓展新媒体营销渠道

浙江古籍出版社不仅重视图书的编校质量，在图书的营销方面，也不断更新理念。近年来，随着网络信息技术的发展，图书出版逐渐由纸质出版向数字出版转型。面对新的形势，浙江古籍出版社紧跟时代步伐，在做好纸质图书出版的同时，大力开拓电子图书和数字化形态的出版产品，如网络课程、音频、视频等，与纸质书互为补益，力争同步数字出版，打造精品数字出版物。

在营销方面，浙江古籍出版社在挖掘传统优势渠道的同时，还积极探索新型营销模式，加快新媒体渠道的拓展，构建具有

① 严粒粒．杭州：宋韵阅读风尚渐起，听作者、读者、出版人分享满满心得［EB/OL］.http：//www.zxhsd.com/qydt/mddt/2022/11/24/2022112400005.shtml.

② 王旭斌．衣带渐宽终不悔——浙江古籍出版社精品出版的探索与实践［N］. 中国新闻出版广电报，2022-02-28（6）.

浙江古籍社特色的新型营销体系。2014 年，浙江古籍出版社在微信平台开设公众号，公众号围绕该社主要业务方向，致力于弘扬传统文化，启迪现代思想，努力让古籍的“古”与新媒体的“新”融合，带给读者全新的阅读体验。近年来，浙江古籍出版社还在天猫、孔夫子网开设了自营店（图 3–54）。同时，该社还在微店、抖音、B 站等平台注册了账号，开展新媒体营销和运营（图 3–55）。

图 3–54 浙江古籍出版社天猫旗舰店首页截图

图 3-55　浙江古籍出版社 B 站平台账号主页截图

在开展新媒体营销活动的过程中，该社还积极与图书专业直播团队合作开展图书营销活动。例如，2020 年，浙江古籍出版社出版了一套儿童启蒙读物《几何益智图》，为了做好新媒体营销工作，该社与抖音、淘宝等直播平台的头部主播王芳、樊登等人合作，开展图书直播活动。通过与专业图书直播主播的合作，该书实现销售 2 万余套，销售码洋高达 400 余万元，取得了良好的经济效益。总的来说，浙江古籍出版社通过树立新型出版营销理念，积极拓展新的营销渠道，取得了较好的营销效果。

七、浙江摄影出版社

1. 浙江摄影出版社历史沿革

浙江摄影出版社成立于 1984 年，坐落于美丽的西子湖畔，是浙江出版联合集团下属的一家国有出版企业，主要出版摄影技术、技法，摄影艺术、文化等摄影类图书以及文化旅游类图书等。

在创社最初几年间，浙江摄影出版社是一家事业性质单位，以出版挂历和画册为主。然而到了 2002 年，挂历市场萎缩，出版社经营状况下滑到了历史最低点。此时，国家开始对出版行业进行转企改革，浙江摄影出版社抓住这一机遇，对其内部机构、人员体制进行了一系列大刀阔斧的改革，向市场化转型。

2005 年，顺利完成事转企改制的浙江摄影出版社开始重新分析市场。出版社对于社会效益或经济效益、摄影专业或大众出版的道路选择进行了考量，随后出版社进一步明确了自己的经营理念：走专业出版之路，在专业出版上作出特色，达到优而精的目标，从而实现社会效益与经济效益双赢。

随着转型发展，出版社意识到摄影知识的普及关键在于摄影教育的推广，随后于 21 世纪初开始着力于摄影教材的系统性建设。目前已形成从小学、中学到大学，从业余自学到大学专业本科摄影教材的全方位布局，并建立了可持续发展的品牌。

正值浙江摄影出版社成立 25 周年之际，浙江摄影出版社在 2009 年举行的首次全国经营性图书出版单位等级评估中被评为一级出版单位，列入“全国百佳图书出版单位”，成为该社发展进程中的一个重要里程碑。

同期，浙江摄影出版社也进行着“风光摄影”的出版风格打造，风光摄影一如中国的传统水墨画，雅俗共赏。而大众摄影题材更需要理论的指引和艺术的借鉴。2009 年，浙江摄影出版社倾力打造的《光线第一：风光摄影的黄金法则》《风光的内在》《风光的超越》《风光的精要》《风光的境界》不仅以精美的照片打动人，更以超常规的理念吸引人，对风光摄影进行内外梳理。

2009 年之后，出版社的经济效益也在不断提升，2010 年、2011 年连续两年实现销售码洋 9000 余万元，净利润超千万元。

乘胜追击，把握时机。2011 年初，浙江摄影出版社确立了“以出版资源的拓展、掌控与综合利用来提升企业的核心竞争力”的转型目标，旨在拓宽产业发展路子，立体建设一个新型出版社。为此，浙江摄影出版社广泛开展影展、影赛、论坛、讲座等一系列活动。如参与中国摄影家协会主办的“TOP20 中国当代摄影新锐展”，与浙江省摄影协会联合举办“浙江摄影大讲堂”，参与主办“江浙沪 20 所高校摄影联展”，积极参与杭州市民摄影节、丽水国际摄影节。这些活动拓展了出版社的视野，开发了新的出版资源，同时也是企业走向社会、走向大众、服务人民的积极尝试。

近年来，随着我国摄影不断地走向国际，摄影图书市场也不断国际化。在引进版图书方面，浙江摄影出版社凭《安塞尔·亚当斯：传世佳作 400》《风光摄影大师班》及“世界顶级摄影大师巅峰作品诞生记”等一系列图书，独占市场鳌头。

自成立以来，浙江摄影出版社始终秉承“高品格、高品位、高品质”的出版理念，致力于通过独特的图文视角，为读者展示一个更为精彩的世界。这期间，浙江摄影出版社见证了摄影界的兴旺、发展和繁荣，也经历了摄影图书出版范围的扩大、品质的提升以及品牌的建立过程。

2. 浙江摄影出版社出版现状数据分析

2.1 出版规模概况

浙江摄影出版社在 2001 年至 2020 年出版的图书，共采集到数据 4970 种，其中出版量在 40 种以上的月份占比 15.8%，80 种以上的有 2014 年 1 月、2016 年 3 月、2018 年 1 月、2020 年 12 月这四个月份。出版量不断增多，在 2020 年达到出版量的峰值，共计 836 种，且 2020 年 12 月仅一个月的出版量就达到了 192 种，创 20 年来的新高。（图 3-56）

从出版量的年度对比变化来看，以 2001 年的出版低谷（年仅 27 种）作为起点，出版量开始不断增多，次年的增长率达到 70.3%，从 2002 年开始到 2012 年的十年间，出版量增速趋缓，且出版图书总品种维持在年 150 种左右。2012 年至 2020 年，出版量飞速上涨，并在 2014 年后期至 2016 年前期达到第一个峰值：440 种，增长 44.2%。之后出版量波动变化，先降后升，于 2020 年达到最高值。

从非义务教育类图书（图 3-57）与义务教育类图书（图 3-58）的出版规模来看，浙江摄影出版社以非义务教育类图书为主，占比 91.85%，其中非义务教育类图书出版共 4565 种，义务教育类图书出版共 405 种。在月均出版数量上，非义务教育类图书月出版量在 20 种以上的占比 37.5%，义务教育类图书月出版量在 20 种以上的占比 2.5%。

非义务教育类图书类型多样，包括图集、版画、彩绘、书法等书画类图书，以及地理、文化、茶艺、城市道路等风土人情类图书，还包括科普、儿童文学以及学前教育类的图书，类型涵盖范围广，丰富多彩，但各类摄影集、摄影艺术手册仍是主要的出版类型。非义务教育类图书中有关于高等教育以及职业教育类图书的出版则以 “入学考试”“招生”“专业介绍” 等说明书为主，且从 2007 年连续出版至 2020 年。

而义务教育类图书数量较少，包括语文、数学、英语、历史、科学、思想道德、信息技术等学科的参考用书、试卷手册等，适用对象是一至九年级的中小学生。课外教育用书以各类书法练习手册为主，还包括暑期练习册、升学考试说明等。其中，《龙头试卷》丛书编写组出版了百余册书，“龙头试卷” 丛书紧扣课改要求，每所名校每门学科每个年级提供一份期末试卷，供学生拓展练习，试卷涵盖语文、数学、英语、历史与社会、科学、思想品德等学科。

说明：
1. 上层为丛书出版情况的气泡图，下层为图书出版量的季度堆叠图。
2. 本土数据不包含义务教育用书。
3. 丛书品种占比=当年丛书品种/当年总出版量。
4. 月出版量热力图，月增长率=(当月-前月)/当月。

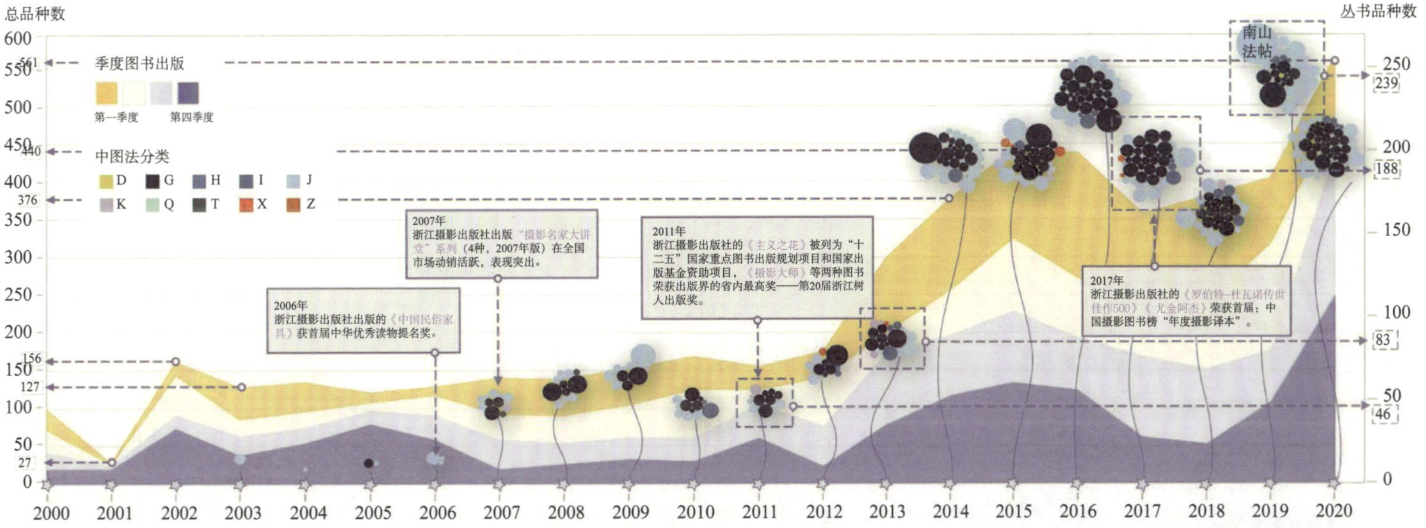

丛书品种占比的变化（3.70%—96.30%）

	2000	2001	2002	2003	2004	2005	2006	2007	2008	2009	2010	2011	2012	2013	2014	2015	2016	2017	2018	2019	2020
丛书	61.86%	96.30%	74.53%	54.69%	61.19%	52.50%	48.06%	46.43%	47.83%	44.44%	55.95%	70.32%	58.05%	71.14%	53.99%	59.77%	50.69%	47.19%	60.42%	40.69%	67.56%
非丛书	38.14%	3.70%	25.47%	45.31%	38.81%	47.50%	51.94%	53.57%	52.17%	55.56%	44.05%	29.68%	41.95%	28.86%	46.01%	40.23%	49.31%	52.81%	39.58%	59.31%	32.44%

月出版量变化（月出版增长率 -100.00%—66.70%）

	2000	2001	2002	2003	2004	2005	2006	2007	2008	2009	2010	2011	2012	2013	2014	2015	2016	2017	2018	2019	2020
一月	19	1	5	19	14		4	12	36	26	31	18	28	51	104	70	64	70	131	60	62
二月	2		6	11	4	1	2		1	2		1	1		3	3	1	12	3	5	1
三月	5		6	12	8	10	4	8	7	7	10	8	4	47	12	23	90	33	4	16	11
四月	21		13	12	9	2	15	10	3	5	3	1	2	5	8	21	26	29	18	30	17
五月	3		7	4	6	6	3	7	21	15	12	4	28	12	14	55	25	8	14	55	18
六月	4	2	29	6	4	1	8	16	10	21	27	13	34	9	34	18	26	28	45	55	13
七月	13	1	4	3	7	4	8	5	3	9	6	2	18	23	20	33	18	35	17	4	65
八月	6	2	5	3	5	2	8	27	11	2	1	5	12	25	9	24	30	47	30	25	50
九月	4	2	10	19	4	4	5	4	14	12	18	39	23	45	27	31	12	24	48	32	63
十月	8		18	11	7	7	3	7	9	8	12	6	3	29	14	69	47	17	14	23	13
十一月	3	17	36	5	1	9	3	2	2	4	2	5	7	34	60	6	10	6	8	28	10
十二月	8	2	17	22	37	43	23	9	8	17	16	49	13	9	40	58	66	38	16	53	192

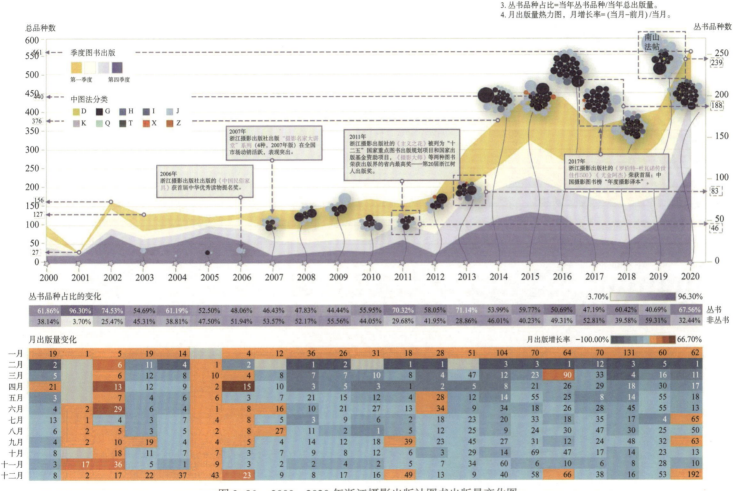

图 3-56　2000—2020 年浙江摄影出版社图书出版量变化图

2000

图说

二十年

——

“浙江出版”

发展现状与

趋势研究

出版图书品种最多的非丛书
最早出版时间：2004年
作者：南山书画
开本：12开
册数：203
图书分类：J
出版图书品种最多的丛书
最早出版时间：2004年
丛书名：浙江省非物质文化遗产代表作丛书
开本：2开
册数：149
图书分类：G
2009年丛书出版册数占总出版量比例为20年来第二多，达57.81%，共计丛书图书74种。
2019年丛书出版册数占总出版量比例为20年来最多，达61.92%，共计丛书图书147种。
2000
2005
2009
2010
2015
2019
2020

说明：
1.本数据仅包含非义务教育类图书。
2.主图中每个点代表一本书，一圈为一年，由内到外为2000—2020年。
3.分析取用2000年1月—2020年12月的数据，不包含无书号的图书。
4.中型开本大小为16—32开。

图 3-57　2000—2020 年浙江摄影出版社非义务教育类图书出版情况总览

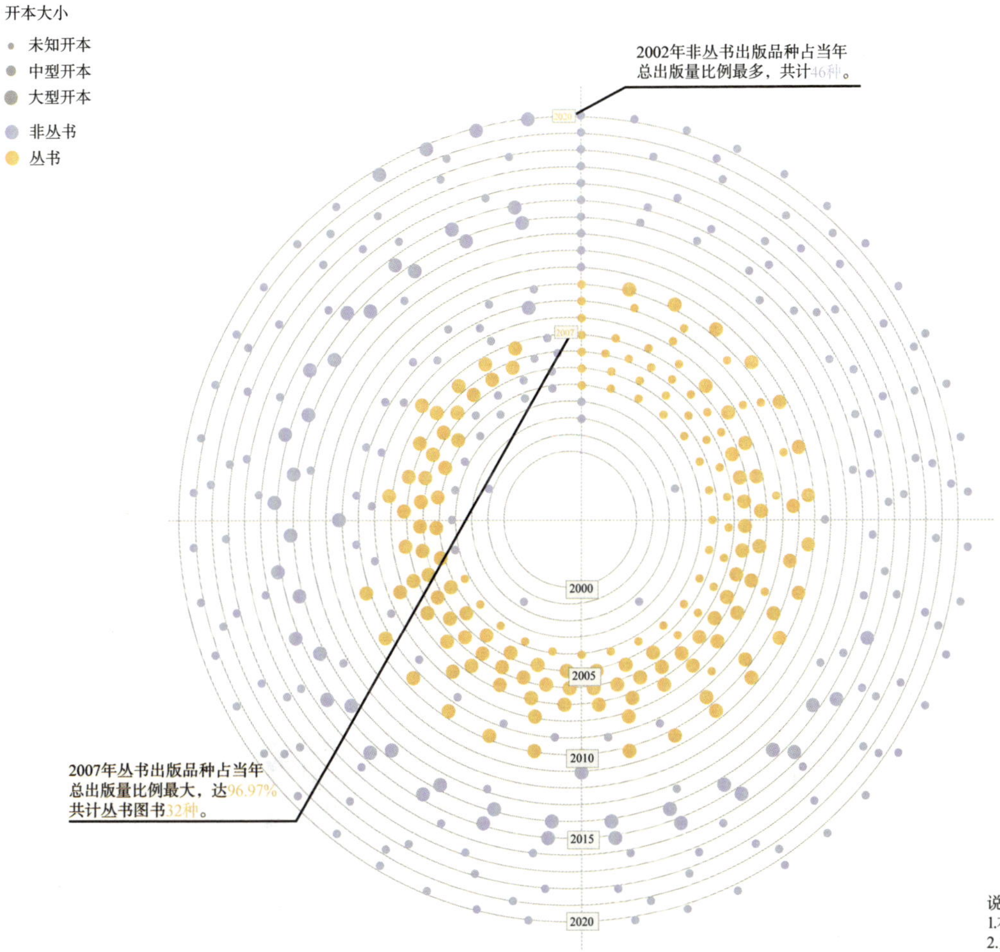

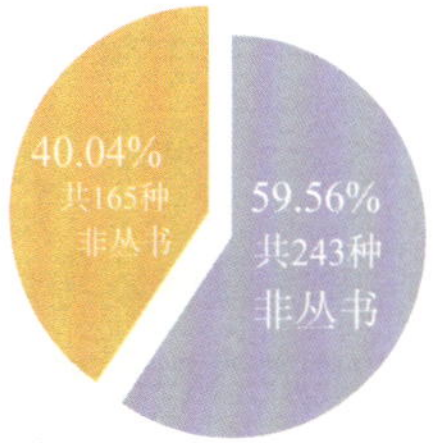

说明：
1.本数据仅包含义务教育类图书。
2.主图中每个点代表一本书，一圈为一年，由内到外为2000—2020年。
3.分析取用2000年1月—2020年12月的数据，不包含无书号的图书。
4.中型开本大小为16—32开。

图 3-58　2000—2020 年浙江摄影出版社义务教育类图书出版情况总览

2020

2.2 图书出版类型

就义务教育类图书的出版类型而言，除去未知类型图书数据 66 条，按照中国图书馆分类法划分，G（文化、科学、教育、体育）类图书占比 78.36%，为主要图书类别，其次 H（语言、文字）类图书占比 11.4%。非义务教育类图书中 G（文化、科学、教育、体育）类和 J（艺术）类占比较高。

摄影类图书多为摄影集、摄影艺术和摄影技术类图书，也可分观赏类摄影图书和教育类摄影图书两大类。

观赏类摄影图书包括风光摄影、人像摄影、商业摄影、体育摄影、新闻摄影、花卉蔬果摄影、展馆摄影、乡镇摄影、历史摄影、室内摄影等。2007 年浙江摄影出版社出版的“摄影名家大讲堂”系列（4 种）在全国市场动销活跃，表现突出。

教育类摄影图书约有 180 种，涉及数字照相、黑白或彩色摄影技术、微距摄影、风光旅游照摄影技术、单反镜头摄影技术等，从摄影架构到摄影色彩，从新手入门到进阶都包含在内，例如《数码人像摄影从入门到精通》《一分钟摄影课》《数码摄影入门进阶》及“数码时代无菜鸟”系列等。

教育类摄影图书和观赏类摄影图书在图书分类中并非泾渭分明，部分图书出版善于将实战经验与教学讲解相结合，从实地研究和摄影过程结合的角度来讲解摄影技巧和细节，既有观赏性，也有教育意义，例如“李元风光摄影指导”系列、“带着相机去旅行”系列、《在影像中感悟风景》等。

除了风景摄影之外，文化类图书主题还涉及传统技艺（如彩塑、瓷器、刺绣、传统舞蹈、茶文化、非物质文化遗产介绍等）、乡土风俗（如村落、运河、地方戏、地理、龙舟等）、儿童教育（如儿童故事、儿童文学、儿童小说、儿童画绘本、科学知识等）、历史（如宗教、古玩、古建筑、古代器乐、古代皇帝、古籍等）、浙江城市文化（如杭州概况、嘉兴介绍、良渚文化、城市建设、浙江乡镇集等），类型丰富且各具特色。

在旅游文化类图书方面，浙江摄影出版社长期以来致力于传承优秀传统文化，出版了大量优秀读物，目前品种达 200 余种。该类的标志性出版物有图文并茂的“中国摄影文化系列画册”、自 1996 年出版至今长销不衰的《中国红木家具》以及于 2006 年获首届中华优秀读物提名奖的《中国民俗家具》。经过多年的打磨和积累，浙江摄影出版社建立了类型多样的文化图书市场品牌，如中国茶文化、中国民间收藏、江南水乡古镇以及中国传统文化大型主题画册等。

从教育读物来看，结合非义务教育和义务教育类图书，浙江摄影出版社有关教育类的图书面向的读者受众范围从学前幼儿、中小学生延伸到高等教育学生、职业学校学生。类型包括课内的教材、练习册、考试和学校介绍手册、课外读物、书法绘画类教学图书、摄影类教学图书等。其中，书法类图书的出版量较为显著，以“南山书画”为作者主编出版了203种书，其中“南山法帖”系列共计80种。

浙江摄影出版社的教育读物编辑中心主要承担教材和教辅的编辑出版工作，出版的义务教育教材有“小学信息技术”“人·自然·社会”等，并承担浙江省教育考试院“浙江省高校招生系列”的出版工作。“北京电影学院摄影专业系列教材”代表了国内摄影专业教材出版的最高水平，多种图书入选普通高校“十一五”国家教材规划。

2.3 图书开本类型

除去未知开本的数据92条，浙江摄影出版社非义务教育类开本集中于32开，除2002年、2003年、2004年、2009年之外，32开数量最多，有2066种。其次是16开、12开、8开，小型开本数量较少。从出版社图书开本大小来看，中型开本数量3257种，大型开本1153种，小型开本65种，中型开本占比72.8%，是最主要的开本类型。（图3-59）

从开本类型来看，中型开本类型多样，有16开的《摄影的精神：摄影如何改变了我们的生活》，它带领我们穿过错综复杂的历史，理解是什么造就了伟大的摄影作品，并展现了摄影随着技术进步而在社会中所扮演的不同角色。也有32开的《机器人佐尼克》，一个充满奇思妙想的科幻小说系列，彰显绿化和环保的重要性。大型开本以各类书画集为主，其中以中国历代名碑帖系列图书、中国画家精赏为典型。小型开本包括幼儿早教类图片（如“卡卡乐早教启蒙系列卡”）和各类文创产品（如介绍浙江名胜古迹的风光明信片、2015年便笺记事周历、日历书、“独喜·临赏”系列南山书画书法文创产品等）。

浙江摄影出版社的义务教育类图书开本仅有32开、16开以及8开，其中中型开本253本，大型开本154本。从开本类型来看，中型开本占比较大，包括各类书法指导册以及“小学生暑期学习乐园”“超人天天练”等练习册、学科教师用书等；大型开本主要是各类练习册和试卷，例如“龙头试卷”系列。

开本计数 1 100 200 323

非义务教育类

开本	2000	2001	2002	2003	2004	2005	2006	2007	2008	2009	2010	2011	2012	2013	2014	2015	2016	2017	2018	2019	2020
128开			1	3	2																
80开																					8
64开				9	1		3								9						5
50开			1	1										2							
48开															1			1	1	1	5
40开													4	1	4						
36开			1																		
32开	2	6	41	60	50	33	21	8	26	44	30	22	61	51	75	69	54	22	46	64	28
24开			2	3	3		2	7	6	2	1	2	6	24	27	37	65	27	23	4	10
20开					2	1	1	2	1	9			4	41	4	17	7	5	11	7	14
18开							1														
16开	2	3	39	41	35	39	53	74	59	43	52	81	59	108	131	191	176	206	209	141	323
12开			3	3	12	8	5	5	9	3	13	4	7	26	32	41	73	56	34	117	58
8开			3	1		5		4	23	22	29	11	8	12	35	15	10	29	24	52	63
6开									1	2					1		2	1			1
4开	1		9									16	9	11							
全开			1	1											9	2	3				
2开	1	17	55	5	1	3		7		3	13	15	15	13	17	39	25				

中型开本

义务教育类

开本	2000	2001	2002	2003	2004	2005	2006	2007	2008	2009	2010	2011	2012	2013	2014	2015	2016	2017	2018	2019	2020
32开										1	5			2						3	3
16开			5	1	28	17	10	5	7	18	4	2	1	7	11	9	21	9	31	14	39
8开						14	33	28	6	6	21	2			20	20					4

中型开本

说明：去除未知开本的数据92条。

图 3-59　2000—2020 年浙江摄影出版社图书开本情况

2.4 丛书与非丛书

浙江摄影出版社的丛书与非丛书占比差异不大，其中非义务教育类丛书占比 56.56%，共 2500 余种，非丛书占比较低于丛书，共 1900 余种。义务教育类丛书 165 种，占比 40.04%，非丛书共 243 种，占比 59.56%，高于丛书占比。从出版年份来看，从书数量占比最高的年份为 2001 年，占比最低的年份是 2019 年，不到一半，而非丛书占比最高的年份为 2019 年，达 59.31%。从出版类型来看，以 G 类和 J 类丛书出版为主。2014 年 1 月，G 类丛书数量到达第一个峰值，随后是 2016 年 3 月、2018 年 1 月。J 类丛书数量在 2015 年 10 月达第一高峰，于 2020 年 12 月达到顶峰。（图 3-60）

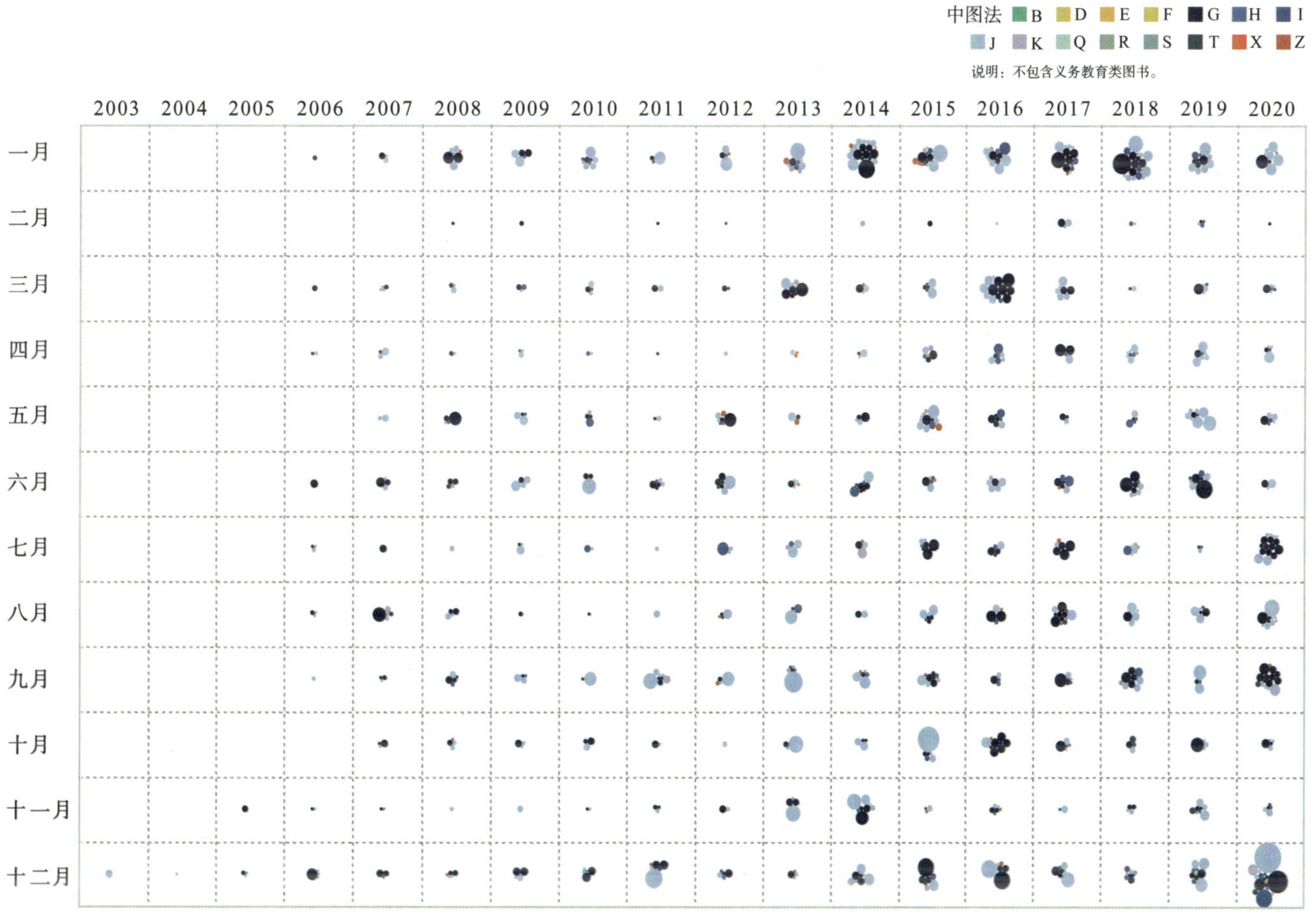

图 3-60　2000—2020 年浙江摄影出版社丛书出版情况

从出版数量来看，非义务教育类图书出版的丛书数量分别在 2009 年和 2019 年达到高峰。2009 年丛书出版品种数占总出版量比例为 20 年来第二多，达 57.81%，共计丛书图书 74 种。2019 年，丛书出版品种数占该年总出版量比例为 20 年来最多，达 61.92%，共计 147 种。20 年间，出版图书种数最多的丛书为“浙江省非物质文化遗产代表作丛书”，该丛书最早出版于 2004 年，是 G 类图书，到 2020 年已经出版 149 种。该丛书包括《宁海平调》《仙居花灯》《西湖传说》《浦江剪纸》《乐清龙档》《海盐滚灯》《遂昌昆曲十番》等，以介绍浙江省各地的非物质文化遗产为主，了解它们的历史、存在情况、传承以及文化保护。

2013 年以前浙江摄影出版社年度非丛书数量都多于丛书（2009 年除外），非丛书数量也在 2013 年达到峰值，但 2013 年后，非丛书数量开始减少。而其中出版图书品种数最多的非丛书是“南山书画”主编的 203 种书，包括《宋画·团扇花鸟》《颜真卿祭侄文稿》《王羲之兰亭序》等书本手稿，还有以各大古代书法家作品为题材的笔记本，如《东山之上：文徵明书法笔记本》《心香：赵孟頫书法笔记本》等，“南山书画”的书画出版类型独具一格，打造既有意趣又有教育意义的书画类非丛书集，并以系列产品推广延续。

义务教育类图书出版以 2010 年为分割期，2010 年以前的图书类型以非丛书为主，丛书出版数量少，其中 2007 年非丛书出版品种数占当年总出版量比例最大。2010 年后以出版丛书为主，非丛书出版数量几乎为零，2020 年丛书出版品种数占当年总出版量比例最多。

就丛书出版的典型代表而言，以 2020 年为例，丛书数量有 182 种，其中“南山册页”系列丛书年出版 17 种，居于榜首，包括《任伯年花鸟团扇》《黄宾虹山水册》《宋画·花鸟》《恽寿平花卉册》《吴山明人物册》《吴镇墨竹册》《卢坤峰花鸟册》等。其次是面向幼儿的幼儿学科启蒙绘本，出版了 12 种，包括“物理真奇妙”系列 6 种、“小细菌大闯关”系列 6 种，通过生动有趣的故事画面来培养儿童的学习兴趣，达到科普教育的目的。以及与此相类似的“咯咯笑心灵成长绘本”，是一套面向低幼市场的图画故事书，以插画为主，配合简单有趣的幼儿故事，整体画风治愈感强，故事内容接地气，20 开的尺寸也非常适合低幼段的孩子阅读。排其后的是“北京电影学院摄影专业系列教材”，2020 年出版了 10 种，包括《时尚摄影》《世界摄影史》《摄影光学与镜头》《人像摄影》《摄影画面语言》等。由此可见，2020 年出版较多的丛书都以教育学习和素养培养为主，所涵盖的年龄层和目标人群跨度大、范围广，在一定程度上能弥补义务教育类丛书的出版空白。

2.5 图书责任编辑与作者

结合图书出版作者排行统计、出版社责任编辑书目统计、出版社作者出版情况等数据统计可以看出以下特点：

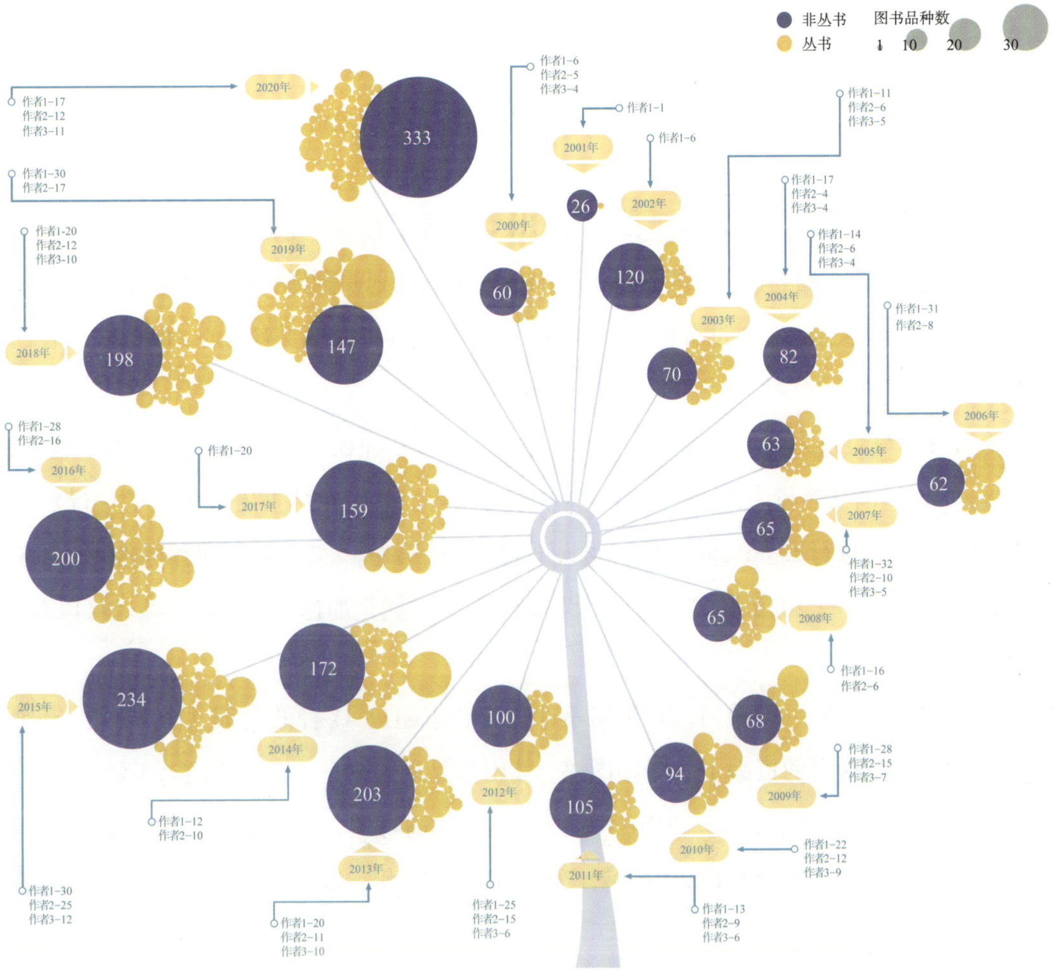

图 3-61　2000—2020 年浙江摄影出版社作者出版情况

其一，图书以多人合作编写为主。数据显示，2000—2020 年浙江摄影出版社出版品种超过 20 种的作者 / 编写组有 30 余个，需要说明的是，“作者”包含主编、多人合作、编写组等多种形式，部分会用主编为代表。其中个人作者有 12 位，包括金兴盛、杨建新、刘铮、张柏辉、褚子育等，集体作者有 19 个，包括出版社、编写组、策划团队、公司等。除此之外，非义务教育图书排行第一的是南山书画编写组，“南山法帖”系列共计 80 种；个人作者排名较高的是金兴盛。义务教育图书部分，图书出版超过 10 种的作者 / 编写组共有 6 个，《龙头试卷》丛书编写组位居榜首，其次是许晓俊，浙江省教育厅教研室与吴桂霞各出版了三十余种。（图 3-61）

其二，国内作者与国外作者合作出版。在出版图书 20 种以上的作者中有不少是国外的作者，包括奥德里奇·加西亚、查尔斯·安德鲁等，其中，奥德里奇·加西亚的《喂，这是谁的船》由 BSG 团队策划并翻译，邀请国外绘本作家为中国儿童量身打造，非引进版权项目。它是一套儿童成长绘本，通过有趣的小故事，教育孩子对待世界要有爱心，保持好奇心，鼓励孩子自我肯定，培养孩子坚强、勇敢的性格。

其三，教辅、教育类丛书编写组较为突出。仅从作者方面来看，出版品种在 20 种以上的有 6 位，包括《龙头试卷》丛书编写组、《优化加速》丛书编写组、《浙江名校中考模拟试卷》丛书编写组等。从每年丛书出版的数量排行来看，2004 年：“义务教育课程标准单元活页阶梯练丛书”排行第一；2005 年：“龙头试卷”排行第一，“义务教育课程标准单元活页阶梯练丛书”排行第二；2009 年：“优化加速”排名第一；2010 年：“巧学巧练”排行第一、“优化加速”排行第三等。可以看到，此类教材教辅丛书的编写组的出版量还是相当可观的。

图书责任编辑方面，从图 3-62 中可以看到，20 年间累计负责图书超过 41 种的责编共有 35 位，其中负责图书品种超过 100 种的就有 18 位，约为 1/2。而最多的责编了 342 种图书，其出版品种最多的一年达到了 84 种，且 2016—2020 年以来年均负责出版 50 种。从数据中还可以看到，2010—2020 年是图书出版的高峰期，排名前 20 的责编在此期间每年出版的图书在 15—25 种，前 5 位的责编图书出版高峰期分别在 2016 年、2013 年、2011 年、2017 年、2015 年，与出版社出版量的第一个高峰期（2014—2016 年）有重合。

责编序号	负责品种数
01	342
02	244
03	227
04	217
05	185
06	162
07	156
08	153
09	150
10	150
11	143
12	123
13	114
14	114
15	111
16	111
17	106
18	105
19	99
20	93
21	83
22	74
23	65
24	62
25	54
26	52
27	50
28	46
29	44
30	44
31	44
32	44
33	42
34	41
35	41

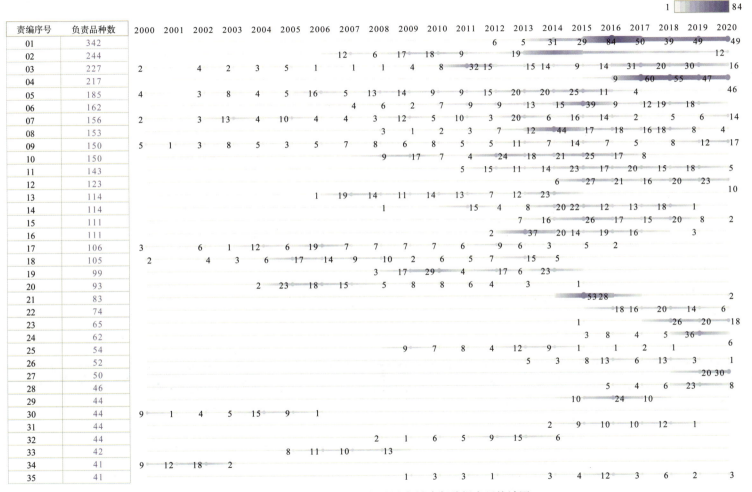

图 3-62　2000—2020 年浙江摄影出版社责任编辑书目统计图

2.6 出版社获奖

2000—2020 年，浙江摄影出版社出版的图书在国家出版工程、项目和各类图书出版评比中获得了许多奖项，成绩斐然。2006 年，《中国民俗家具》获首届中华优秀读物提名奖；2007 年，“摄影名家大讲堂”系列在全国市场中表现活跃；2011 年，《摄影大师》等两种图书荣获出版界浙江省级最高奖——浙江树人出版奖，王旭烽创作的纪实文学《主义之花》被列为“十二五”国家重点图书出版规划项目和国家出版基金资助项目。

《主义之花》以辛亥革命为前序，以新中国成立之后的历史为尾声，以原浙江省陈修良革命经历为纵贯线，串以一系列浙江籍或主要在浙江从事革命工作的女共产党人的红色传奇，细致地描绘她们怎样以女性柔弱的身躯和革命者坚强的意志，参与书写和创造近现代中国革命的历史。《主义之花》还入选了国家新闻出版总署“庆祝建党 90 周年、纪念辛亥革命 100 周年百种重点出版物”、2011 年度国家出版基金资助项目、2011 年度优秀女性文学奖等。2012 年 9 月，《主义之花》获得第十二届精神文明建设“五个一工程”优秀作品奖。同作者王旭烽于 2009 年在浙江摄影出版社出版的《家国书》获得第十一届精神文明建设“五个一工程”优秀作品奖，并于 2011 年入选第三届“三个一百”原创出版工程文艺少儿类图书。

2017 年，《罗伯特·杜瓦诺：传世佳作 500》《尤金·阿杰》被评为首届中国摄影图书榜“年度摄影译本”。何玲玲等创作的《诗意栖居：在“浙”里看见美丽中国》入选 2020 年主题出版重点出版物选题。（表 3–7）

表 3–7　2000—2020 年浙江摄影出版社获奖情况

“五个一”工程

书名	著作责任者	类别	届数 / 年份	奖项时间
家国书	王旭烽	优秀作品奖	第十一届	2009 年 9 月
主义之花	王旭烽	优秀作品奖	第十二届	2012 年 9 月

“三个一百”原创工程

书名	著作责任者	类别	届数 / 年份	奖项时间
家国书	王旭烽	文艺少儿类	第三届	2011 年

（续表）

中宣部主题出版重点出版物选题

书名	著作责任者	类别	届数 / 年份	奖项时间
诗意栖居：在“浙”里看见美丽中国	何玲玲	图书奖	2020 年	2020 年

除此之外，《中国百年影像档案》入选 2018 年度国家出版基金项目和“十三五”国家重点出版物出版规划项目；《铭记历史 珍爱和平：和平万里行影像纪实 2015》被列入纪念中国人民抗日战争暨世界反法西斯战争胜利 70 周年重点出版物、2016 年度国家出版基金主题出版项目，并获第 25 届浙江树人出版奖；《中国笺纸笺谱》被评为第 2 届向全国推荐中华优秀传统文化普及图书并获第 27 届浙江树人出版奖。

浙江摄影出版社作为出版单位也得到了专业认可，在 2009 年全国经营性图书出版单位首次等级评估中被评为一级出版单位，获“全国百佳图书出版单位”荣誉称号。

3. 浙江摄影出版社发展特色

3.1 始终走专业的出版道路，力求打造独特的摄影品牌

摄影类图书作为浙江摄影出版社的主要出版物，出版范围遍及整个摄影领域，如摄影器材、摄影技术技法、摄影艺术、摄影文化、摄影教材等。致力于品牌创建，浙江摄影出版社出版了大批高层次、高质量图书，目前可供书目达 200 余种。其中《摄影大辞典》列入国家重点规划项目，是国内迄今为止唯一一部原创大型摄影工具书；《摄影中国：中国摄影 50 年》荟萃中国建国 50 年的摄影精品，见证了中国历史的发展；这些品种已然成为该社的标志性出版物。更有“摄影大师”（8 种）、“世界顶级摄影大师巅峰作品诞生记”（《人像》《人体》《风光》《摄影报道》4 种）、“摄影名家大讲堂”（4 种，2007 年版）等优秀图书在全国市场动销活跃，表现突出。

浙江摄影出版社在摄影图书出版这条专业化出版道路上不断地追求探索，一直走在摄影出版行业的前列，推出了大量具有前瞻性的优质摄影图书，致力于做中国有特色、有强大影响力的一流专业摄影出版社。摄影类图书作为出版主体，在摄影类相

关图书出版的专业性上毋庸置疑，摄影图书不仅在市场内具有销售活力，在业界有较好的口碑，同时作为国家摄影类教材的供给方，也推动了摄影教育的发展。其中，国家重点规划项目《摄影大辞典》、“北京电影学院摄影专业系列教材”多种图书入选普通高校“十一五”国家教材规划，首版发行于 2000 年的《大学摄影基础教程》20 多年畅销不衰（图 3-63），受到华中师范大学、南昌大学、南京师范大学、四川师范大学等众多高校师生的欢迎，第 3 版入选国家级“十一五”规划教材，使用达十余年。

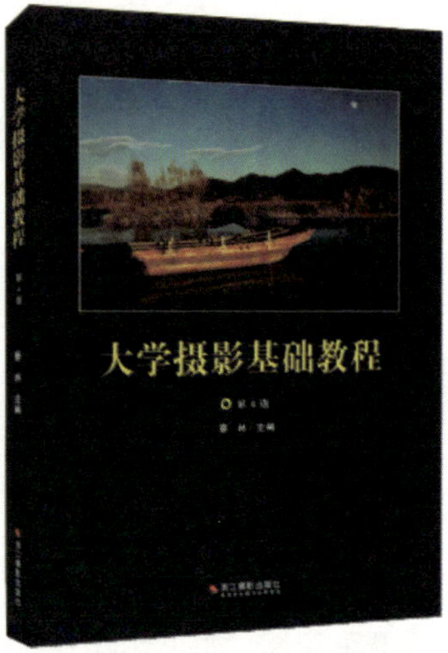

图 3-63 《大学摄影基础教程》

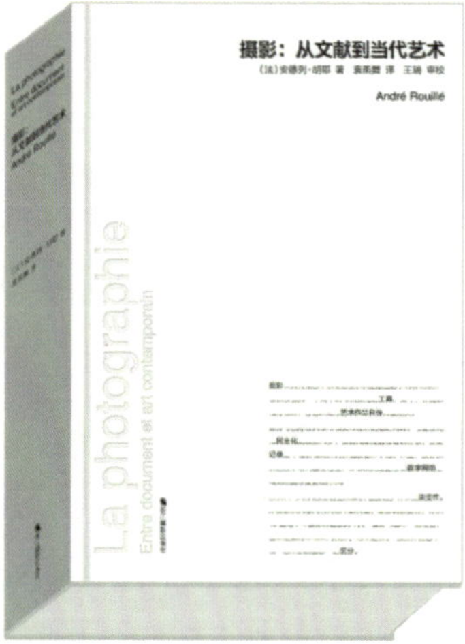

图 3-64 《摄影：从文献到当代艺术》

在摄影出版的道路上，浙江摄影出版社并不局限于摄影图景、摄影教材，而是在坚持贯彻浙江出版联合集团“创新、增量、抓落实、做强主业”要求的同时发掘新亮点，不断拓展新产品线。并将中高端的摄影专业图书和原创史论类摄影图书作为产品线突破点①。在原创的摄影艺术与史论中，浙江摄影出版社逐渐打造出兼具专业性与品牌化的高口碑图书系列，包括《摄影：从文献到当代艺术》《目击的力量：新闻摄影 150 年》《百年彩色摄影》《摄影简史》以及林路创作的摄影史系列，如《摄影思想史》《风景摄影史》《人像摄影史》等。（图 3-64）

① 沈世婧 . 浙江摄影社：散发“小而专”的美 [J]. 出版人，2015（10）：33.

3.2 坚持“走出去”和“引进来”相结合，在国际合作中走向行业前沿

秉承浙江出版联合集团致力于通过多平台建设、版权输出，图书和文化产品实物出口等多种形式，努力推动中华文化“走出去”的理念，浙江摄影出版社近几年积极与国外出版机构（美国柯达公司、英国焦点出版社、英国 DK 公司、美国华生格普蒂尔出版公司等）开展版权贸易。

2019 年 10 月 16 日，全球规模最大、声誉最高的图书博览会之一——第 71 届法兰克福书展正式开幕。当天上午，由浙江出版联合集团主办，浙江摄影出版社承办的《中国摄影：二十世纪以来》英文版版权输出签约仪式在书展上举行。该书的版权输出，将其推向国际主流发行渠道销售，通过摄影这种当代最流行、最具活力的艺术形式，“讲好中国故事，传播好中国声音”。这是吕迪恩出版社首次引进中国出版社的图书版权，也是浙江摄影出版社首次将摄影专业图书版权输出到西方一流的艺术图书出版社，是深化国际交流合作的一次重要尝试和探索。[①]

图 3-65 “美国国家地理大师”丛书

在摄影图书的资源引进中，浙江摄影出版社也做过许多重要决策。其中，“美国国家地理摄影大师”系列图书的引进使得浙江摄影出版社在摄影出版行业以及摄影图书市场中获得更多的瞩目和认可，“美国国家地理摄影大师”丛书是美国国家地理学会近年来难得推出的一套阵容齐整的摄影作品集，展示了美国《国家地理》杂志最资深的签约摄影师的技艺、风格与视界，包括《美国国家地理摄影大师：麦可·山下》《美国国家地理摄影大师：约迪·科布》《美国国家地理摄影大师：克里斯·约翰斯》《美国国家地理摄影大师：弗兰斯·兰廷》等（图 3-65）。该丛书除了在摄影创作上给予读者启发之外，还让读者感受到摄影大师的激情，激励读者去拍出更好的作品。

3.3 在“转型升级”的道路中提升核心竞争力

2011 年浙江摄影出版社确立了“以出版资源的拓展、掌控与综合利用来提升企业的核心竞争力”的转型目标，旨在拓宽产

---

① 浙江日报 . 聚焦法兰克福书展 | 浙江摄影出版社图书版权输出国际［EB/OL］.https://baijiahao.baidu.com/s?id=1647622396478078157.

业发展路子，立体建设一个新型出版社。

出版业的核心竞争力首先体现在出版产品和服务的国际贸易及国际市场占有率上。近年来，浙江摄影出版业积极参与全球市场竞争，通过版权和实物输出取得重大突破，版权引进输出比不断缩小，出版产品和服务的海外用户群体不断扩大，在激烈的国际市场竞争中占据主动权。[①]

其次，在优质的出版品牌塑造中，浙江摄影出版社也逐渐摸索出独具特色且成熟擅长的出版类型。从2000—2020年的丛书出版发展来看，义务教育类丛书比重逐渐下降，依靠高质量摄影图片创作的具有艺术美感和历史底蕴的文艺类图书崛起，不断提升内容创新能力和图书的观赏质感，打造浙江摄影出版社独具观赏性、艺术性的产品特色，在传承与创新中将品牌效益放大，逐渐成为出版社核心竞争力的重要组成部分。

浙江摄影出版社秉承"高品格、高品位、高品质"的出版理念，以及集团"思想引领时代、知识服务用户"的价值观，推出了摄影、艺术、文化、古建四大产品线图书。在融合发展转型升级方面：开放传统图书数字化和知识付费等产品；与文旅产业融合，为传统旅游产业赋能，如"最江南"旅行汇、唐诗之路、大运河诗路、钱塘江诗路、瓯江诗路等"诗路文化带"新媒体工程；与影视产业融合，如参与《红船》电影拍摄并首创出版和电影的渠道融合发行模式，用全国新华书店的通路实现送影下厂、送影到校、送影到班、送影到家，破解了传统影视教育的瓶颈。浙江摄影出版社将继续立足影像时代和文旅时代，努力打造摄影、艺术、文旅、古建四条产品线；积极拥抱互联网和融合发展，全力打造数字、文创、新媒体三大工程；致力于浙江摄影出版社的转型升级，在品牌建设方面成为国内摄影文化的引领者。

未来浙江摄影出版社的转型发展道路将会与时代发展紧密结合，在具有动态性、交互性、虚拟性、数字化的多媒体时代中将其独特的产品特色进一步放大[②]。合理利用信息传播技术和虚拟现实技术，在原有优势的基础上，根据时代流行趋势，融合流行元素，以此来提高自身的核心竞争力；在充分了解数字化市场的前提下，推动内容和产品的数字化转型发展，迎合新媒体的潮流与趋势，充分提升竞争力，实现长盛不衰。

---

① 初轩．提升中国出版核心竞争力：努力提升新时代出版业核心竞争力　加快推动出版大国向出版强国迈进［J］．科技与出版，2018（1）：5-10.

② 李智玉．传统出版的核心竞争力建设与转型发展［J］．科技传播．2022.14（1）：62-64.

第四章

浙江社团、大学出版社发展概况

2000—2020

2000—2020

一、西泠印社出版社

1. 西泠印社出版社历史沿革

西泠印社创建于清光绪三十年（1904），是享誉海内外的著名学术团体，已有百年历史，它不仅是我国现存历史最悠久的文人社团，也是海内外成立最早的金石篆刻专业学术团体。西泠印社坐落于浙江省杭州市西湖景区孤山西麓，南至白堤，西近西泠桥，北邻里西湖，是国家重点文物保护单位。社址内包括多处明清古建筑，园林精雅，景致幽绝，人文景观荟萃，摩崖题刻随处可见，有“湖山最胜”之誉。

1913年，近代艺术大师吴昌硕为西泠印社首任社长，盛名之下，天下印人翕然向风，东瀛名家河井荃庐、长尾雨山渡海来归，一时精英云集，入社者均为精擅篆刻、书画、鉴藏、考古、文史等之卓然大家。继任社长有马衡、张宗祥、沙孟海、赵朴初、启功。西泠印社以“保存金石，研究印学，兼及书画”为宗旨，社员分布在全国各省和港澳台地区，以及日本、韩国、新加坡等国家，均为著名书画篆刻家、鉴藏家。

20世纪30年代后期开始，战乱频仍，时局动荡，西泠印社经历了相当长时间的沉寂，社员星散，社务停顿。

直到20世纪50年代后期至60年代初，西泠印社恢复活动，编辑出版事业也开始复苏，1964年为西泠印社60周年社庆编辑出版的《西泠四家印谱》，是新中国成立后西泠印社出版的第一部印谱。

冰河初坼，万象复苏。1978年4月17日，为筹备西泠印社建社75周年大庆，“西泠印社”正式登记成为出版单位，业务范围为金石篆刻、书法、年画、挂历、绘画及相关理论专著、技法图书。西泠印社出版社自成立以来，背倚素有“天下第一社”美誉的西泠印社，坐拥遍布世界各国的擅长金石书画的社员资源，已编辑出版篆刻、书法、绘画等出版物上千种，总印数超两亿册（张）。

21世纪初，西泠印社刚度过瓶颈期，作为下属部门的西泠印社出版社，一时间人才流失，人心涣散。为了摆脱困境，2002年，在上级主管部门的主持下，西泠印社出版社首先通过全国公开招聘的方式，引进既具丰富的管理经验、又有专业特长的江吟担任社长，对社领导班子进行重组。在他的带领下，西泠印社出版社各项工作迅速走上正轨，当年就实现了扭亏为盈的目标。

2003年，迎来创社百年华诞的西泠印社被列为省市“文化体制改革试点单位”。中共杭州市委、市政府对西泠印社出版社明确提出“继续扩大在国内外的影响，达到全国同类出版社的一流水平”的要求。同年10月16日，西泠印社出版社登记为独立的企业化管理事业法人。西泠印社煌煌百年文化基业的核心组成部分——编辑出版事业，悄然迎来了新的历史节点。2004年的西泠印社出版社，所出图书品位高，市场评价好，经济效益、社会效益明显。

2009年8月，中宣部、文化部、广电总局、新闻出版总署联合表彰了58家全国文化体制改革先进企业，西泠印社集团有限公司名列其中，这份沉甸甸的荣誉里，西泠出版人功不可没。2009年12月，西泠印社出版社正式改制为企业，成为国有法人公司，按照现代企业制度建立了董事会、监事会及企业管理层，经营模式日益成熟，经济效益、社会效益显著提升。

2011年，教育部研究设置中小学书法教育课程，年初出台的《中小学书法教育指导纲要》为西泠印社出版社拓展业务范围提供了重要契机。西泠印社出版社敏锐地把握时机，精心打造出一套为小学生量身定做的“书法练习指导”，在全国市场占有率排名中位列第一，共有近1500万名中小学生使用这套教材，进一步盘活了整个西泠印社出版社的业务资源。

2018年辞旧迎新之际，迎来西泠印社出版社建社40周年，这40年来，西泠印社出版人一直乘势而为、砥砺前行，经济效益突飞猛进。

西泠印社出版社根据西泠印社“新百年、新发展”的总体要求，积极调整出版结构，坚持以美术类图书为核心，延伸拓展相关收藏和教育培训领域，立足西泠印社的文化内涵，与西泠印社新的产业发展互动，形成“专、精、特、新”的出版特色的发展目标；专注于非物质文化遗产、联合国人类非物质文化遗产“篆刻艺术”的传承，编辑出版篆刻、书法、绘画等出版物；努力实施品牌战略，以精品图书打品牌，以技法图书争市场，走“质量立社”的发展路子。诚如西泠印社副社长兼秘书长陈振濂所言：“西泠印社作为一家肩负着传承中华传统文化使命的文博单位，我们今天做的工作，旨在打造一个时代的经典。”

2. 西泠印社出版社出版现状数据分析

2.1 出版规模概况

西泠印社出版社自1978年成立以来，以美术类为核心，延伸拓展相关收藏和教育培训领域。共采集到2000—2020年西泠印社出版图书5429种，从其图书年出版量（图4-1）来看，2000—2007年期间年均出版量较少且分布不均，2008—2020年期间年出版量提升较快，且在后期趋于稳定值。

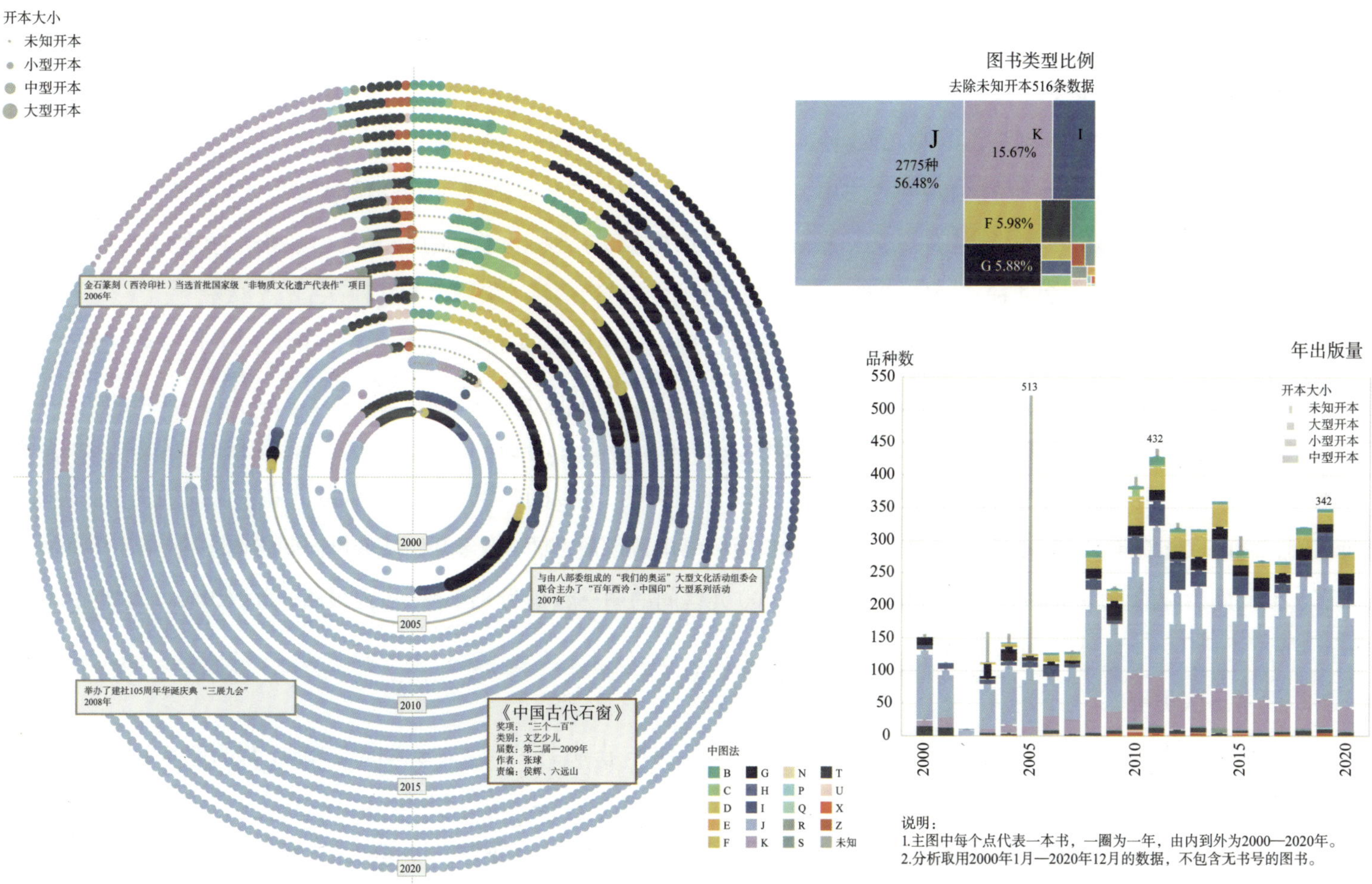

图 4-1　2000—2020 年西泠印社出版社出版情况总览 1（包括年出版量与总出版量、类型）

在 2000—2007 年期间，除 2002 年和 2005 年两个极端外，其余年份均维持年出版量在 125—160 种的区间内。而 2002 年是该期间乃至 20 年以来出版量最少的年份，仅有 11 种，占比 0.2%，11 种图书中有 9 种是书画字帖类图书。而 2005 年出版图书 513 种，占比 9.4%，513 种图书中有 389 种未知类型图书，多为古籍古卷。2008 年开始年出版量不断增长，分别是 280 种、225 种、390 种，在 2011 年达到第二个高峰期（432 种），之后基本维持在年出版 350 种左右，2015 年开始出版量稍有下滑，年出版量在 250–300 种区间内，分别是 301 种、265 种、263 种、315 种、342 种、277 种。

从数据看，2000—2020 年出版的 5429 种图书中，除去未知图书类的 516 种之外，图书出版类型以 J（艺术）类为主，共出版了 2775 种，占总量的 56.48%，其次是 K（历史、地理）类图书，出版 770 种，占总量的 15.67%，I（文学）类图书出版 374 种，占比 7.61%，F（经济）类图书 294 种，占比 5.98%，G（文化、科学、教育、体育）类图书 289 种，占比 5.88%。

西泠印社出版社所出版的 5000 多种图书的价格跨度较大，除去未知价格的 624 条数据，西泠印社出版社 2000—2007 年期间图书价格在 20—30 元以及 10 元以下的居多，其中 2000 年有 89 种图书价格在 20 元以下，占比 59.3%，没有 300 元以上的图书；2001 年有 77 种图书价格小于 20 元，占比 70%，50 元以上的图书较少，但有 1 本大于 500 元的图书。2003 年、2004 年、2005 年、2006 年的图书出版价格占比最高的都在 10—30 元的区间内，但 2007 年开始 100—400 元高价区间的图书品种略超低价区间，2008—2020 年，100—200 元的图书均是年度出版图书中数量最多的，慢慢开始从低价区间走向中价、高价区间。总的来看，20 年间出版的 5000 多种图书中，价格在 100—200 元区间的图书数量为 814 种，占比最高，为 16.94%，其次是 200—300 元区间，占比 11.28%，大于 500 元的再次之，占比 10.14%。

2.2 图书出版类型

西泠印社出版社图书类型以 J（艺术）类为主，该类图书 2775 种，占比 56.48%，为主要图书类别，其次为 K（历史、地理）类，770 种，占比 15.67%。

从图 4-2 可以看出，2000—2020 年西泠印社出版社图书出版的关键词出现频率较高的是“中国”“法书”“汉字”“印谱”“中国画”“作品集”“书法”等。其中，从时间区间内词频前三来看，2000—2005 年前三的关键词是“中国”“法书”“美术”，2006—2010 年前三关键词是“中国”“法书”“作品集”，2016—2020 年的前三关键词是“中国”“法书”“印谱”。可以看到“中国”和“法书”作为出版关键词，贯穿于西泠印社出版社的出版 20 年，具有典型专一的中国文化底蕴和特质，独具出版特色，也继承和发扬了其背靠历史悠久的西泠印社的“篆刻艺术”特色。

*出版关键词

词频变化

仅取时间区间内词频前三

2000—2005

中国　法书　美术

2006—2010

中国　法书　作品集

2011—2015

中国　作品集　法书

2016—2020

中国　法书　印谱

图书价格变化

去除未知价格624条数据

1 — 73

	2000					2005					2010					2015					2020
小于10	32	47	5	5	3	1	4	2	6	11		32			1				12		
	57	30	2	30	44	15	12	26	45	27	36	42	9	5	18	8	10		14		8
20—30	25	16	1	16	19	20	20	5	7	15	35	40	15	13	23	15	6	12	11	5	1
	7	5		16	7	13	23	7	23	25	18	30	27	16	14	12	9	20	18	24	10
40—50	4	2			9	10	7	2	16	7	26	13	7	8	27	11	14	15	11	16	15
	7			2	6	1	5	1	22	13	61	13	11	18	22	29	14	12	9	25	18
60—70	3		1		1	3	2	12	14	6	17	13	14	17	21	25	21	15	17	27	15
	2			1	2	2	9	1	6	4		1	9	5	21	6	6	7	6	7	8
80—90	3	1		3		4	2	2	28	9	13	16	10	18	14	17	7	11	16	7	15
	1	1		2	6	4	2		8	9	9	34	10	11	10	17	8	8	10	20	13
200—100	5	2		15	13	13	14	13	39	37	55	67	67	58	68	46	60	46	73	62	61
	4	4	1	4	11	11	6	13	16	22	37	44	47	50	43	25	26	35	45	46	52
400—300				4	8	7	10	8	17	18	19	24	27	40	25	30	26	35	23	31	22
		1		2	3	5	1	2	6	6	8	6	4	17	4	5	5	8	10	8	9
大于500		1		10	8	3	5	17	24	8	38	39	49	31	39	27	38	31	32	59	28

数据说明：

1.数据来自浙江图书馆。

2.出版关键词取自浙江图书馆检索信息中的每本图书的“主题词”。

图 4-2　2000—2020 年西泠印社出版社出版情况总览 2（包括关键词及价格变化）

2020

艺术类图书的出版类型细分多样，不仅有具有古典韵味的花鸟、山水书画集，如《画境文心：鲍金荣花鸟画集》《查律山水写生集》《水墨边缘：陈丽能水墨作品集》《宋画·花鸟册》等，还有现代动漫作品和技法书籍，如《现代动漫卡通技法入门》《桐乡市“易锋杯”节能与环保青少年科普漫画大赛作品集》《动画基础教程》等，以及独具特色的古琴乐器等文献、印谱，如《乐只室古玺印存》《历代古琴文献汇编·斫琴制度卷》《梅花三弄》，还有具有典型意义的法书印谱，如“胡岩六体千字文”系列、“敦煌书法精品选”系列、“中国书法经典导读”系列、“中国书法经典碑帖导临类编”系列、“西泠印社中人”系列、“当代篆刻九家”系列等。

颇具代表性的金石篆刻系列当选首批国家级“非物质文化遗产代表作”项目，例如2017年西泠印社出版社出版的《刀客纵横：一清篆刻漫谈》，是作者苏玉清30年来从事金石篆刻的知识精华汇总，全书采用漫谈形式，对篆刻艺术的方方面面进行了较为深刻的阐述，介绍印章与篆刻艺术的分野、篆刻创作的用篆、印石的选择、篆书流变与印人风格、闲章与闲文化、流行印风之我见、篆刻意象和意境、文人斋馆及印章、篆刻美学鉴赏等。

历史地理类图书独具地方特色，涉及浙江省内各地道路、村落、地方史、风俗习惯、历史人物、文化遗产等介绍。其中又不乏历史文物、古印、金石考证、古瓷、碑拓等印社相关的书集，例如《戎壹轩藏三晋古玺》《永宣金石：古代碑帖拓本选粹》《宋六陵遗物萃编》及“古海盐文化实录”“杭州市非物质文化遗产大观”等，专注于非物质文化遗产。

值得考究的是，未明确分类的500多种图书，均是古代书卷，例如古器物目录、残卷校记、冢墓遗文等，可见西泠印社出版社本身的历史底蕴。

2.3 图书开本类型

西泠印社出版社的图书以中型开本为主，除去未知开本的549种，中型开本图书共4180种，占比85.66%。在中型开本图书中，16开最多，有4057种。其次是大型开本图书，695种，占比14.24%，其中8开图书693种，6开及2开图书仅各1种。小型开本图书5种，占总量0.1%左右。

占比最高的中型开本所涉及的图书种类繁多，包括各类书法字帖、书画影集、物品介绍图书等，以经典的篆刻印谱集为例，中型开本16开的“百年西泠　金石传薪”系列主要讲述了西泠作品形式的多样化，充分体现西泠印社“保存金石，研究印学，兼及书画”的宗旨。其中一卷《西泠印社社藏“时代印记”篆刻作品展作品集》共117页，内容包括西泠印社先辈创作的具有鲜明时代特色的篆刻精品60余件，充分体现“笔墨当随时代”、艺术为时代服务的宗旨。

西泠印社出版社的大型开本是继中型开本之后采用较多的开本，一般来说，采用大型开本的图书多为画册、图集，能更好地展现作品的原貌。以书画集为例，出版于2000年的《西湖书画集》为8开的大型开本，共103页，收录了《藏族少女》《轻舟观瀑》《春江花月夜》《耀日》《秋雨绵绵》《雄视大千》等百余幅书画作品。它不仅是一部书画意义上的著作，也是一个展示西湖风光的载体。以8开的大版幅出版，能更直观、更完整、更具冲击力地展现西湖各景的原貌，同时也具备一定的收藏价值。出版于2012年的《五百里黄山神游图卷》为6开的大型开本，共92页，是中国现代山水画作品的书卷形式。

小型开本数量较少，其中64开图书仅有4种，分别是《枫泾旅游网红打卡点》《枫泾望族》《枫泾老宅》《繁简字、异体字、正体字举例对照辨析手册》，以指南和介绍类书册为主。

2.4 丛书与非丛书

西泠印社出版社的丛书分类数据缺失较多，因此本书不对其规律进行分析，只对信息明确的图书进行归类，其中包括“百位人体模特艺术造型”“杭州市非物质文化遗产大观”“江南国画名家”“近代四大书画收藏家著录汇刊”“乐只室印谱”“清溪煮茗”“美国国会图书馆中文古籍藏书岭记选萃”“西泠印社中人”“小楷诗词系列”“雅集青田　书刻勤廉”“毓秀风华”等系列。

丛书对于城市的介绍全面而精要，其中，“临海丛书”系列包括《府城史话：人文卷》《丹瀚菁华：书画卷》《诗文撷英：文学卷》《临海胜景：名胜卷》《临海概览：市情卷》，生动形象地介绍了临海的历史沿革、古今名人、旅游景观、民俗风情等16个方面的情况。“民风情·余姚”系列包含“歌词歌曲”“民间剪纸”“民间绘画”“鹿亭美术写生”“民间音乐”“德夫音乐创作”等六部分的作品及介绍。“古海盐文化实录”系列介绍了海盐县的博物馆馆藏文物、古建筑（包括园林、庙宇、藏书楼、民居、古桥、古城墙、海塘等），还包括传统的力量、高雅的戏曲、劳动者之歌、吉祥的舞者、神圣的祭坛、勇者的游戏等，并收录各类文选如艺文、序跋、墓志、谱系、佛寺、边防、地理七类；聚焦于各城镇乡县的历史文化，不同于旅游类的城市游玩指南，这类丛书为地方披上一层神秘、悠久、文艺、淳朴、极具韵味而古色古香的历史外衣，颇具特色。

其中，独具印社特点的“乐只室印谱”系列乃中国古代印谱集，集明清流派之大成，收录了138位印人516万方佳作，由山阴王秀仁手拓，行世仅32部。而乐只室是杭州高络园的斋号，高络园本人喜好藏印，多藏名人之印，“乐只室印谱”是其文人印的珍藏，该书悉心考究、详加修订、原色精选，满足了读者对所喜好名印、篆刻的需求。除此之外，《杭州市非物质文化遗产大观——传统美术卷》也包括金石篆刻、王星记扇、石雕等其他民间美术。而石篆刻作为杭州非物质文化遗产之一，兼具社会价值和历史意义，有关金石篆刻的书册出版也是对这类非物质文化遗产普及和传承的重要方式之一。

2.5 图书作者

在西泠印社出版社2000—2020年出版的5429种图书中，除去未知作者的512种图书外，图书出版超过10种的作者/编写组共30位。个人作者中，古代或近代作者占一部分，包括米芾、颜真卿、赵孟頫、罗振玉等，皆为书法家，其书册也均为书法字帖等。其次，现代作者中出版书册最多的是江吟（94种），他是西泠印社出版社社长、中国书法家协会会员，出版了包括“中国书法经典碑帖导临类编”系列、“中国书法经典导读”系列等，以及各书法大家的碑帖导临丛书。此类导临书册的出版，能够让学习者较好地领略原帖的笔法及整体风貌，培养学习兴趣、提升专业技法。

个人作者远多于集体作者，但集体作者/编写组出版的图书数量较大，并且其创作均为作品集，如温州文学艺术界联合会于2008—2011年出版的100种图书均为各现代书法家的法书作品集。而西泠印社作品均为各研讨会、展览会、社员的作品收录汇编，包括《“孤山证印”西泠印社国际印学峰会论文集》、“百年西泠·金石弘源”系列、《西泠印社藏品集》等。

2.6 出版社获奖

背倚素有“天下第一社”美誉的西泠印社，坐拥遍布世界各国的擅长金石书画的社员资源，已编辑出版篆刻、书法、绘画等出版物上千种，总印数超两亿册/张，其中《中国印章艺术史》获国家政府奖提名奖、“三个一百”原创图书奖，《印学史》《陈洪绶作品集》《钱君匋论艺》等荣获首届中国优秀美术图书铜奖；《吴昌硕作品集（续编）》《日本藏吴昌硕金石书画精选》《日本藏赵之谦金石书画精选》《陆俨少作品精粹》《南湖革命纪念馆馆藏墨迹精选》等荣获浙江省树人奖和优秀奖；另有150多个品种的图书分别荣获华东地区、浙江省优秀图书编辑奖和装帧设计一、二、三等奖。

西泠印社出版社2007年出版的《中国古代石窗》入选2009年第二届“三个一百”原创图书出版工程“文艺少儿”图书类别，该书用大量精美的图片展示了中国古代石窗之美，主要内容包括中国古代石窗概论、窗的基本概念、石窗的源流、石窗的地域特征、石窗的四大重点区域、石窗的形制和应用、石窗的工艺及艺人、石窗的造型艺术特征、石窗的民俗内涵、石窗的审美情趣等(图 4-3)。

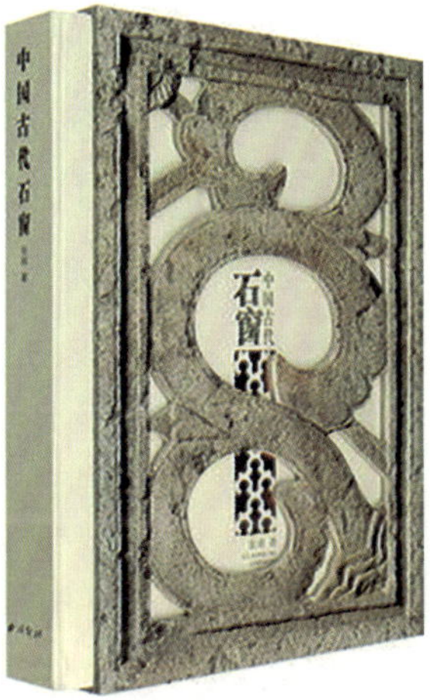

图 4-3 《中国古代石窗》

除此之外,在第二十三届华东地区古籍优秀图书评奖中,西泠印社出版社共有 10 种图书获奖。2019 年度获奖图书 5 种,"中国珍稀印谱原典大系"丛书获特等奖;《安阳博物馆藏甲骨》获一等奖;《历代古琴文献汇编·斫琴制度卷》《汉印分韵合编》《长沙简牍博物馆藏长沙走马楼吴简书法研究》3 种图书获得二等奖。2020 年度获奖图书 5 种,《遯盦印学丛书》《上海图书馆藏名家墨迹:赵之谦尺牍》《瓶史·瓶花谱解析》《从长安到敦煌:古代丝绸之路书法图典》《汉印文字汇编》均获二等奖。

其中,《从长安到敦煌:古代丝绸之路书法图典》一书是浙江省"十三五"重点出版物、浙江省 2018 年主题出版物之"关于深化社会主义核心价值观宣传阐释的选题",该书收录了大量的现场考察图片,贯穿介绍了与书法有关的人物与历史事件,基本涵盖了古代丝绸之路从长安到敦煌再到天山南北的书法经典以及书法艺术的发展演变轨迹,以新颖的角度,对中国书法的经典作品进行全新的阐释。

3. 西泠印社出版社发展特色

3.1 时代的经典——"篆刻"艺术的传承者

2009 年 9 月 30 日,以西泠印社为主要申报单位和传承代表组织的"篆刻",入选 2009 年《人类非物质文化遗产代表作名录》。西泠印社申遗成功,实现了杭州市世界级文化遗产"零"的突破,对杭州非物质文化遗产保护工作和杭州城市文化品质的提升产生了不可估量的影响。"篆刻"申遗,是一次重大飞跃,而在这背后,是一代又一代篆刻艺术传承者们的热爱与坚持。

西泠印社出版社一直以来都保持着对篆刻艺术、书法艺术传承和发扬的初心。据不完全统计,仅创社最初的十年间,西泠印社共集辑刊印了《西泠八家印选》《杭郡印辑》《遯盦秦汉古铜印谱》《吴让之印存》等印谱和印学著作 40 余种,尤以手拓精铃原印真迹印谱、金石碑帖影响巨大,形成鲜明特色。可以看到,出版社近 20 年的出版一直围绕"碑帖""篆刻"

相关书册开展，包括“中国书法经典碑帖导临类编”系列、“乐只室印谱”系列、“当代篆刻九家”系列等，5429 种图书中与“法书”相关的图书有 732 条，与“篆刻”有关的有 68 条，除 2002 年、2006 年外，每年都有一定量的篆刻艺术书籍出版，在追求质量的基础上保证数量，在传承的基础上不断创新。西泠印社出于对金石画家的特别关注，集中编印刊行了吴让之、赵之谦、吴昌硕等当时金石书画名家的一系列印谱与书画集，特别是较早采用了新兴的珂罗版印刷技术，复制精准、细腻逼真[①]。

篆刻文字收录、篆刻印谱收录，属于繁重的文字工作，西泠印社出版社多年来不厌其烦，细致耐心地进行收录。其中 2010 年出版的《篆刻常用字字典》共 102605 页，共收入楷书字头六千余字、篆体重文三万四千余字。（篆体中分列小篆、摹印、简文、玺文、金文、甲骨等字体。）2019 年出版的《汉印分韵合编》共 1043434 页，由《汉印分韵》正集、续集和三集合编而成，共收单字约七千多字，集汉代印文五千余字。

西泠印社出版社持之以恒的篆刻书籍出版，西泠印社为中国篆刻申遗作出的努力，都促成了篆刻这一中国古代印章艺术得到传承与发展，使得这一中华历史文明的优秀代表，首次作为一种全球文化形态进入了人类文明传承、保护和发展的视野之中。

3.2 文化的品牌——“印学之风”的发扬者

西泠印社在 2000—2020 年期间举办了不少与篆刻书法相关的研讨会、展览会、竞赛等，例如西泠印社“重振金石学”国际学术研讨会、西泠印社大型国际篆刻选拔活动暨第八届篆刻艺术评展、“百年西泠”系列国际篆刻展、“弄潮杯”全国书法大赛、“孤山证印”西泠印社国际印学峰会等。出版社出版有关作品集 137 种，致力于通过活动与书册，发扬印学精神，打造具有中国特色、浙江特色的印学品牌，通过与外界的交流、跨界的合作，将“印学之风”吹遍各地。

西泠印社出版社 2007 年与“我们的奥运”大型文化活动组委会联合主办了“百年西泠·中国印”大型系列活动；2008 年，举办了建社 105 周年华诞庆典“三展九会”。

① 陈振濂．西泠印社与改革开放四十年——写在西泠印社 115 年社庆之际［J］．西泠艺丛，2018（9）：4-21.

2019 年 10 月，西泠印社举行了一系列史无前例的超大规模的展览和学术活动，如，“朱蜕华典：中国历代印谱特展”在浙江省博物馆举办，同时出版豪华版展览图录——厚达 450 页的精装画册《朱蜕华典：中国历代印谱特展图录》；召开了“中国珍稀印谱原典大系”（第二编）编纂研讨会，计划汇集出版 150—200 部珍稀古印谱；举办了“中国印谱史与印学”国际学术研讨会并出版了厚达 800 页的论文集。西泠印社以“印谱”为主题，通过一系列活动，将静态的文化遗产转化成动态的人文盛世，志在打造杭州传统文化品牌的高地，即一个出版社历史上没有、全国也不曾有的具有“时代”高度的唯一经典。①

2020 年 11 月，“百年西泠·金石传薪”西泠印社印社庚子秋季雅集系列在浙江展览馆开幕，各个展览各有主题又相得益彰，对西泠印社近年艺术创作、学术研究和文物收藏进行了一次较为全面的集中展示。同时期还举办了第六届“孤山证印”西泠印社国际印学峰会，自 2005 年设立的十余年来，印学峰会不但逐步确立了西泠印社学术交流的规范机制，也聚合、培养了一大批印学人才，影响了当代印学研究的格局和路向，对促进国际印学届学术资源的整合、共享与交流，推动当代印学研究深入发展发挥积极作用②。

2023 年 4 月，在宁波举办了西泠印社癸卯春季雅集，西泠印社走出孤山来到鄞州，与印社先贤的故里产生强大的共鸣，也在这里遇见了宁波文化的底蕴与回响。宁波篆刻艺术家流动于家乡与客乡之间，使宁波本土的书风、印风始终具有一种开放的品格，而且不断地获得广泛的交流。他们师承先贤，却法古不泥，以谦逊朴实的治学态度、浑厚天成的艺术风格影响宁波年轻一代的印人③。

3.3 转型与改革——新时代舞台的主角

新理念、新方向、新探索，开启了西泠印社出版社新的发展篇章。近年来不断拓展收藏和教育培训相关领域，坚持“专、精、特、新”的鲜明特色，以精品书打品牌，以技法类图书争市场，抓质量、树品牌、出效益，加快编辑、出版、印刷、发行一体化和产业化进程。

---

① 夏琳 . 百年西泠：打造一个时代的经典 树立杭州传统文化品牌［EB/OL］.https://baijiahao.baidu.com/s?id=1648241364790538366&wfr=spider&for=pc.
② 夏琳 . 西泠印社庚子秋季雅集　彰显传统艺术魅力［EB/OL］.https://hzxcw.hangzhou.com.cn/whhz/content/2020-11/19/content_9142485.htm.
③ 黄银凤，徐庭娴 . 印坛风流数四明　一印传灯耀古今［N］. 宁波日报，2023-04-17（3）.

2020

西泠印社出版社把握好发展的各个机遇，努力拓展出版领域和出版范围，从非义务教育出版转向义务教育出版，精心打造出一套为小学生量身定做的“书法练习指导”，并通过培训促进教材推广。这套书法教材不仅仅培育了西泠印社图书出版一个新的、重要的经济增长点，还极大地推广了西泠印社出版品牌，更重要的是进一步盘活了整个西泠印社出版社的业务资源。①

时代在不断前行，对传统的出版社来说，有挑战也有机遇，新时代为其搭建了更新更广阔的舞台，而出版社本身作为表演者，面临着新媒体技术、同行竞争激烈、传统艺术市场吸引力弱、传承手段变更、版权维护等诸多挑战，如何打造和开发新品牌，实现经济效益和社会效益的同步发展，实现传统技艺的传承与创新，也成了新的难题。令人欣慰的是，西泠印社从来不会安于守成、固步自封。与时为新，多元拓展，前路可期，不忘初心——面对未来，西泠印社出版人充满自信，在时代的舞台上绽放着属于西泠印社出版社的光彩。

二、浙江大学出版社

1. 浙江大学出版社历史沿革

浙江大学出版社创立于 1984 年 5 月，是教育部主管、浙江大学主办的国家一级出版社，承载着浙江大学几代出版人“求是”“创新”的精神，是一个具备图书、期刊、电子、音像和数字等各类出版资质，出版范围涵盖理、工、农、医和人文社科等多个学科领域，年出版新书 1500 种以上的综合性出版企业。其下设艺术出版、教材、基础教育、期刊 4 个分社，设人文与艺术、社科、国际文化、科技、大众图书、数字等多个出版中心，下辖杭州一源文化传媒有限责任公司、北京启真馆文化传播有限公司、杭州飞阅图书有限公司 3 个子公司，建立了完善的经营体系与公司化架构，实现了含图书、音像、电子、期刊和网络等多种媒体的立体化出版格局。

① 陈振濂．西泠印社与改革开放四十年——写在西泠印社 115 年社庆之际［J］. 西泠艺丛，2018（9）：4–21.

浙江大学出版社有着先进的出版理念，能够始终站在党和国家事业全局的角度，始终着眼于为党和国家的文化战略大局服务，积极实施专业化、数字化、品牌化发展战略，力求出版高水平、国际化、前瞻性的出版物。

在发展历史上，浙江大学出版社牢牢把握时代脉搏，紧跟出版潮流，开展了一系列有力、有效、有范式意义的重大改革：

1999 年，为高效整合出版资源、实现出版力量的合流与再生，浙江大学出版社与原杭州大学出版社合并成立新的浙江大学出版社。

2001 年 2 月，音像出版物的影响范围越来越广，新闻出版总署同意浙江大学出版社以“浙江大学音像出版社”名称开展音像制品出版经营业务，但尚未经营电子出版物业务。

2002 年 3 月，经新闻出版总署审核，浙江大学出版社增加电子出版物出版业务，弥补了短板。

2003 年 1 月，浙江大学音像出版社正式更名为浙江大学电子音像出版社。

2009 年 12 月，浙江大学出版社顺利完成转企改制，更名为浙江大学出版社有限责任公司，简称为浙江大学出版社，同年，荣膺“中国百佳图书出版单位”称号。2010 年被授予“首届中国新闻出版行业文明单位”称号。

2011 年获新闻出版总署授予的“十一五”国家重点出版规划出版工作先进单位称号，入选全国首批“数字出版转型示范单位”，连续数年入选“国家文化出口重点企业”，是“中国图书对外推广计划”工作小组正式成员。

浙江大学出版社自成立以来，累计出版了 300 多种浙大版教材、学术专著和电子音像出版物，累计出版图书 20000 余种、数字和电子音像读物近千种，还先后出版了国家级重大文化工程“中国历代绘画大系”和《感染微生态学：理论与实践》《中国高铁技术：全球视野》及“良渚文明丛书”等一大批有影响、受好评的优秀出版物；荣获国家图书奖、国家音像奖、中国出版政府奖、中华优秀出版物奖、中国科技图书奖、教育部优秀教材奖等各类国家和部省级奖励；在“三个一百”原创出版工程三届评选中累计入选 10 项，居中国出版社最前列；在浙江省树人出版奖的历年获奖数量上居全省出版社首位；获教育部高校优秀科研成果（人文社科）奖 9 种、“中国青少年推荐百种优秀图书”称号 1 种，且通过《中药质量现代分析技术·中国药典一部参考手册》收入 15 万美元的版权输出成绩，摘得“国务院新闻办、新闻出版总署特别奖”。

近些年以来，出版行业经历了翻天覆地的变化，浙江大学出版社也在时代浪潮中不断发展与壮大，先后承担国家出版基金资助项目 18 项、国家“十三五”出版规划重点项目 23 项（含国家重大出版工程、国家古籍整理出版项目），入选教育部全国高校出版社主题出版计划 20 项，位居全国高校前列，获得了中国出版政府奖、中华优秀出版物奖等国家及省部级荣誉奖项百余项，连续两年在图书出版单位社会效益考核中获评“优秀”[①]。

2．浙江大学出版社出版现状数据分析

2.1 出版类别

从所采集到的数据统计结果来看，浙江大学出版社出版的图书以 G（文化、科学、教育、体育）类图书居首，共 3815 种，占比 24.83%。此类图书的代表有《具身心智：认知科学和人类经验》《澳大利亚企业型大学的权力结构、管理模式与再创造方式》《全球比较成人教育学：世界成人教育的哲学、历史、理论与实践》《麦肯齐大学教学精要：高等院校教师的策略、研究和理论》《批判性探索中的文化遗产与博物馆：来自瑞华德学院的声音》《学科组织创新：高等学校院系等学科结构的改革研究》《继续教育和名师成长：中学骨干教师培训的理论与实践研究》《跨世纪中国沿海发达地区中学教师继续教育研究》《中国研究型大学本科教育探索——浙江大学的思考与实践》等。

其次是 F（经济）类图书，共 2533 种，占比 16.49%。此类图书的代表有《中国的崛起与俄罗斯的衰落：市场化转型中的政治、经济与计划》《价格游戏：看麦琪如何巧用价格来刺激需求、增加利润、提升消费者满意度》《服务供应与采购：复杂产品和大型建造项目管理新趋势》《引爆责任感文化：帮助企业实现目标的金字塔法则》《一位经营鬼才的自白：7-ELEVEn 创始人亲述零售帝国背后的故事》《共享经济：互联网时代如何实现股东、员工与顾客的共赢》《孵化皮克斯：从艺术乌托邦到创意帝国的非凡之旅》《如何成为超级创业英雄：硅谷神话推手写给创业者的教科书》《通往工业革命的漫长道路：全球视野下的欧洲经济，1000—1800 年》《浙江经济与社会发展的理性思考：浙江省政府系统优秀调查报告选（2001）》《现代社会发展中的形象冲击：现阶段影响中部地区经济可持续发展区域形象问题的研究》等。

① 褚超孚．基于浙江大学出版社过去十年发展谈推动大学出版高质量发展［J］．现代出版，2023（1）：19-21.

再次是 T（工业技术）类，共 1467 种，占比 9.55%。此类图书的代表有《作为自我的稻米：日本人穿越时间的身份认同》《工程师的反叛：社会责任与美国工程职业》《诸神的礼物：马铃薯的文化史与美味料理》《人工神经网络实用教程》《Sun 模型及其应用：煤层气越流固气耦合模型及可视化模拟》《可持续发展战略中的催化科学与技术：第十一届全国催化学术会议论文集》《探秘 C#：如何像计算机科学家一样思考》《水权交易制度研究：中国的案例分析》《区域规划在浙江的实践：浙江省发展规划研究院区域规划成果集》《居住建筑节能成套技术研究开发与工程示范：以浙江省为例》《高危专项工程施工方案的设计方法与计算原理》等。

I（文学）类、H（语言、文字）类、K（历史、地理）类图书的发行量呈现出两个明显特征：一是品种数量远低于 G 类和 F 类；二是这三类图书的品种数量总体接近，相差不大且峰值平缓。I 类共 1195 种，占比 7.78%，代表图书有《呼啸山庄》《鲁滨逊漂流记》《世界：半个世纪的行走与书写》《爱丽丝漫游奇境记》《帝国造就了我：一个英国人在旧上海的往事》等。H 类共 1002 种，占比 6.52%，代表图书有《斯宾塞诗歌选集：十四行组诗及其他》《我们赖以生存的隐喻》《语言的逻辑分析：语言学家关注的逻辑问题》《写作概论》等。K 类共 992 种，占比 6.46%，代表图书有《偷窃历史》《文明社会史论》《亚当·斯密传》《李鸿章传》《莎士比亚是谁》等。

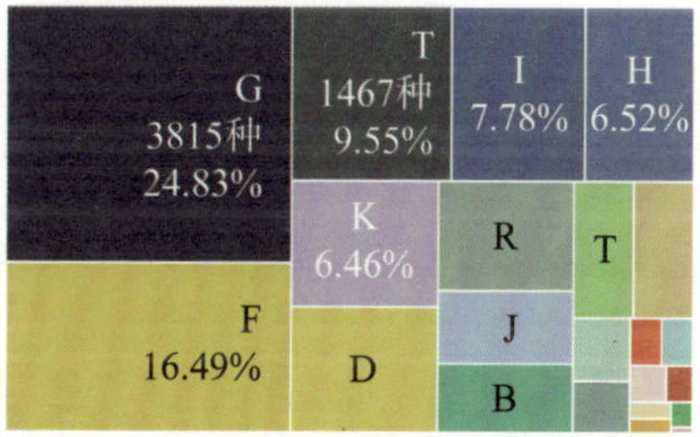

图 4-4　2000—2020 年浙江大学出版社图书类型比例

在上文的研究中，项目组统计了各类别图书出版比例，同时也发现，浙江大学出版社出版的图书以非义务教育类为主，非义务教育类图书与义务教育类图书的出版总量对比悬殊，前者共有 14288 种，占比 93%，是浙江大学出版社的支柱业务；后者共有 1076 种，占比 7%。

在义务教育类图书中，浙江大学出版社的出版业务呈现出“前低后高、两极分化”的结构特征，在样本时间初始阶段，义务教育类图书的出版数量极少，典型代表为 2000—2003 年，2000 年共出版义务教育类图书 3 种，2001—2003 年未出版义务教育类图书，自 2004 年开始重启义务教育类业务，但出版量始终维持在个位数，零星出版的状态持续至 2008 年。自 2009 年开始，浙江大学出版社开始大规模出版义务教育类图书，这种井喷式的“出版繁荣”一直持续到 2020 年，即本文的有效样本时间结束时该种形态的出版“惯性”仍未结束。如图 4-5 所示，“前低后高、两极分化”的出版结构如果以可视化形态呈现，形成的是内空外密的“甜甜圈”结构。

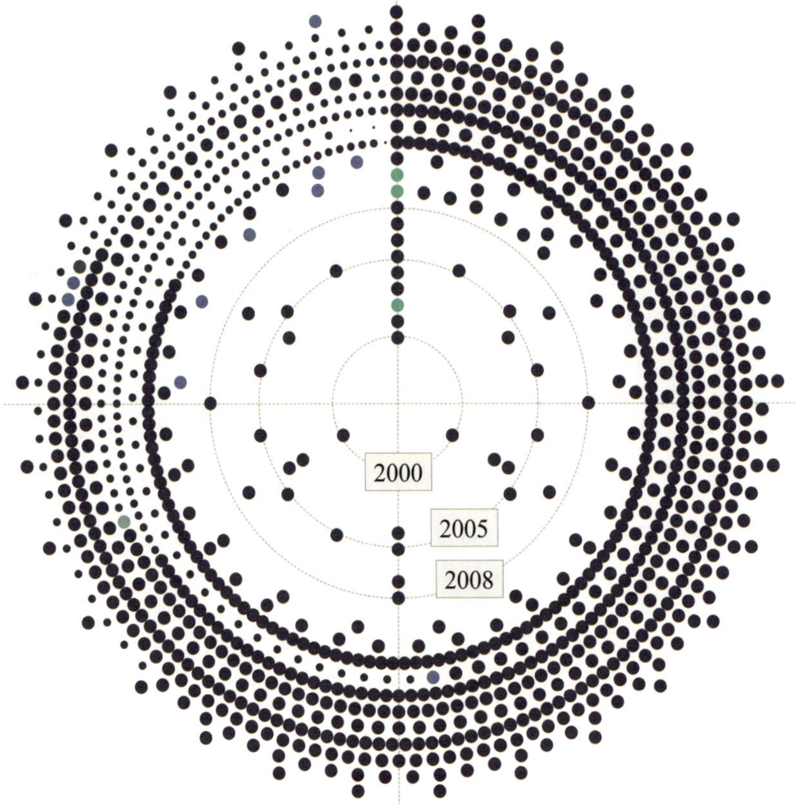

说明：

图中每个点代表一种书，一圈为一年，由内到外依次为2000—2020年。

取用2000年1月—2020年12月的数据，无书号的图书不作为有效数据。

图 4-5　2000—2020 年浙江大学出版社义务教育类图书出版情况总览

2.2 作者群体

对于出版社而言，优秀、稳定的作者群是出版社获取优秀稿源的保障[①]。没有好的稿源，出版社的业务就无法深入开展。对于如何维护作者群，近些年来，学者们通常将视角锁定在“维护老作者、发掘新作者，增强对读者的服务水平”上[②]，本文在前人的成果上，通过田野调查和数据统计，获取了浙江大学出版社的作者群资料，结合当前浙江大学出版社现状，对“作者群”的特征和培养策略进行了更深入的探索。

从作品数量来看，排名前三的作者分别是《课时精练》编委会、王剑力、学业水平考试导引编写组，出版的作品数量分别为 170 种、119 种和 61 种。《课时精练》编委会的主要作品有“课时精练”“新编课时精练”；王剑力的主要作品有“课时特训”“期末金牌卷”“浙江各地期末迎考卷”系列；学业水平考试导引编写组的主要作品有“浙江省普通高中学业水平考试导引”“浙江省普通高中学业水平考试导引冲 A 特训”。

其他作品数量较多的作者依次为：

卓敏，主要作品有“幼儿益智画册”丛书、“婴儿益智画册”丛书。

浙江大学中国古代书画研究中心，主要作品有“宋画全集”丛书、《〈中国历代绘画大系〉概览》、“元画全集”丛书、“明画全集”丛书、“先秦汉唐画全集”丛书、“清画全集”丛书。

黄建滨，主要作品有“新世纪英语教程”丛书和《大学英语四级新题型应试必备》《全新大学英语四级题型》《中国文化阅读》《双语教师手册》《读懂英国，一本就够了》《读懂加拿大，一本就够了》《读懂澳新，一本就够了》《英语教材研究》《中国文化英语阅读教程》。

余继明，主要作品有《旧中国纸币图鉴：中央银行法币券》《旧中国纸币图鉴：中国银行纸币券》《旧中国纸币图鉴：交通银行纸币券》《中国解放区纸币图鉴：华中银行纸币券》《中国印章图鉴》《中国铜镜图鉴》《中国明清红木家具图鉴》《中国古

① 吴红艳，刘义兰，王菊香，等. 论科技期刊编辑培养优秀作者群的策略与措施［J］. 编辑学报，2016，28（6）：522-524.

② 张研. 以“科研团队”为核心：科技期刊培养优秀作者群的黄金策略［J］. 编辑学报，2022，34（6）：705-708.

玉器图鉴：夏商周春秋战国玉器》《中国古玉器图鉴：汉代玉器》。

丁保荣，主要作品有“数学综合实践活动”丛书、“初中数学五星级题库”丛书、“初中数学培优阶梯训练”丛书、“小学数学竞赛教程解题手册”丛书、“天天五分钟口算”丛书、“新编小学奥数精讲精练”丛书、“初中数学竞赛专家讲座”丛书。

其他作者的作品样本数量过小，本文不赘述。

至此，我们可以大体勾勒出浙江大学出版社的作者群像。一是义务教育类作者在数量上成为主流。本文统计排名前八的作者中有 5 位主打教材教辅，分别是《课时精练》编委会、王剑力、学业水平考试导引编写组、黄建滨、丁保荣。其余 3 位作者中，卓敏的作品属于婴幼儿启智类，虽未被纳入义务教育范畴，却可以被归为教育类；余继明和浙江大学古代书画研究中心的作品具有专业性强、关联性强、受众稳定的特征，从本质上讲依然可以视为某个小众领域的教材出版物。这一点在浙江大学出版社的出版关键词热力图（图 4-6）上也有体现，触发频率较高的关键词以教育培训类为主，如“英语课”“数学课”“高等教

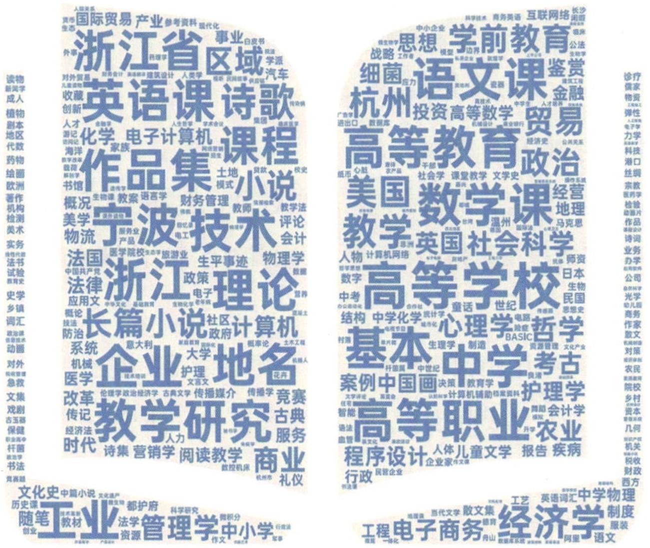

图 4-6　2000—2020 年浙江大学出版社出版关键词热力图

育”“技术”“高等学校”“高等职业”“语文课”“作品集”“课程”“诗歌”等。二是相较于个人作者，团体作者在作品的连续性上更加稳定。个人作者的身份常常随着社会角色的转换而转换，其对未来规划的演绎也使得研究内容发生变化，如博士研究生在读期间的身份是科研人员，毕业后却不一定从事科研工作。而团队作者受制于使命任务与角色定位，更易长期输出连续性强、专业性强、针对性强的稳定作品，除非出现重大的团体角色变化，否则不易出现内容的断代[①]，这对于浙江大学出版社而言是一种利好。三是作者群与浙江大学出版社相互成就，形成良性循环。从统计数据可以看出，大部分作品延续了较长的生命周期，这种长期、稳定的作者群，为出版社打造了固定的作品源头，使得出版社可以深耕某个出版领域，从而吸引更多优质作者，这种可持续发展理念不仅仅表现在作者与浙江大学出版社的共生关系，也表现在二者价值溢出过程中的互相供养方面。

2.3 图书价格

国内学者对于图书价格的研究普遍较早，这对本文的研究提供了一定的助力。可惜的是，研究起步虽早，但并不连续，通过阅读文献，项目组发现该议题的研究数据普遍较为陈旧，大多集中在 20 世纪末和 21 世纪初，已不能与当下的出版业态相匹配。

我国的图书价格在建国初期实行“以成本定价”的政策，政府基本上不干预，在此背景下，受原材料影响，价格有过小幅度上升。自 1956 年至 1988 年，印张分类成为图书价格的定价依据，此时出版社的营销目标是“以销量换利润”。1988 年至 1993 年，在改革开放的时代浪潮下，图书价格的决定权逐渐向市场让渡，大量资本涌入出版市场，价格开始迅速上扬，对出版界造成了不小影响。1993 年起，随着社会主义市场经济的发展，图书的定价机制逐渐演变为出版社根据市场自行制订，相关部门进行纠偏、监督与导引[②]。

图书价格是反映出版社与市场关系的重要指标，不同于其他商品，图书不仅代表着出版领域的商业化程度，也承载着舆论引导、文化传承、新闻宣传、教育培训等社会化功能，其价格应该且只应该由“看得见的手”与“看不见的手”共同约束，而非由单一因素主导[③]。近年来，我国图书价格呈现出三个特征：一是图书价格缓慢增长；二是特色图书与少儿图书定价偏高；三是

① 田丽贞 . 高校学报编辑人员核心素养培育——数字化时代背景下的路径研究［J］. 中国报业，2023（6）：106-107.
② 沈静 . 1996～2005 十年来书价上涨幅度调研［J］. 出版发行研究，2007（7）：52-56.
③ 张稷 . 我国图书价格演变的分析与对策研究［D］. 北京：对外经济贸易大学，2001.

义务教育和教辅图书定价偏低[①]。宏观视角上的价格起伏势必影响到个体，浙江大学出版社的图书价格在某种程度上与我国图书价格总体共振，然而又呈现出具有自身特色的价格结构。

首先，从价格分布上来看，浙江大学出版社的价格总体起伏较缓，上下波动不大。从统计图中可以发现，2000 年至 2020 年浙江大学出版社的价格最大值“大于 500 元”，位于该价格区间的数量最大值为 2018 年的 17 种，最小值为 2000 年至 2005 年、2007 年、2015 年的 0 种，差值为 17 种；反观价格最低的“小于 10 元”区间，该区间的峰值为 2015 年的 35 种，谷值为 2020 年的 0 种，差值为 35 种。从峰值来看，浙江大学出版社在样本时间内的最大值为 406 种，位于 2012 年 30—40 价位区间，这是浙江大学出版社图书价格的唯一高地，以该高地为中心，图书价格逐渐向时间轴两侧衰减。

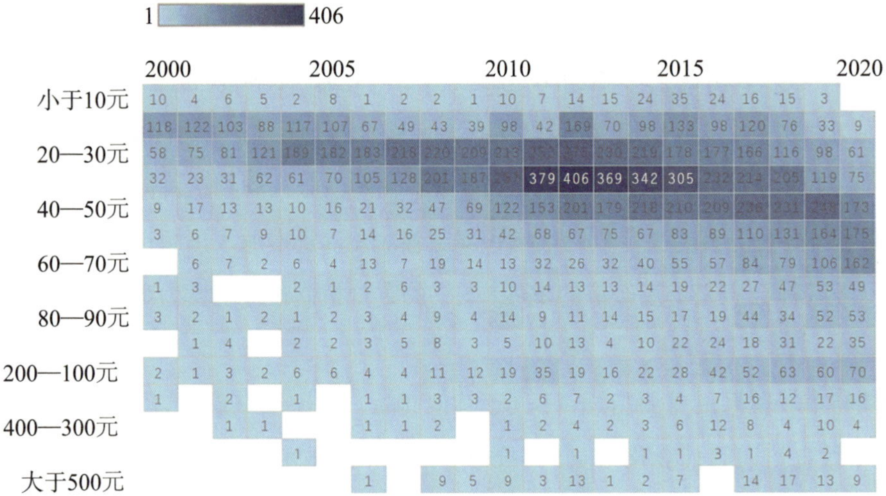

图 4-7　2000—2020 年浙江大学出版社图书价格变化

① 张劲舒 . 近几年出版社图书价格变化特点与影响因素分析［J］. 中国管理信息化，2020，23（19）：107-109.

其次，从价格趋势上来看，浙江大学出版社的图书价格缓慢增长。在价格统计过程中，100—200 种是图书出版量较集中的区间，2000 年，该区间仅仅位于 10—20 元价格区间内，此后随着时间轴缓慢向高价区间平移，至 2020 年移动至 60—70 元价格区间。需要注意的是，除了 100—200 种数区间，其他价格区间内的种数普遍保持在 70 种以下。

3. 浙江大学出版社发展策略

3.1 提高政治站位，把握出版导向

作为国内具有影响力的出版单位，浙江大学出版社被赋予了重要的时代担当，在完成各项出版任务时能够始终以习近平新时代中国特色社会主义思想为指导，牢记习近平总书记关于弘扬中华优秀传统文化的重要指示，遵循习近平总书记对出版行业的重要教导，将传承和发扬中华优秀传统文化视为己任，大力贯彻党的宣传、出版方针，牢固树立政治意识、大局意识、核心意识、看齐意识，紧盯国际一流出版社的业务动态，将高质量、高销量、高评价的作品打磨为出版社名片[①]，出版了诸如“中国历代绘画大系”“中国丝绸文化”“良渚文明丛书”等一系列典范图书，向出版界唱响了自己的时代之歌，成为贯彻落实领袖教导的旗手和先锋，并产生了广泛的社会影响。

3.2 联动学术出版，引领学科优势

浙江大学出版社与学术出版的关系可以视为舞台与舞者的关系，前者为后者提供学术交流、思想传播的平台，后者为前者提供内容生产、理论创新等成果，二者形成联动，共同打造浙江省出版行业的排头兵、桥头堡。首先，浙江大学出版社背靠国内顶尖大学，先天具备人才、科研、学术等方面的优势，如浙江大学出版社出版的《法治研究》，其作者为浙江大学法学院，《中日关系史论考》作者为浙江大学日本文化研究所，《浙商：民营经济、市场经济的范本》作者为浙江经视，这种“近水楼台先得月”的空间优势，为浙江大学出版社提供了天然的学术土壤。其次，浙江大学出版社作为高校出版社高地，更容易在教材、期刊、专著等方面打造创新突破的前沿窗口。最后，作为链接的主体，浙江大学出版社与牛津大学出版社、爱思唯尔公司等世界

① 新闻出版总署出版产业发展司 .2012 中国新闻出版统计资料汇编［M］. 北京：中国书籍出版社，2012.

知名出版机构合作，引进国外顶尖的学术成果，推动了国内科研的国际化，在科研资源整合、科研机构合作、科研人才交流等方面蹚出了自己的路子。

3.3 细分市场需求，深耕垂直领域

浙江大学出版社为国内其他高校出版社提供了一条宝贵的可供移植的范式经验，即对出版市场需求进行细分，在基于自身业务优势的基础上深耕垂直领域。从浙江大学出版社近二十年的作品来看，各个业务板块之间形成一种遥相呼应又互不冲突的局面，如在打造经典图书的同时，将经典作品与文化“走出去”充分结合，聚拢诸如“中国历代绘画大系”“良渚文明丛书”及《中国高铁技术：全球视野》等一系列优秀作品。在将这部分作品推向社会的同时，也积极开展相关作品的国际市场调研，持续提升出版社的国际化能力、社会化能力，在细分领域和深耕领域打造高辨识度、高赞誉度的国际国内出版物品牌。

三、中国美术学院出版社

1. 中国美术学院出版社历史沿革

中国美术学院出版社成立于 1985 年 3 月，主办单位为中国美术学院，是当今国内美术学领域中学科最完备、规模最齐整的综合型高等教育院校出版社之一。中国美术学院出版社依托学院，立足美术，面向艺术，出版了一系列既叫好又叫座的出版物，是中国艺术教育的出版基地。专业性强、学术性高、内容稳定、导向明确，是中国美术学院出版社出版图书的主要特色，特别是近年来出版的美术系列教材和设计系列教材，以完整、系统、实用见长。在注重教材出版的同时，中国美术学院出版社还编辑出版了一批具有较高史料价值和学术价值的艺术学名著，如《希腊艺术手册》《西方中世纪艺术史》《古典艺术》《西方美术风格演变史》等，同时策划出版了“南山博文”“艺术史研究丛书”“断桥·艺术哲学文丛”等一大批艺术理论书系，形成具有一定规模的高端学术出版品牌，在视觉艺术学术出版领域一直处于领先地位，受到国内各大师范类院校、工艺美术学校以及美术爱好者的广泛好评。

中国美术学院出版社以“高扬时代艺术精神，提升视觉心灵阅读”为出版理念，致力于做中国艺术图书出版的领导品牌；

以高端优质的内容服务，多样化的内容展现形式，为读者提供高品质阅读与视听内容，满足大众多样化的知识与文化需求。

中国美术学院出版社拥有独特而深厚的艺术与学术背景，经过几十年的不懈努力，积累了丰富的作者资源，凝聚了一大批海内外著名艺术家、学者、专家，如中国美术学院院长、中国美术家协会副主席许江，中国美术家协会主席、中国文联副主席靳尚谊，画家、美术教育家肖峰、吴冠中，汉学家雷德侯，画家全山石，美术史论家范景中，思想家、文艺理论家王元化，书法家王冬龄，学者孙周兴，山水画家陆俨少等为出版社打造稳定、连续、高质量的作品打下了坚实的基础。

2. 中国美术学院出版社出版现状数据分析

2.1 出版类别

不仅仅是中国美术学院出版社，任何出版单位与读者都可以被视为以图书为媒介和纽带，共同建构一种推荐主体（出版社）与被推荐受体（读者）的协作共同体。读者的阅读行为引申出该群体的使用偏好与消费倾向，从出版社的视角来看，何种类别的图书受到何种群体的选择，何种语言的图书涉及了何种议题、何种关键词的搜索指数在何种阶段最高，这些反馈信息都是出版社调整出版结构、优化出版选题、提升市场份额的宝贵数据。因此，本文将从出版语种、类型比例等方面对中国美术学院出版社的出版类别进行研究。

从所统计出版物数据的语种分布来看，中国美术学院出版社的汉语出版物数量最多，该结果并不让人意外。作为一家美术类高等院校出版社，外语类书籍在其业务占比中并不是重点。汉语类出版物共计 3765 种；英语类出版物 28 种，如《论中国传统画》《中国人物画史简述》《三国两晋南北朝瓷器的成长》，从主题来看，这些出版物虽然属于中国历史人文类，然而英文语种的设定却反映出这些作品主要面向英语国家或地区；另有西班牙语图书 1 种（《秘鲁蝴蝶集》）以及多语种作品 1 种（《欧洲四国写生创作集》）。

在出版类型上，根据中图分类法，中国美术学院出版社出版的图书中占比最高的是 J（艺术）类，共 2823 种，占比 74.39%，如《文艺复兴：西方艺术的伟大时代》《北方文艺复兴艺术》《白金创意 2000：中国美术学院平面设计年展作品集》《艺术与历史：哈斯克尔的史学成就和西方艺术史的发展》《情系天荒坪：华东天荒坪抽水蓄能有限责任公司藏书画集》《全球化语境中的中国水墨画：国际学术研讨会论文集》《现代学生粉印版画：浙江萧山城北中心小学学生作品集》，这些都是艺术类出版物中销量较高的作品。

G（文化、科学、教育、体育）类出版物在中国美术学院出版社的总出版量中占比 10.12%，共 384 种，在类别占比中位列第二。销量较高的作品有《18 世纪中国文化在西欧的传播及其反应》《浙江省 15 年群众文化理论文选》《浙江省新农村文化报告：来自 118 个行政村农民文化生活的田野调查》《中国美术学院国际教育学院外国留学生中外文化比较论文集》《宋荦和他的朋友们：康熙年间上层文人的收藏、交游与形象》《时代与使命：全国美术院校思想政治理论课教学研究论文集》《立体化探究活动促进幼儿快乐成长》《同向塑心 同行育人：中国美术学院思想政治理论课学生社会实践报告集》及"全国美术特色高中标准专业教程"系列等。

T（工业技术）类在中国美术学院出版社作品总类别中排名第三，共 204 种，占比 5.3%。代表作品有《世界工艺史：手工艺人在社会中的作用》《身体，记忆与建筑：建筑设计的基本原则和基本原理》《时尚百年：20 世纪中国服装》《跨越与回归：浙江优秀建筑装饰设计与论文集》《融·筑：中国美术学院风景建筑设计研究院作品集》《世博 / 思博 / 视博：中国美术学院 2010 年上海世博会项目研究文集》《包豪斯与东方：中国制造与创新设计国际学术会议论文集》《城市住区：中国美术学院 & 法国巴黎美术学院城市设计联合教学实录》《穆特休斯的美学纲领与德国现代设计思想之源》《设计东方学的观念和轮廓》。需要注意的是，作为一家专注于高等美术教育的出版机构，J（艺术）类图书和 G（文化、科学、教育、体育）类图书出版总量占比前二的出版比例与其业务结构大体吻合，对于 T（工业技术）类图书的霸榜现象，中国美术学院出版社表面上似乎抢占了各大工业出版社的市场，且与其自身定位冲突，然而究其根本，在工业与艺术逐渐融合的当下，工业产品的内涵已经不单单局限于产业工具，其所代表的原始赛博、大众审美以及复古风格，本身就已经成为当代艺术的一部分，甚至可以说，发展 T（工业技术）类图书的出版业务，本身就属于美术出版机构的业务本能[①]。

其他出版类别的总占比较少，如 K（历史、地理）类共 163 种，占比 4.30%，代表作有《弗兰克·盖里传》《〈笑傲江湖〉与

① 邢军 . 工业美术的当代美学价值［J］. 文化产业，2020（23）：48–49.

新昌风光：从唐诗之路到电视剧外景地》《南宋杭州修内司官窑研究：灰胎、灰白胎、白胎及仿名窑系列瓷专题》；I（文学）类共 114 种，占比 3.00%，代表作有《澳大利亚新华人文学及文化研究资料选》《中日比较文学研究资料汇编》《且凭书画慰劳人：国画大师吴茀之与一位农民国画爱好者的交往》；F（经济）类共 28 种，占比 0.74%，代表作有《浙江省财政支出绩效评价典型案例汇编》《女装品牌价值提升的设计策略研究——以杭州女装品牌为例》《从丽兹到丽兹卡尔顿：一个奢华酒店品牌的百年历史和华丽传奇》。剩余类别统计数额已经缩减至个位数，无法在统计图中体现，因此不再赘述。

从数据梳理和统计的结果来看，中国美术学院出版社在出版类别上的最大特点即头部类别与剩余类别差异明显，这种差异

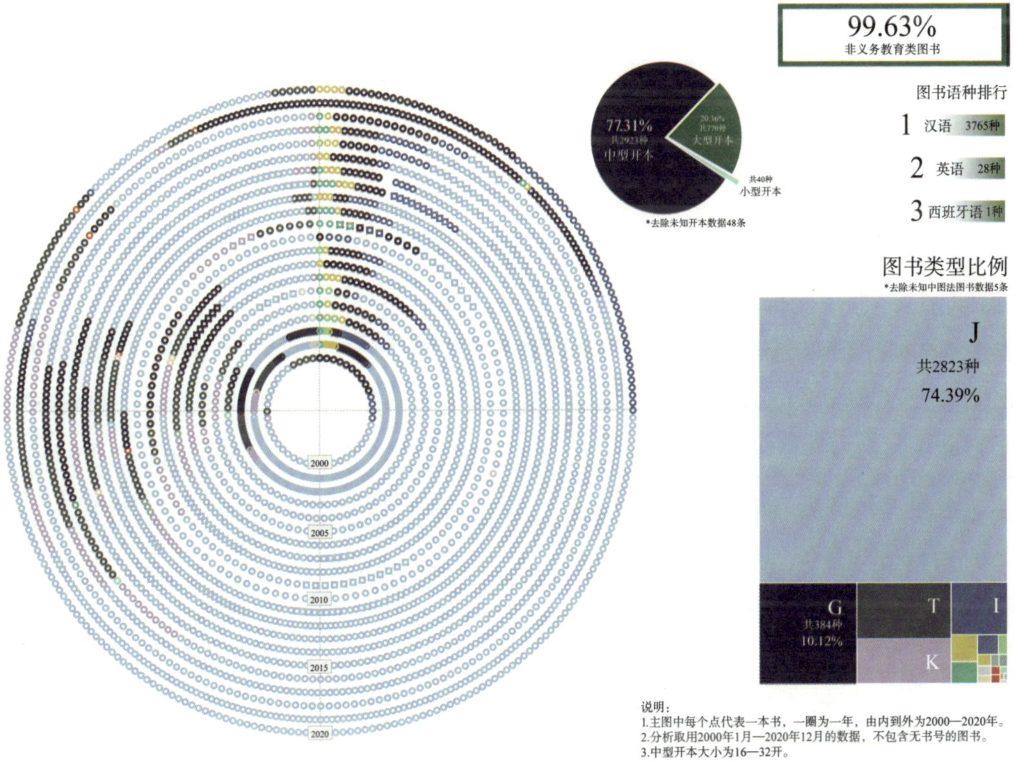

图 4-8　2000—2020 年中国美术学院出版社非义务教育类图书出版情况总览

使其出版业务的总体面貌呈现"T"字结构，这种结构在出版单位中并不少见，既可以视为对业务增长的妥协，也可以视为对优势资源的整合[①]。对于中国美术学院出版社而言，其植根于高校、见长于艺术的自我定位，使得J（艺术）类图书天然占据其业务重心，与其说是经营方努力将此类出版物视为出版支柱，不如说这是一种对于量身打造的业务结构的顺势而为。

2.2 作者群体

相较于其他出版机构，高校出版社的一大优势是背靠高校，拥有得天独厚的人才储备资源。从近5年中国出版政府奖高校出版社获奖结果来看，在120种获奖作品中，就有67部作品的第一作者来自高校出版社的母校，如《最弱受约束电子理论及应用》，其作者为中国科学技术大学的博士生导师郑能武；还有6部作品的第一作者虽然不是母校教职工，却毕业于该出版社母校[②]，这些作者都是出版社的内容生产源头。而出版社的作者从合作关系上又可分为三个层次，首先是核心作者，该群体与出版社或某一出版品牌同进退、共生长，是出版社重要的战略资源；其次是紧密作者，该群体与出版社初步形成了稳定的合作关系（二次或二次以上的合作），在共同推进某一出版任务时衔接流畅，这些作者共同建构了出版社的基础作者群；最后是松散作者，该群体的出版潜力尚未完全开发，在个人意愿上倾向于与出版社合作[③]，只是缺乏合作的契机。

正如上文所言，中国美术学院出版社的作者群体有相当比例来自母校教师、毕业生、业务合作单位或相关行业。从统计数据来看，2000—2020年中国美术学院出版社出版作品最多的作者为中国美术学院博士生导师、中国油画学会主席、中国美术家协会副主席、浙江省文学艺术界联合会主席许江，其作品涉及领域依然以艺术、美术及相关学科的高等教育为主，代表作品有《地之缘：亚洲当代艺术的迁徙与地缘政治》《书·非书：开放的书法时空》《学院的力量：中国美术学院新时期三十年（1978—2007）文献集》《当代艺术教育与传播国际高峰论坛文集：纪念中国美术学院建院八十周年》《世博/思博/视博：中国美术学院2010年上海世博会项目研究文集》《民族翰骨：潘天寿与文化自信——纪念潘天寿诞辰120周年学术研讨会论文集》《"上山下乡"十学案：中国美术学院专业基础教学部"治水最前线"社会实践教学成果》《绘画论：中国美术学院绘画实践与理论研

① 曹霞．关于大学出版社学术出版结构建设的探讨［J］．科技与出版，2011（2）：87-88.

② 姜萍，姜赵治．高校出版社精品图书发展路径探析——以中国出版政府奖图书奖获奖作品为例［J］．出版广角，2022（16）：76-79，92.

③ 王为松，韩建民．主题出版的内容与作者［J］．出版与印刷，2021（4）：40-48.

究博士论文选》。

杨建飞的作品在数量上位居第二，题材仍多涉及美术和教育，代表作品有《色彩基础教程零基础从入门到美院》《兴趣学速写》《吴昌硕画集》《沈周画集》。此外，除了美术类作品，杨建飞对于儿童读物和书法出版物也有涉猎，前者代表作品有《藏西瓜》《卖火柴的小女孩》《松鼠的秘密》《猴子捞月》《挂勋章的熊》，后者代表作品有《褚遂良〈雁塔圣教序〉》《怀仁集王羲之书〈圣教序〉》《赵孟頫〈洛神赋〉》《智永〈真草千字文〉》《米芾〈蜀素帖〉〈苕溪诗帖〉》《王羲之〈十七帖〉》《赵孟頫〈胆巴碑〉》。

中国美术学院教务处的作品总量位居第三。与前两位作者不同的是，首先，中国美术学院教务处作为团体作者，其作品在选题上更倾向于美术类教材和专技训练图书，这与其自身属性和团队职责天然相关，如"最新美术高考作品点评"系列及《中国美术学院考生设计类素描优秀试卷评析》《天地云间：中国美术学院 2016 毕业创作暨林风眠创作奖获奖作品集》《中国美术学院优秀课程与教案汇编》；其次，中国美术学院教务处出版的图书多以某一主题为对象并形成相关系列，如《中国美术学院考生设计类素描优秀试卷评析》，该图书以设计类素描优秀试卷为抓手，包括建筑类、设计类、速写类、素描类、造型类、色彩类等多个方向；再次，在每个方向上又形成纵向的、以年为单位的时间轴序列，如《中国美术学院考生设计类素描优秀试卷评析》中的设计类图书，包括 2013 年、2014 年、2015 年等多个年份的作品。如此一来，就形成了以小牵大、结构分明、层次清晰的专技培训类或教材类丛书。

此外，祁达在中国美术学院出版社共出版作品 60 部左右，涉及的题材以美术教培类为主，如"杭州色调"系列、"杭州素描"系列、"对路速写"系列、"大改变"系列、"夺魁"系列、"白描画谱全集"系列、《兴趣学素描风景》《彩铅漫画人物》《巅峰·色彩课件》。祁达的作品没有局限于单一的美术艺术，而是将美术专业与地方传统文化充分融合，这种出版思路的根源来自"美术专业的创造性转化和创新性融合"[①]，即通过地方特色文化与美术艺术特征的交叉、互补和渗透，冲破单一模式下的种种局限，从而催生出新的差异化产品。

自安滨开始的其他作者，在出版总量上大幅缩减，安滨、江南书画院、黄家荣、浙江美术馆、王静凌、陈明坤、成朝晖、

① 曹智滔．浅析如何把中华优秀传统文化融入美术专业出版［J］．出版参考，2023（2）：52-54.

周刚等作者出版量均在 20—25 种的区间内浮动。尉晓榕、林家阳、周武、应金飞、舒建华、蒋铭科、中国美术学院附属中学、裘一峰、邹芳、赵燕、西泠书画院、释迦印旭、施慧、沈浩、刘正杰、高士明等作者在样本时间内的出版量为 10 部左右。

图 4-9　2000—2020 年中国美术学院出版社作者出版情况

2.3 图书价格

本文统计了 2000—2020 年中国美术学院出版社的图书价格并以表格形式展现，其中有 31 条无效数据，为确保研究结果的准确性，该数据未被纳入图表中。（图 4-10）

从统计结果看，中国美术学院出版社的图书价格主要呈现出以下特征。

首先，价格区间分布均匀。从价格区间的角度切入，意味着我们需要分析影响价格张力的因素，并将其视为必要的研究主

1～70

	2000	2001	2002	2003	2004	2005	2006	2007	2008	2009	2010	2011	2012	2013	2014	2015	2016	2017	2018	2019	2020
小于10元	2	5	4				1		3							8	1			70	10
10—20元	10	41	35	13	12	7	9	10		1			5	2		1		5		2	21
20—30元	14	29	36	13	21	17	20	13	26		26	21	18	13	12	14	1	5	12	1	1
30—40元	6	12	22	7	8	4	16	22	45	19	13	31	34	14	13	9	6	11	10	24	26
40—50元	5	7	6	3	5	3	10	10	24	20	16	28	21	17	48	17	25	23	19	24	28
50—60元	2	4	4	5	4	3	2	25	14	7	5	29	27	17	15	32	10	12	6	27	24
60—70元	1	4	6	13	2	2	4	3	9	1	10	7	17	16	25	15	13	13	12	20	15
70—80元		2	1	3	7	1	1	5	5	3	2	2	5	10	9	12	18	18	5	15	16
80—90元	1	2	10	2	5	5	6	3	6	8	12	3	13	25	12	13	24	10	14	11	21
90—100元	2	3	1	1	2	2	2		3	4	6	4	11	5	12	12	7	36	22	13	18
100—200元	2	10	13	7	10	18	25	13	16	18	20	37	45	49	55	49	54	65	62	69	48
200—300元	2	7	4	3	2	13	23	17	13	9	15	17	26	17	23	26	28	38	19	31	24
300—400元	1	3	2		4	5	5	11	7	13	13	17	20	25	17	10	17	16	11	9	6
400—500元			3			2	5	3	2	1	4	8	6	4	1	4	2	5	6	3	3
大于500元		1	3		1		3		5		7	6	11	7	8	2	4	20	18	19	7

图 4-10　2000—2020 年中国美术学院出版社图书价格变化

体。除去 2011—2020 年 100—200 元价位区间的图书，其他时间、价位的图书在价格的区间分布上比较均匀，或者说这部分图书的出版数据是“平”的，各个价位之间并不存在明显的断裂或鸿沟。

其次，价格波动幅度较小。除部分价位与周围价格相比形成价格高地之外，其他图书无论是价位区间还是时间分布都没有剧烈起伏。至于若干书目的价格高地形成原因，将在下文价格惯性部分进行分析。

最后，选题连续促成价格惯性。在开发、推出出版物的过程中，选题连续更能打造出版势能、树立出版品牌。从历届中国出版政府奖获奖作品来看，同类型的丛书、选题中具备连贯性的系列图书容易获得评委的青睐，如《回溯历史：马克思主义经济学在中国的传播前史》获得了第二届中国出版政府奖图书奖提名奖；《马克思主义哲学基础理论研究》作为同类别、同题材的作品，又提得次届同奖；《马克思主义法律思想通史》在前作基础上继续深挖马克思主义、聚焦中国化路径，第三次提得中国出版政府奖图书奖[①]。选题的连贯性生成了图书在部分时间内的价格惯性，二者之间的逻辑关系在于——同一主题、同一规格的图书，在定价上必须趋于相近，否则就失去了其主题一致性的内在合理性。从图 4-10 中可以看出，2011 年至 2020 年，定价在 100—200 元的图书在数量上明显高于其上下价位的图书，从出版的图书主题亦可发现，由于该阶段出版的丛书较多，如《艺术的力量》《新艺术的震撼》《艺术无疆：中国、乌克兰艺术家对话展作品集》《金红丝绸：意大利伦巴第的奢华和挚爱》及“中国当代油画名家”系列，因此在价格上形成连续性，在图表中呈现深色的价格高地。

2.4 图书开本

在统计图书开本数据时，收集到未知开本数据 48 条。为确保研究结果的准确性，该数据未被纳入图表。（图 4-11）

经统计，中国美术学院出版社在 2000—2020 年共出版大型开本图书 770 种，占比 20.55%，代表作品有《绿润瓯江八百里：顾松铨生态山水画长卷》《笔·墨·意·韵：国际水墨画学术邀请展作品集》《风景这边独好：浙江省老干部美术家协会画集》《全国艺术院校青年教师优秀中国画展览作品集》《艺涌钱潮：浙江钱江画院作品集》《中国美术学院中国画系藏品集：章培筠白描花鸟作品集》《腾飞的北仑：全国当代书画印名家作品邀请展作品集》《中国美术学院考生优秀试卷评析：素描》《传承·发展：

① 姜萍，姜赵治．高校出版社精品图书发展路径探析——以中国出版政府奖图书奖获奖作品为例［J］. 出版广角，2022（16）：76-79，92.

浙派意笔人物画邀请展作品集》《绿色风行 为绿而行：中国第一届垃圾与文化书画展作品集》《为艺术战：浙江美术馆藏品展作品集》。

中型开本是支柱，中国美术学院出版社出版的中型开本图书数量最多，共2923种，占比78.01%，代表作品有《猜想与反驳：科学知识的增长》《通过知识获得解放：关于哲学历史与艺术的讲演和论文集》《身体，记忆与建筑：建筑设计的基本原则和基本原理》《巨匠风华：欧洲艺术藏品精选》《依于本源而居：海德格尔艺术现象学文选》《中国书法现代史：传统的延续与现代的开拓》《〈笑傲江湖〉与新昌风光：从唐诗之路到电视剧外景地》《徐光强书前后赤壁赋》《江南遗风：张生记酒店装修艺术》《李格尔与艺术科学》《南京栖霞山石窟艺术与敦煌学》《进行时态：浙江当代青年油画家作品集》。

小型开本的数量最少，共40种，代表作品有《藏西瓜》《卖火柴的小女孩》《小木偶采药》《猴子捞月》《嘎嘎鸭的星球》《倒霉的狐狸》《小拉奇吃星星》《掉牙齿的老鼠兄弟》《渔夫的故事》《不洗脸的小猫》。

从以上数据可以看出，开本受内容、交互等因素影响。首先，从开本与内容来看，与大型开本相关联的图书大多涉及美术、展览等题材，如此才能清晰展示画面、色彩、结构等内容上的细节。中型开本图书大多以文字作为表达途径，不需要大篇幅的画面即可实现内容的表达。这类图书发行最多，受众最广。小型开本的内容大多为儿童故事，篇幅小、字数少，因此小尺寸即可满足其使用需求。

其次，从开本与读者交互来看，开本的设计与读者的阅读习惯、交互方式均有关系。大型开本通常出现在展览馆、美术馆、设计院等场所，而是在一定距离内被观赏和品鉴，对于翻页、托举所要求的重量、人体工学交互少有要求，因而大尺寸开本与美术类作品的结合较为普遍，量身而做的“定制”成为现实。中型开本作为现阶段图书形态的中流砥柱，是大部分图书所采用的尺寸，在阅读时要考虑视觉分割、阅读习惯等，如是否需要伏案阅读，阅读时视线的覆盖范围能否便于图书内容与读者建立深度关系，是否便于建构沉浸式阅读、提升内容的表达效率等[①]。而小型开本的用户主要是儿童，对图书的抓握、翻页、重量、材质的要求又有所不同。

① 周行．书籍开本设计的应用与研究［D］．郑州：中原工学院，2015.

最后，从开本与受众群体来看，不同的开本通过在成本上博弈，满足了不同的群体诉求。对于大型开本而言，虽然其在数量上占比不多，然而由于供给方和消费方能够提供充沛的资金，因此能够针对定制性的需求生产相关的价值产品。中型开本在出版数量上占据优势，这种优势稀释了传统模式下 C 端（客户端）“定制”出版物的高昂成本。至于小型开本或者说异形开本，数量上比大型开本更少，虽然也有产生收益的能力，然而由于受“长尾效应”的影响，这种个性化的、小众的、需求量相对较少的群体常常被忽视，这就倒逼各方不得不压缩成本和内容生产流程。

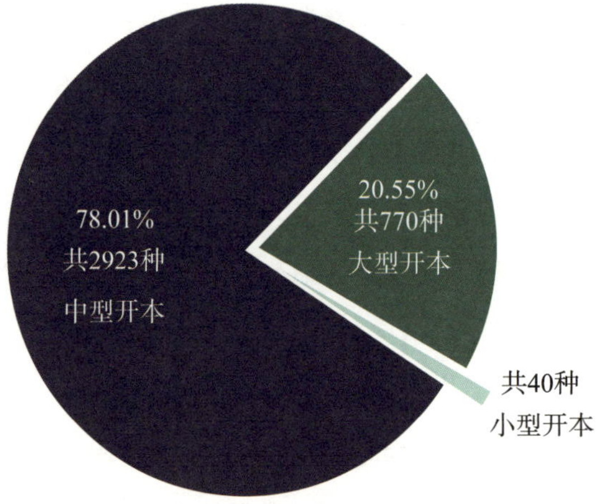

图 4-11　2000—2020 年中国美术学院出版社开本统计饼状图

3. 中国美术学院出版社发展特色

3.1 紧抓历史机遇，专业出版异军突起

中国美术学院出版社经过 38 年的发展，已经探索出了一条具有“中美院特色”的发展之路。中国美术学院在建社之初，正值改革开放诸多政策落地之年，百业待兴、百务待举，尤其是高等教育在各个领域不断发力，投入持续加大，规模快速扩张，各

个学科建设也在调整中大步前行，艺术门类越来越成为学界和市场的新宠[①]，直至从文学大类中单列，成为一支独立的学科。也正是在这个过程中，中国美术学院出版社紧抓时代机遇，充分利用其临近学术源头的优势，充分集聚和引领高端学术资源，推出了一系列长期占据美术学科高等教育讲台的优质教材，如《有机建筑论》《欧美环境艺术概览》《中国美术史》《西方版画史》，形成了强有力的专业出版力量，也为高校出版社在专业出版方向积累了经验。

3.2 紧跟时代潮流，渠道融合初见成效

渠道是沟通出版社和受众的桥梁，随着出版物形态的多样化，传统渠道已经不能满足中国美术学院出版社的业务需求，各个单一渠道走向融合已成趋势，也为出版社的经营管理提供了新的议题，然而如果仅仅从媒介融合的角度讨论渠道融合，则难免陷入走马观花般的媒介形态演变中[②]。在销售渠道上，全国 30 家美术专业出版社有 27 家入驻天猫，22 家入驻京东，中国美术学院出版社除了在天猫、京东设立销售渠道，也打通了当当网的销售通路；除了销售纸质图书、文创产品，在电子书等富媒体图书方面也有涉猎[③]。短视频平台、直播带货等新的销售渠道，也为中国美术学院出版社打造图书销售 IP、创新渠道路径提供了空间。

3.3 馆社联系密切，出版业务提质增效

得益于母校的出版资源优势，中国美术学院出版社与其他美术馆、图书馆、大学社团和民营图书文化公司建立了密切的业务往来关系，打造了“点带线、线成面”的合作优势，实现了书目平台的共享和图书资源的高效利用，打造了“互惠互利”的业务往来局面。如 2022 年 11 月，中国美术学院出版社与中国美术学院学工部、南山书屋共同举办了“象山之家”读书会，通过分享和推广《一天上午的回忆》《美感论》《中国伦理学史》等书籍，以及邀请专家分享如何阅读、举办“书籍的可能”等与出版业务相关的展览，将出版社、高校、经销商、读者等多个 B 端（平台端）和 C 端的资源整合与再利用，切实推动了出版业务的提质增效。

① 曹增节．视觉时代的专业美术出版[J]．中国美术，2012（5）：16-17.
② 房宝金，尚建翠．我国美术专业出版社现状与发展策略探析[J]．出版广角，2016（3）：54-56.
③ 张哲．我国美术专业出版社出版融合研究[D]．济南：济南大学，2022.

四、浙江工商大学出版社

1. 浙江工商大学出版社历史沿革

浙江工商大学出版社成立于2008年5月6日，由浙江省教育厅主管、浙江工商大学主办，是浙江省教育厅直属的唯一一家高校出版社、浙江省第三家大学出版社，也是一家年轻的出版机构。在短短的10多年时间里，稳健推进，迅速发展，现年出版新书已逾500种，多个项目列入国家“十一五”“十二五”“十三五”重点图书规划。其出版的24卷本《狄更斯全集》，作为国家礼品书亮相伦敦国际书展，荣获中国出版政府奖提名奖。在中宣部国家新闻出版署图书出版单位社会效益评价考核中，浙江工商大学出版社连续三年（2018—2020）获评“优秀”。

此外，浙江工商大学具有国家批准的图书出版、数字出版、全科教辅出版三项出版资质，秉持“立足教育、服务教育、发展教育”的办社宗旨，以“为学校创建双一流打造人文社科出版高地”为使命，出版范围涵盖经济、管理、人文、外语、法律、教育、少儿等门类，在成立之初就将发展定位为以教育类图书为主体、商贸类图书为特色。代表出版物有《小王子》（傅雷翻译出版奖得主郑克鲁法文直译）、《孙子兵法·三十六计》（富强改编）、《中国历史常识》（现代史学家吕思勉著）、《汤姆索亚历险记》（张友松译）、《海底两万里》（陈筱卿译）、《鲁滨逊漂流记》（王晋华译）、《繁星·春水》、《伊索寓言》（杨海英译）、《骆驼祥子》、《泰戈尔诗集》（郑振铎译）、《父与子全集》、《绿山墙的安妮》（马爱农译）、《钢铁是怎样炼成的》（周露译）、《青鸟》（郑克鲁译）、《童年的秘密》（刘莹译）、《数字的魅力：2018基于统计视野的浙江经济社会发展研究》（浙江省统计局 著）。在义务教育方面，代表出版物有“各地期末试卷精选”系列（孟建平 主编）、《上海社区教育实验（2017—2019）》。

在出版机构方面，组建了行政、编审、印刷、销售、宣传、教育等多个部门：行政办公室、总编办公室、财经编辑部、人文编辑部、外语编辑部、教育编辑部、基础教育编辑部、综合编辑部、数字出版部、版权贸易部、图书营销部、读者服务部、印制管理部、财务管理部、学生实习基地。

2. 浙江工商大学出版社出版现状数据分析

本文拟从出版类别、作者群体、图书价格三个方面对浙江工商大学的出版数据进行梳理和分析，并以梳理结果为依据，为该出版社的出版策略提供参考。

2.1 出版类别

随着浙江工商大学出版社“事业单位、企业管理”的改制完成，其多重属性使得该社出版物扮演的角色愈加重要、作用愈加凸显、影响愈加广泛，读者呼吁出版物要有更科学、更严谨、更先进的出版分类。在这种背景下，浙江工商大学出版社明确规定以中图分类法为依据，一方面增强类目的扩容性，提升分类的准确度；另一方面也为出版物适应社会需求、紧跟时代发展留足空间。

图书的出版除了要考虑读者的需求，还要考虑国家意志、正确处理“两个效益”的关系，在什么阶段应该出版什么选题、鼓励什么作品、加强哪些宣传、侧重哪些引导，都是国家意识形态的体现[①]。找到读者需求与国家意志之间的平衡点，充分完善出版类别的科学配置，打造既叫好又叫座的精品图书，是浙江工商大学出版社的工作重心和价值追求。

从统计结果来看，浙江工商大学出版社出版的图书呈现以下特点。

首先，总体类别较多，涉猎范围较广，覆盖了人文社科和自然科学的大部分领域。从图 4-12 中可以得知，浙江工商大学出版社出版了包括政治、经济、文学、艺术、医药卫生、哲学宗教等多种类别的图书。根据词频的关联度分布结果，“教育”“中国”“企业”“浙江”“研究”占据主流，是出版类别的热词，这类图书的检索频率更高、曝光度更高、下载量更大；“经济”“发展”“高等学校”“作品集”次之，从这部分关键词开始呈现检索量衰退的趋势，影响力也不及前者，可以视为关键词热度的拐点，但总体上仍强于其余类别；“杭州”“长篇小说”“社会”“作品集”“文学”“文化”处于出版关键词排序的末位，这类检索关键词自身的指向性更强、内容更具体、颗粒度更小，与之相对应的热度也最弱。最后，以诸如“近代文学”“马克思”“微积分”“战略”“心理学”“财务会计”“上市公司”“国际贸易”“海洋”“美学”为代表的关键词，其检索量和热度已经衰退到不再具备单个统计意义的程度，而以群体性关键词的方式打包统计。

① 马朝阳，赵玉山．出版业分类管理的思考［J］．现代出版，2016（3）：16–18.

2020

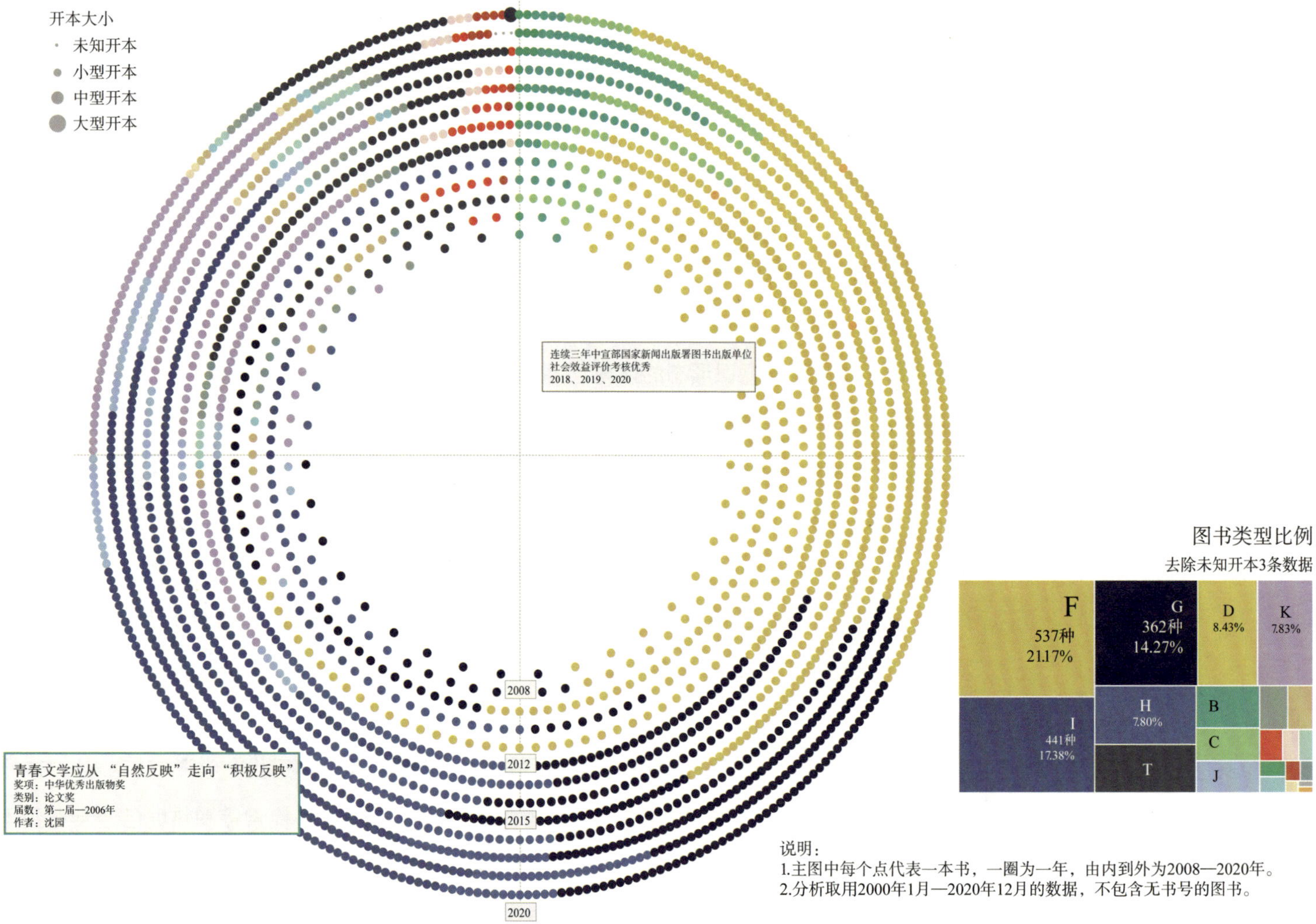

说明：
1.主图中每个点代表一本书，一圈为一年，由内到外为2008—2020年。
2.分析取用2000年1月—2020年12月的数据，不包含无书号的图书。

图 4-12　2008—2020 年浙江工商大学出版社图书出版情况总览

其次，出版类别分布不均。本文归纳了浙江工商大学出版社所采集数据的出版比例细节，其中图书以 F（经济）类最多，高达 537 种，占比 21.17%，代表作品有《关于商业，你所知道的都是陷阱》《征服世界的私有银行：谁控制了货币，谁就控制了世界》《2011 杭州金融发展报告》《我国资本市场与证券投资基金互动关系研究》《浙江省经济转型升级政策汇编》《FDI 与中国经济增长：基于吸收能力的统计实证研究》《基于人力资本视角的行业收入差距统计研究：以浙江省为例》等，均为市场反响较好的经济类图书。I（文学）类次之，总量为 441 种，占比 17.38%，代表作品有《凯莱布·威廉斯传奇》《高文爵士与绿衣骑士》《大江健三郎论：森林思想及生存原理》《小富兰克林的大发明》《解放了的埃塞俄比亚》《新世纪文学现象与文化生态环境研究》《文化转型与百年文学"中国形象"塑造》《诺贝尔文学奖：颁奖词与获奖演说全集》《无法到底的苍凉：张爱玲独创性问题研究》《孤怀独往的精神背影：沈从文独创性问题研究》。G（文化、科学、教育、体育）类第三，总量为 362 种，占比 14.27%，代表作品有《当代中国陶行知教育思想实验研究》《大学体育基础理论与健康教程》《分布式数字书馆资源整合与服务集成的管理研究》《教学改革与创新研究：浙江工商大学教学改革论文集》《媒介迷思论：数字化浪潮下娱乐化和商业化的媒介文化》《优秀，从快乐游戏起步：提升幼儿感觉统合能力的传统游戏选粹》《近现代浙江名家教育思想与当代中国教育》。

最后，出版类别极差较大。以类别范围较广、类别分布不均为前提，浙江工商大学出版社的出版类别同时呈现出极差较大的特征，即头部出版物占据了总份额的一半以上，这反映了市场对某一类或几类出版物的巨大需求或国家对某个出版方向的大力扶持，这也是头部出版物在当下的市场环境中所体现的重要表征之一；中部类别（H 类、D 类、K 类）的出版份额占据总出版量的 24.06%；尾部类别的出版份额虽然与中部类别大体持平，然而却在类别数上远远大于前者，达 16 种，这种 3 ∶ 3 ∶ 16 的类别比使得浙江工商大学出版社的出版结构整体基本呈"金字塔"型。

2.2 作者群体

在探索出版规律时，作者群体是绕不开的议题。出版物作为精神产品的载体，其内容来自作者与环境的互动，是人与环境交互的产物。作为出版物与环境的媒介，作者更能反映媒介两端的多重关系。从浙江工商大学的作者群体，我们可以大致了解出版社与出版社所在的环境之间的多维互动。

本文在归纳作者数据时，摒弃了传统模式下以专业教材图书和普通大众图书来分类的方法，采纳了价值分类和生命周期法，所谓作者群体的价值分类，指的是作者群体对出版社和社会所产生的经济价值和社会价值，通常以单人在固定时间内出版的作品数量为依据；所谓生命周期，指的是在样本时间内作者持续出版作品的时间跨度[①]。以此为据，在样本时间内，浙江工商大学出版社个人出版数量前三名分别为：周建松、陈寿灿、于康。下文将从内容倾向、出版周期两个方面对该出版社的作者群体进行探讨和梳理。

在内容倾向上，周建松出版的作品以 G（科学、教育、文化、体育）类为主，其中又以高等职业教育类居多，代表作品有《高等职业教育校企合作长效机制研究》《金融高等职业教育课程建设研究：浙江金融职业学校课程建设十年》《创新发展高等职业教育的浙江样本》《立德树人　培育高素质技术技能型人才：2015 首届全国高职院校立德树人交流研讨会文集》《中国特色高等职业教育发展道路探索与研究》《论中国特色高水平高职学校建设》；其次为 F（经济）类，分别为《应用型金融人才培养理论与实践》《浙江经济转型升级与金融服务体系建设》《浙江金融改革与创新研究》《浙江地方金融发展续论》《金融高等职业教育专业内涵建设研究：浙江金融职业学院专业建设十年》《浙江地方金融改革的创新与实践》《区域金融创新发展与浙江实践研究》；最后为 D（政治、法律）类，只有 1 种，即《党建引领育人》。

陈寿灿在浙江工商大学出版社出版图书作品数量最多的是 B（哲学、宗教）类，分别为“浙江伦理学论坛”系列（5 册）及《以德齐家：浙江家风家训研究》；其次是 G（科学、教育、文化、体育）类，含《人才培养与教学改革：浙江工商大学教学改革论文集（2011）》《其精甚真：高校学生思想政治教育理论与实践》等；再次是 F（经济）类，仅 3 种，分别为《解构与重建：基于“一体多元”的大商科人才培养体系建构与实践》《浙商发展蓝皮书：浙江创业观察 2018》《浙江省新型政商关系“亲清”指数研究报告 2019》；最后是 J（艺术）类，仅 1 种，为《天籁西溪》。

于康在出版总量上与前者大体持平，然而在出版类别上却只有 1 种，即 H（语言、文字）类，其出版的 14 种作品均属日语类：《语料库的制作与日语研究》（2013 年）、《加注标签软件与日语研究》（2014 年）、《日语偏误研究的方法与实践》（2014 年）、

① 马文娟，陈珂 . 大学出版社作者资源的客户关系管理［J］. 编辑学刊，2013（4）：80–83.

《日语统计分析软件与日语教材研究》(2016年)、《日语格助词的偏误研究(上)》《日语格助词的偏误研究(中)》《日语格助词的偏误研究(下)》、《加注标签软件与日语研究》(2018年)、《日语统计分析软件与日语教材研究》(2018年)、《日语偏误研究的方法与实践》(2018年)、《语料库的制作与日语研究》(2018年)、《日语复合助词的偏误研究(上)》《日语复合助词的偏误研究(下)》《日语副词的偏误研究(上)》。

在出版周期上，传统意义上的出版周期通常分为考察期、形成期、稳定期和退化期四个阶段[①]，涵盖了构思、写作、印刷、发行等多个环节，这种周期范围广、覆盖全，优势明显，是宏观视角下研究出版规律的利器，然而当研究目标转为某一阶段的精准量化研究时，该方法却略显粗糙，在精准度和指向性上表现乏力。如在本文的样本时间以前，部分作者已经稳定出版了若干图书，但这部分内容却无法纳入本文的研究范畴。因此，本文根据前期调研采集的数据特征，将原出版周期中的考察期、形成期、退化期合并至稳定期内，以稳定期内的出版数据作为研究主体，以期发现研究目标的若干规律。

周建松的作品整体分布较均匀，2008年浙江工商大学出版社成立，不久即开始与其合作，首部作品《应用型金融人才培养理论与实践》出版于2011年，自此直至2020年每年均有作品出版，其中2017年为出版高峰，共7部:《党建引领育人》《浙江地方金融改革的创新与实践》《区域金融创新发展与浙江实践研究》《高等职业教育创新发展行动计划精解》《立德树人 培育高素质技术技能型人才:2015首届全国高职院校立德树人交流研讨会文集》《立德树人 培育高素质技术技能型人才:2016年全国高职院校立德树人交流研讨会文集》《优质高职院校建设指南》。2014年、2015年、2018年、2020年各出版作品4部，其中2014年出版的作品包括《金融高等职业教育专业内涵建设研究:浙江金融职业学院专业建设十年》《高等职业教育校企合作长效机制研究》《金融高等职业教育课程建设研究:浙江金融职业学校课程建设十年》《高等职业院校人才队伍建设理论与实践》;2015年出版的作品包括《高品质幸福金院实现机制研究》《高等职业教育教学创新与实践成效》《创新发展高等职业教育的浙江样本(上、下)》;2018年出版的作品包括《浙江金融职业学院办学理念与实践》《高水平高职院校建设导引》《创新创业与素质教育:2016高职素质教育学术论坛优秀论文集》《高等职业教育内涵发展综论》;2020年出版的作品包括《中国特

① 马文娟，陈珂.大学出版社作者资源的客户关系管理[J].编辑学刊，2013(4):80-83.

色高等职业教育发展道路探索与研究》《学习贯彻〈国家职业教育改革实施方案〉》《中国特色高水平高职学校建设的金院思考》《论中国特色高水平高职学校建设》。

较周建松而言，陈寿灿的作品在出版周期上衔接性更强，其在浙江工商大学出版社出版的首部作品《人才培养与教学改革：浙江工商大学教学改革论文集（2011）》于2012年出版，2013年出版了《人才培养与教学改革：浙江工商大学教学改革论文集（2012）》，实现了与前一年度作品的衔接。2014年出版了《浙江伦理学论坛Ⅰ》《人才培养与教学改革：浙江工商大学教学改革论文集（2013）》两部作品；2015年出版了《浙江伦理学论坛Ⅱ》《以德齐家：浙江家风家训研究》《其精甚真：高校学生思想政治教育理论与实践》和《人才培养与教学改革：浙江工商大学教学改革论文集（2014）》；2016年出版了《浙江伦理学论坛Ⅲ》；2017年出版了《浙江伦理学论坛Ⅳ》《解构与重建：基于"一体多元"的大商科人才培养体系建构与实践》；2018年出版了《浙江伦理学论坛Ⅴ》《天籁西溪》；2019年出版了《浙商发展蓝皮书：浙江创业观察》；2020年出版了《浙江省新型政商关系"亲清"指数研究报告2019》。

于康的出版高峰是2018年，共出版5部作品：《加注标签软件与日语研究》《日语统计分析软件与日语教材研究》《日语格助词的偏误研究（下）》《日语偏误研究的方法与实践》《语料库的制作与日语研究》。

2.3 图书价格

研究浙江工商大学出版社自成立至2020年以来的图书价格趋势，探索该出版社图书利润与社会效益的最佳平衡点，是本文的研究重点。

在图书价格方面，本文依然采取数据统计的方法，辅以柱状图、方格图，对图书价格的变化趋势进行可视化呈现。

首先，从数据来看，随着业务的发展，浙江工商大学出版社的图书量价齐升。在出版社成立当年，20—30元区间是价格峰值，共出版10种图书，分别为《2008杭州金融发展报告》《中国国际收支结构：基于对外经济发展战略的研究》《现代企业会计案例研究：特殊业务部分》《大学生职业生涯规划理论与方法》《婺商：600年历史传承与60年飞速发展》《食品加工学概论》《会计学习题集》《中级财务会计习题集》《大学生职业生涯规划导论》《中国式博弈：温州社会变革见证录》。10—20元和30—40元区间的品种数相差不大，各为9种和6种，前者作品为《为当事人抗辩：法律执业技能模拟训练案例集萃》《大学英语快速阅读（高级）》《大学英语快速阅读（初级）》《大学英语快速阅读（中级）》《大学英语四级写作》《中国教育不平等问题的统计研究》《我国资本市场与证券投资基金互动关系研究》《浙江流通产业演进动力研究》《企业网络的经济分析：产业区能力差异的解释》，后者作品为《再问“人何以可能”：中西经典思想批判讲演录》《本体性否定：穿越中西方否定理论的尝试》《公共经济学教程》《现代商贸评论（第二辑）》《中国零售企业绩效来源研究：基于市场结构、核心竞争力和零售网络视角》《医学图像三维重建》。10 元以下、60—70 元区间分别为 1、2 种。后续数据中，各个区间的图书价格开始缓慢上涨，销量也以与销售总量耦合的姿态提升，直至 2020 年达到统计数据的顶峰（图 4-13）。

	2008		2010					2015					2020
小于10元	1	2					5	2					
	9	12	13	22	25	13	25	4	3	9	2	5	2
20—30元	10	24	43	28	44	47	60	35	45	34	26	32	16
	6	9	22	28	38	87	65	72	101	62	87	67	44
40—50元	1	6	12	10	18	34	39	52	77	83	110	93	83
			3	2	3	6	5	7	16	16	63	48	67
60—70元	2		2	5	4	4	4	10	10	13	17	43	49
		1	1	1	2	1	2	1	1	2	5	12	20
80—90元		2	1	1				4	4	2	4	3	9
			5			1		3	1	3	3	6	9
100—200元		3	2	1	32	10	3	4	3	2	1	6	11
	1	1		2				1		1	1	3	1
300—400元				1		3			2		2	3	2
				1		2					1	2	1
大于500元			1					1	2	1	1		

说明：数据来自浙江图书馆。

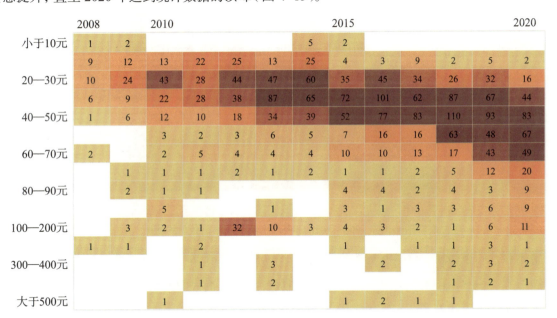

图 4-13　2008—2020 年浙江工商大学出版社图书价格变化

其次，价格重心缓慢偏移。在出版社成立之初，10—40 元价位区间的图书是出版社的业务重点，虽然总体体量较小，但是各价位之间的出版量分布较均匀。随着业务量的增长，10 元以下区间的图书出版量逐渐萎缩，只有 2014 年和 2015 年零星出版了 5 种和 2 种，其他年份均未出版任何图书。10—20 元价位区间的图书总体上没有明显波动，20—50 元价位区间自 2009 年开始缓慢增长，至 2012 年开始迅速增长。50—70 元价位区间自 2018 年首次突破 50 种，至 2020 年达到 70 种。从以上数据可发现，浙江工商大学出版社的出版重心偏移路径与其年出版量大体重合。

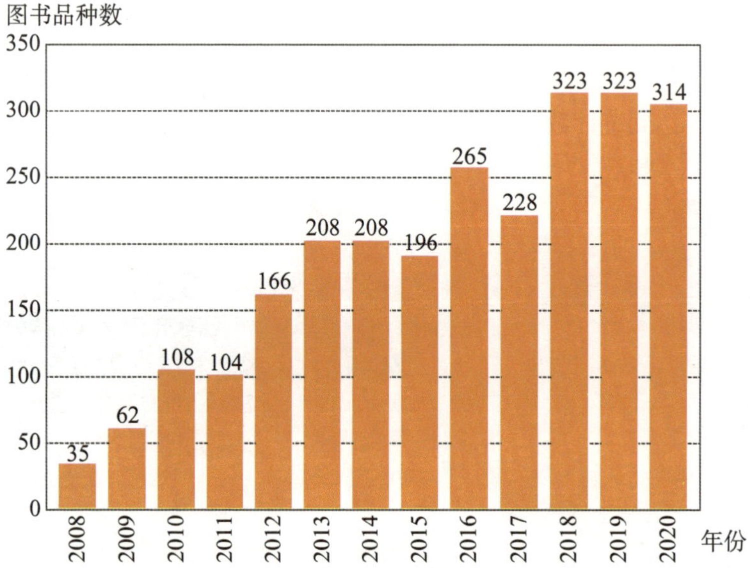

图 4–14　2008—2020 年浙江工商大学年出版量柱状图

再次，低价图书生存空间被挤压。这里所定义的低价图书是指价格小于等于 10 元的图书。此类图书类别比较特殊，通常为儿童读物、可拆卸卡片、小开本手册等，受众少、成本高。因此，浙江工商大学出版社在 10 元以下的出版物市场上始终保持比较保守的策略，而将业务重点放在 10—70 元区间市场上。从数据统计可以看出，低价图书的出版时间主要集中在 2008 年、2009 年、2014 年、2015 年，其中又以 2014 年为相对出版高峰，共 5 种，其他年份或者不超过两种，或者直接取消该年度的低价图书出版计划。

3. 浙江工商大学出版社发展策略

3.1 提高政治站位，赓续红色传统

大学作为高等教育的基础单位，承担着为党培养后备人才、为国延续红色基因的重担，而大学出版社作为舆论引导、思想领航的压舱石，作为以先进思想和优质内容服务广大群众和千万读者的指向标，更要充分发挥自身平台优势、打造特色出版体系。浙江工商大学出版社经过十几年的发展，初步形成了基于自身出版资源、平台依托、出版导向的出版势能，这背后离不开浙江省教育厅的扶持与帮助，离不开浙江工商大学的资源支持，更离不开出版社的持续守正与创新，其中最重要的当属各层平台党组织作用的发挥。各层平台党组织通过对出版内容的整理、出版策略的制订、出版导向的把关，持续推动出版物意识形态属性不变色、思想文化属性不变质，并且站在党和国家事业全局的角度对出版社进行掌舵趋进。在后续发展路程中，出版社更需乘胜追击，积极推进党建工作，齐抓共管生产经营，科学谋划、完善制度、精准落实。

3.2 依托高校资源，发挥出版优势

不同于其他出版社，高校出版单位在学术、人才等资源方面天然占据优势。纵观世界一流大学出版社，其最明显的特征就是依托一流大学，并与其形成良好的互动关系，如牛津大学出版社作为牛津大学的附属机构，兼具学术出版机构和出版企业双重身份，不仅在学术研究上承担着重要使命，也是牛津大学办学、教育等领域的中流砥柱[①]。由此可见，能否将这些优势成功转化为业务增量，整合、共享、提升出版社的业务硬实力与文化软实力，是占据出版高地的关键。浙江工商大学出版社背靠浙江省教育厅，依托浙江工商大学，在平台上已经领先一步，对于出版导向、业务蓝海、政策制度的解读更加精准，需在此前提下联动学校，大力发展出版战略合作伙伴关系，充分发挥出版社学生实习基地作用，探索“校社”合作框架下的业务推进机制，对出版流程进行深度改革，在完成业务增长的同时，解决高校人才“精于理论疏于实践”的痛点，培养一批学术素养丰厚、业务知识精通、实践操作熟练的全能型复合出版人才，通过“课上学习、课下实践”的方式，打造出版人才培养体系的造血机制。

① 段存广 . 浅析世界一流大学出版社的特征及启示［J］. 中国高校科技，2019（6）：83-85.

3.3 拥抱数字出版的时代浪潮

传播技术的发展使得社会的媒介化属性愈加强烈，出版行业在万物皆媒的语境下，其产品形态不再且不应该再拘泥于单一的书籍或电子出版物，而是给出版物的交往对象以更大的媒介形态想象空间，尤其在生成式人工智能和数字化载体的催动下更是如此。我们应该注意到，出版业自诞生至今在媒介形态上没有太大的变化，从结绳记事，到刀笔吏的抄书，抑或是第一次工业革命后的“新闻纸”，以及当前的书籍、音像制品，其逐渐精进的无外乎是大规模复制的迭代效率提升。而今，生成式人工智能使得内容产出发生质的变化，“投喂式”交往使得人与机器的边界愈加模糊，“阅读”与“悦读”不断靠拢，加之脑机、AR（增强现实）、VR（虚拟现实）等交互方式的革新，未来出版社应该以何种姿态存在？当下的出版社又应该以何种途径改革和重构？这些迷思，或许能够在浙江工商大学出版社的发展之路上得到答案。

第五章

浙江出版发展特征与未来趋势

2000—2020

20

2000—2020

进入 21 世纪后，浙江文化领域改革不断推进，浙江出版业高速发展，成就斐然，主题出版主体地位彰显；主题出版、专业出版、大众出版获得极大发展，作为出版主体的图书出版优质高效；图书结构和品种多元化，出版业整体发展水准位于全国前列。

1978 年，浙江图书出版社只有 2 家，2017 年，浙江省内共有图书出版社 14 家，音像电子出版社 7 家，年度图书出版数逾万种。以 2017 年为例，浙江省内出版社共出版图书 14462 种，印数 4 亿册，浙江省新华书店以及出版社发行销售出版物 13.7 亿册，总销售收入达 198.5 亿元人民币。浙江出版业积极培育图书市场主体，民营发行业与传统国有发行业持续发展，传统发行方式和数字发行方式并行不悖，新华书店连锁店销售以及电商直播、电商平台销售一体化推进。2013 年，阿里巴巴天猫书城成立后，在线书店 1000 多家，线上销售图书 130 万种。民营发行业规范有序经营，涌现了晓风书屋、枫林晚书店等特色鲜明、具有影响力的民营书店。至 2020 年末，浙江省内共出版期刊 235 种，公开发行报纸 66 种，出版规模和出版物品种居全国前列，丰富了人民群众的精神文化生活。

2000 年至 2020 年，中国美术学院出版社、浙江工商大学出版社、浙江大学出版社、西泠印社、宁波出版社、杭州出版社以及浙江出版联合集团所属的浙江文艺出版社、浙江摄影出版社、浙江少年儿童出版社、浙江人民美术出版社、浙江人民出版社、浙江科学技术出版社、浙江教育出版社、浙江古籍出版社共出版图书逾 20 万种。

一、主题出版高质量、精品化发展

1．主题出版引领全国出版业潮流

2003 年以来，全国主题出版保持高质量发展的趋势。主题出版的传播力、引导力、影响力明显提高，彰显了出版在宣传思想文化阵地中的重要性，以及服务党和国家事业发展大局的作用。政府相关机构通过出台一系列的支持政策，提高国家出版基金等财政支持的资助力度，在政策层面引导主题出版的发展。国家新闻出版署出台的《出版业“十四五”发展规划》将继续发展和优化主题出版置于首要位置。

2003 年后，出版界对主题出版的认识不断深化，对出版主体而言，从开始的将主题出版工作作为一项政治任务来完成，到将主题出版作为出版主业的重要组成部分，出版机构对主题出版的态度体现了主题出版的实践发展。出版主体主动面向市场，进行选题策划，主题出版图书精品纷呈，成为当下出版社高质量发展的流量密码。最初，对大多数出版单位而言，主题出版的范围多限于政治读物层面。如今，主题出版内涵的扩展基本在行业内形成了共识，涉及政治、经济、社会和文化发展的方方面面，从政治类读物发展为关注党、国家和社会的核心问题以及满足国家重大战略需求的出版物①。理论层面的探索与核心概念的重新梳理使主题出版的实践更加丰富。总体上是以党和国家的中心工作为核心的出版业务，都属于主题出版的范畴。主题出版不仅要实现社会效益，而且通过营销创新，追寻最广的读者面、最大的发行量，成就主题出版的影响力。

主题出版活动是以重大活动、重要节庆、重要会议等时间节点作为出版时机，组织的图书策划、营销、宣传等一系列活动。习近平总书记在2018年召开的全国宣传思想工作会议上指出，中国特色社会主义进入新时代，必须把统一思想、凝聚力量作为宣传思想工作的中心环节。主题出版作为衡量出版工作优劣的重要标准，其重要性不言而喻。主题出版围绕中心、服务大局，通过出版一系列培根铸魂、启智增慧的出版精品，打造文献精编、权威读本、理论专著、通俗读物等多层次作品体系，传播和宣传党的创新理论，阐释党和政府的决策部署，为全面建设社会主义现代化国家统一思想、凝聚力量。做强做优主题出版是全国出版业的共识。

主题出版是国内出版企业、出版行业、政府管理部门所共同关注和高度重视的出版类型。作为最有影响力的出版类别，主题出版被全国各大出版集团纳入中长期发展战略，持续组织和推出主题出版的一系列精品佳作。中宣部每年组织和部署年度主题出版工作，发布当年主题出版重点出版物选题，主题出版物的出版和发行发挥着弘扬主旋律、引领主流价值观、激励人民群众奋进新征程的作用。主题出版作为出版业的核心工作，党和国家对其的导向更加清晰、政策支持力度不断提升，全国各类型出版单位发展多种创新实践，市场回应也让从事主题出版的各类主体更有信心。

2. 浙江主题出版高质量、精品化发展

20年来，浙江出版业充分认识到主题出版与出版强国建设的重要意义，在大力弘扬新时代中国特色社会主义思想方面成

① 韩建民．今天我们怎样重新看待主题出版？［N］．中华读书报，2019-05-01（6）．

效显著，迎来主题出版的黄金时代，为建设出版强省提供了坚实的文化基础。

国内第一家高校学术性主题出版研究院——杭州电子科技大学融媒体与主题出版研究院的成立，更是为浙江主题出版发展提供了理念支撑与实践引导。在 2018 年 8 月长三角主题出版论坛上，杭州电子科技大学融媒体与主题出版研究院发布了《主题出版发展报告（2018）》，该报告首次根据党的十九大报告对主题出版概念的核心内涵和外延提出了新见解，“党领导的革命文化、社会主义先进文化、中华优秀传统文化都可以纳入主题出版范畴”。这次概念内涵的解读既在理论上呼应了党的十九大报告，同时也带来了主题出版在实践上的重要突破。

此外，浙江主题出版表现出传统出版与数字出版融合、主动策划选题与政策引导融合、政府重大主题与地域特色主题融合、国内和国外两个市场相融合的特点。在出版内容、出版策划、出版载体和出版渠道上不断创新，主题出版进入全面繁荣的阶段，获得高质量发展。

改革开放以来，浙江出版界开始逐步探索适应社会主义市场经济体制的出版体制。1993 年，浙江省新闻出版局和浙江省出版总社提出“优质高效促繁荣”的工作思路，促进出版业从总量增长向优质高效转变。同时，对新华书店体制进行改革。1999 年 12 月，成立浙江新华发行集团，为发展连锁经营提供了组织保证。2000 年，浙江省新闻出版局与浙江省出版总社实施政事分开，组建浙江出版联合集团。该集团作为浙江省属国有独资出版企业，以图书、期刊、电子音像、数字出版物的出版、制作、发行为主业，兼营与出版产业相关的物资贸易、投资等业务，现有 5 家子集团、11 家出版单位，全资和控股法人单位共计 140 家，员工近 8000 人。浙江出版联合集团敢为天下先，是在全国率先全面完成体制改革的地方出版集团。

浙江是中国革命红船的启航地。在嘉兴红船上，中共一大宣告中国共产党诞生。同时，浙江又是中国改革开放先行地，是新时代中国特色社会主义思想重要萌发地。习近平总书记关于文化建设的重要思想始终引领着浙江出版业走向繁荣兴盛。不忘红色初心，牢记出版使命。浙江出版业根植丰厚的文化资源，走在前列、勇立潮头，布局主题出版、专业出版、大众出版等全出版产品线矩阵，着眼主题出版题材开发和精品出版，守正创新，着力打造知名度和美誉度兼具的浙江出版业原创产品和特色品牌，奋力展示浙江形象，讲好中国故事。

浙江大地的文化体制改革实践赋能浙江出版业，激发了出版业的活力，实现了出版业的跨越发展。浙江出版业在主题图书市场经营上广泛拓展业务，图书的质量和影响力显著提高，主题出版图书种类大幅度增长，畅销海内外市场。浙江出版联合集团年出书规模保持在 1 万种以上，图书获“五个一工程”奖、中国出版政府奖、中华优秀出版物奖、中国好书等各类国家级奖项。《之江新语》（中文版）发行近 400 万册，并出版英文、德文、西文、日文、法文等多个语种版本。改革开放之前，浙江的图书结构较为单一，图书供应远远不能满足读者需求。改革开放以来，图书出版市场迅速发展，精品图书不断涌现，新闻出版业整体水平居全国前列。

2017 年，浙江出版业出版图书 14000 余种，总印数 4 亿册，分别是 1978 年的 52.8 倍和 3.3 倍。精品图书数量倍增，《陈云家风》等 12 种图书荣获第六届中华优秀出版物奖，78 个图书项目入选“十三五”国家重点图书、音像、电子出版物出版规划，浙江科技出版社的农业科普类图书多次获得国家出版基金资助。2018 年，浙江出版集团主题出版繁荣发展，浙江人民出版社出版的《我忆邓小平》《中国改革开放全景录·浙江卷》，浙江人民美术出版社出版的《大决策：邓小平与改革开放》，浙江文艺出版社出版的“我的四十年丛书”，浙江教育出版社出版的《辉煌科技四十年》等图书进入主题出版物好书榜单。浙江人民出版社的《红船精神问答》入选中宣部第八届优秀通俗理论读物推荐活动，是浙江出版首次获此殊荣。2018 年，中宣部发布的“优秀现实题材文学出版工程”10 种图书名单中，浙江人民出版社《东方启动点：浙江改革开放史（1978—2018）》以及浙江文艺出版社《权力清单》入选[①]。2019 年，浙江出版联合集团所属出版机构立项出版庆祝新中国成立 70 周年选题 40 余种、深化社会主义核心价值观宣传阐释选题 20 余种、深入宣传阐释习近平新时代中国特色社会主义思想选题 10 余种，在北京图书订货会上广受欢迎，在当年 1 月浙版好书榜上，5 种浙江出版联合集团出版的主题出版物上榜，占比接近三分之一。2021 年，庆祝建党百年之际，全国主题出版物井喷发展，浙江出版业发掘红色资源，彰显主题出版价值，推出《红船启航》《迟到的勋章》等重点主题出版物，浙江出版联合集团推出百部主题出版物。2022 年，浙江大学出版社出版的图书《赢得未来：高水平开放的中国与世界》以国际社会当前形势为背景，阐释中国经济和改革开放政策，分析中国和世界经济的发展趋势，推动建设合作共赢、智力共享的开放型世界经济。浙江出版业壮大主题出版产品线矩阵，主办各类主题宣讲活动，努力把浙江打造成宣传习近平新时代

① 叶国斌. 主题出版，要“叫好”更要“叫座”——谈主题出版物的市场化运作［J］. 出版参考，2019（6）：9-10；13.

中国特色社会主义思想的出版高地。

3. 主题出版与出版主体优势相融合

浙江人民出版社是浙江主题出版的重镇。浙江人民出版社以“精致出版”“精品出版”“经典出版”“精准出版”为理念，将主题出版、重点出版、品牌出版作为出版社的核心竞争力。

2010 年，浙江人民出版社的销售码洋不足 1 亿元，2015 年，飙升为 4.5 亿元，利润为 2600 万元。2011 年，全国出版业在“十一五”期间基本完成了转企改制，全国 500 多家出版社面临市场的大考。“十二五”期间，浙江人民出版社坚持时政主题出版定位，立足时政题材读物市场，设立经营目标，坚持将主题出版规模化、大众化、精品化的发展思路，创新产品结构，搭建时政、财经、文史三条专业产品线，重新规划业务部门，以产品线为中心设置编辑部，开发图书市场，推出系列化、规模化的图书，形成“十二五”期间的主力产品。浙江人民出版社以不到 60 人的团队，在全国地方人民出版社中，大放异彩，持续实现市场占有率第一。2013 年推出主题出版物《之江新语》，广受读者欢迎。同年出版《大数据时代》，出版社邀请作者维克多在北京邮电大学演讲，掀起了研究数据服务的热潮。

主题出版传播党的思想理论创新成果，助推执政党执政能力与国家治理能力现代化。浙江人民出版社的主题出版产品线涵盖各个图书品种，覆盖全产品线，《“两山”重要思想在浙江的实践研究》《“两山”之路：“美丽中国”的浙江样本》《读懂“八八战略”》《红船精神问答》等涵盖理论著作、报告文学、理论普及读物等各个图书品种的主题出版物构建了主题出版的立体格局。《读懂“八八战略”》系列口袋书利于读者阅读，发行突破 300 万册；“三读”丛书共出版 66 辑，总发行近 330 万册；浙江省委宣传部组织编写的《红船精神问答》分 20 问解答相关知识点，发行 3.3 万多册，获评第八届优秀通俗理论读物，入选中组部第四届全国党员教育培训教材。浙江省纪委编写的《扯扯袖子咬咬耳朵》，以漫画为形式，活泼生动，入选中组部干部培训创新教材，发行量达 10 多万册。“党员学习参考”系列出版物，年发行量约 80 万册，累计超 1000 万册。

浙江人民出版社的出版实践显示，主题出版能够为出版业经营贡献营收和利润。该社利润结构中，主题出版物利润贡献占二分之一。浙江人民出版社每年推出主题出版物百种左右，探索出了主题出版与阅读市场相结合的出版模式。以精品主题出版物《之江新语》为例,《之江新语》收录了 2003 年 2 月至 2007 年 3 月刊载于《浙江日报》头版专栏“之江新语”的 232 篇文章，是习近平同志任浙江省委书记期间撰写的著作。2007 年，由浙江人民出版社出版，并以“之江新语”作为书名，在内部发行；2013 年，经批准重印并公开发行。该书记录了习近平总书记主政浙江时的思考，是浙江出版联合集团的重要项目。在营销思路上，首先考虑要在浙江省内形成学习的高潮，在浙江省内精准营销；借第二批群众路线教育实践活动开展之机，将《之江新语》推向市场。由出版社领导负责，在浙江省内 11 个地市进行市场开拓，在省内产生影响力之后，开拓全国市场。浙江人民出版社给全国多个省份的省委书记和组织部部长邮寄样书。当时的湖北省委主要领导在会上宣讲阅读《之江新语》的感想，并撰文刊发。湖北省图书经营机构联系浙江人民出版社订购图书。2014 年上海书展上,《解放日报》推出“解放书单”，当时的上海市委主要领导将《之江新语》列为书单榜首;《解放日报》和上海市新闻出版局的微信公众号也转载了该书单，推动了《之江新语》在上海市场的热销。2014 年上海书展期间,《之江新语》陈列于序馆主题展上，是上海书展的重点推荐图书和畅销书，每天的销售量均进入畅销榜前 20 位。2014 年 8 月,《之江新语》热销 138 万册。2018 年,《之江新语》图书发行量达 300 万册，数字资源的阅读与传播达亿次量级。在营销发行层面，浙江人民出版社发挥主题出版与主题阅读互动的优势，推进主题出版阅读，聚焦学习贯彻习近平新时代中国特色社会主义思想，整合全民阅读资源，开展丰富多样的阅读推广活动。《之江新语》的出版推动了学习习近平总书记系列重要讲话精神的热潮。浙江人民出版社面向读者市场，根据建设学习型组织、学习型政党、学习型政府的需求，将政策和政府工作议题作为重要选题资源，精选专家作者队伍，结合中央重要会议、浙江省中心工作和重要理论学习，每月一主题，组织选题计划，为浙江省公务员提供月度“三读”丛书的“菜单”。丛书每月一本，一年 12 本，每本短小精悍，五六万字，每本分“今、古、人、文、译”五大版块，摘编领导讲话、经典诗词、名言警句等。丛书受到市场喜爱，每年发行量达 60 万册。

优秀的主题出版物，高扬时代性、人民性和现实性，在市场上也具有广泛的读者群，社会效益和经济效益统一。浙江出版机构将主题出版与出版社品牌特色优势结合，科学谋划主题出版。在中宣部 2018 年重点主题出版物选题目录中，浙江人民出版社《心无百姓莫为官：精准扶贫的下姜模式》、浙江人民美术出版社《大决策：邓小平与改革开放》两种选题入选。《大决策：邓小平与改革开放》图文并茂，细节丰富，文笔亲切，史料详尽，按改革开放的时间顺序叙事，通过恢复高考、农村改革、百万裁军、“三步走”发展战略、南方谈话、开发浦东等35个视角，再现邓小平的政治智慧、全球视野，为学习革命精神和民族精神提供了样本。浙江教育出版社出版的诗集《大地的回声》，以著名诗人深入浙江安吉、淳安、磐安采风的所见所闻为灵感，用诗句作画，勾勒出一幅人与自然和谐共处的生态图景，再现两山理念在浙江实践的美好图景[①]。浙江科技出版社所出版的《浙江改革开放40年口述历史》，用故事讲解思想，使高深的理论思想易于理解；《“河长制”知识读本》，梳理总结浙江省“五水共治”的成功经验，维护河湖健康的有效措施，具实用价值。浙江文艺出版社出版的《权力清单》记录解读宁海县小微权力清单制度创建过程；“我的四十年丛书”中的《四十年四十人》《四十年来家国》《亲历中国四十年》，以微观个人史切入改革开放宏观发展史，由海内外华人和外国人讲述与改革开放相联的人生经历，全景再现改革开放40年的世界意义。

浙江出版业探索市场化经营方式如火如荼，但出版业使命和担当不变。浙江出版业不断探索主题出版的大众出版之路，把党的主张和政策、党的经验和智慧成功地传递给广大的读者传递，满足不同受众的阅读需求，凝聚社会共识和大众力量，有效提升主流价值观的传播力和影响力。

二、浙江元素的品牌建设向纵深推进

1. 浙江元素特色鲜明，主题突出

伴随着改革开放40年来，人民群众物质生活水平不断提高，文化需求不断提升，浙江持续推进出版领域改革，积极探索适应群众美好生活需要的出版事业发展模式。21世纪以来，浙江出版坚定不移沿着“八八战略”指引的路子，弘扬社会主义核心价值观和中华优秀传统文化，深化出版体制改革，进一步打造浙江出版品牌，促使浙江出版业高速蓬勃发展，出版服务水平不断提高。浙江出版业走出了一条具有中国特色、时代特征、浙江特点的发展之路。

中国共产党热血激荡的百年风华、百年历程为浙江累积了丰厚的革命文化，是浙江出版的宝贵财富和红色基因库。浙江的

① 陈菲，严红枫．浙版主题图书缘何获追捧［N］. 光明日报，2019-01-24（7）.

文化资源十分丰富，为出版事业的发展提供了鲜活而丰富的素材。浙江出版联合集团推出了“浙江文丛”《中华传世藏书》等一批重点出版精品。浙江出版业抓住重要时间节点，以庆祝中华人民共和国成立 70 周年和中国共产党成立 100 周年等重大事件为契机，推出精品佳作，创建主题出版的浙江样板。推动主题出版与全民阅读融合，促进全社会对主题出版的社会参与和全民共享。

中华优秀传统文化是中国文化的核心优势，为培育和践行社会主义核心价值观提供了重要的思想基础，为实现中华民族伟大复兴的中国梦提供了精神支撑。大力倡导全民阅读作为推进社会主义文化建设的重要途径，有助于进一步打牢传统文化根基。推动传统文化与全民阅读建设融合发展是时代所需，也是满足人民精神文化需求的必要途径①。浙江古籍出版社的“浙江文丛”是浙江历代文献首次全面整理出版，从 2011 年启动，已出版 625 册。浙江人民出版社的《浙江通史》全面叙述了浙江文明史。浙江摄影出版社的“浙江省非物质文化遗产代表作丛书”，是浙江重要的地域文化档案。浙江古籍出版社的《中国历代家训集成》入选 2016 年中宣部主题出版重点出版物；16 册《全民国词》填补中华传统诗词文献空白。浙江科学技术出版社的《近代中医珍本集》为我国历史上中医丛书之最，是新中国成立以来的中医断代之作。

2017 年，浙江出版联合集团着手建立主题出版项目库，加强扶持资助力度，推动主题出版工作。围绕庆祝建党百年重大主题，形成百种庆祝建党百年主题出版项目库，并给予 26 种出版项目以重点资金扶持。庆祝建党百年项目分别获得“十三五”国家重点出版物出版规划、中宣部年度主题出版重点出版物、中宣部“优秀现实题材文学出版工程”、国家出版基金等国家级奖项荣誉，成为浙江出版工作的标识。

2. 地域特色助力出版品牌建设

建党百年之际，浙江出版联合集团围绕党的历史发展的主题和主线、主流和本质进行策划，成规模推出系列主题出版物，有反映“红船精神”的特色项目，有党史研究、党史文献、理论专著等具有重要学术价值与文献价值的作品，有长篇小说、纪实

① 邢梦莹，黄瑚. 以中华优秀传统文化精品出版引领品位阅读[J]. 出版广角，2022（14）：21-26.

文学、报告文学等可读性强的通俗读物，还有摄影画册、连环画、音乐集等创新形式的出版物，形成了形式载体多样、内容题材丰富的主题出版丛林。浙江标识的出版物立足浙江省，阐释“红船精神”，荟萃党史研究硕果，记录党的百年奋斗历程，全景记录党的为人民服务的追求。《醒来》《红色家书》《迟到的勋章》《脊梁：共和国勋章获得者的故事》《红船故事》《国碑》《信仰的味道》《共产党宣言》《为有牺牲多壮志：动漫党史故事（第一辑）》及“长征·我是红小鬼”系列等重点主题出版物走向市场。浙江人民社出版长篇报告文学《东方启动点：浙江改革开放史（1978—2018）》，依据史料和采访，解读浙江作为改革开放先行地 40 年的变革历程，再现浙江样本的全国意义。

2021 年，浙江文艺出版社借助“红色文化进校园”的时机，推出“青少年红色文化课堂”主题教育书系，以青少年革命历史传统教育系列化、长效化为目标，挖掘红色文化铸魂育人的重要功能，用优质的故事和醇正的文学气息，帮助当代青少年建立文化自信和文化认同。推出“长征·我是红小鬼”系列，从儿童的阅读视角出发，坚持儿童在场的原则，以儿童的语言写作，出版了《嘹亮的唢呐》《小渡船》《新的力量》。出版图书的同时，浙江文艺出版社组织实施“青少年红色文化课堂”主题宣讲活动，以图书内容为基础，建立学校、图书馆等青少年党史学习教育的重要阵地，以“讲党史故事，传红色基因，育事业接班人”为目标，将作家演讲、专家讲座、编辑分享与青少年“四史”教育全方位融合，让青少年在丰富多彩的红色文化课堂中学习党史知识、传承红色血脉，推动红色文化进校园、进课堂。“长征·我是红小鬼”系列热销近 10 万册，入选 2021 年 1 月浙版好书榜、第 30 届全国图书交易博览会·少儿阅读节主题展百种图书书目、第三届“全民阅读·全国书店之选”。

浙江文艺出版社为少儿图书市场的主题出版物注入浙江地域基因，将地域特色与出版品牌融合，其“烽火少年”系列浙江元素浓郁，具有明显的浙江地域特色，分为《我的小小团》《童年的远山》《灰月亮，白月亮》3 种，依托浙江抗战的历史，表现了中华民族生生不息的精神，刻画抗战时期浙江儿童群像和英雄谱，揭露了日本侵略者在丽水实施细菌战的史实以及导致众多百姓死亡的侵略行径。浙江文艺出版社在系列童书的策划中，筛选丰富的红色文化资源，以党领导人民在艰苦的革命斗争中所产生的一系列精神文化和物质文化成果为基础，将重要的革命史实和关键事件作为故事背景，着眼全国、立足本土，并有意识地突出浙江元素，长线布局，精耕细作，系列化打造既有意义又有意思的红色主题精品童书。

浙江古籍出版社推出的《信仰的力量：浙江英烈七十人》由浙江省委党史和文献研究室编写，整理了新民主主义时期、社会主义建设时期以及改革开放以来浙江多位党员的生平事迹，展示了浙江“中国革命红船起航地”“改革开放先行地”“习近平新时代中国特色社会主义思想重要萌发地”的风采。

浙江是中国革命红船启航地，浙江出版业立足浙江省域特色，诠释红船精神，出版了《红船启航》《红船故事》《中国有了一条船》等出版物。出版物讲史、讲人、讲故事，深刻诠释了红船精神的深刻内涵，反映中国共产党的出发点、根脉和初心。浙江教育出版社推出的《红船启航》入选“十三五”国家重点出版物出版规划，该书为长篇报告文学作品，分上下卷。上卷为“红船劈波行”，再现党创建的艰难历程；下卷为“精神聚人心”，叙述嘉兴弘扬红船精神的事迹，全景展现党的红船精神。浙江人民美术出版社出版的《红船故事》是由长篇小说《红船》改编的连环画，立足“浙江是中国革命红船启航地”，以现代风格画出了 1919 年到 1928 年的中国革命史，叙述了中共上海建党、中共一大、创建井冈山革命根据地等中国共产党的历史大事件，展现了中国共产党的出发点、根脉和初心，该书入选“十三五”国家重点出版物出版规划。

浙江出版业推出了一批彰显浙江独特优势、反映新时代文化浙江建设成果的精品图书，品种丰富，涉及通俗理论、长篇小说、纪实文学、摄影画册等多种体裁。浙江少年儿童出版社的《中国有了一条船》图书为长篇诗歌作品，讲述中华文明进程中“船”的文化，从河姆渡的木船、郑和下西洋的航船到南湖“开天辟地”的游船以及海洋中的“人类命运共同体”，展现船、“红船”以及“红船精神”在中华文明及世界语境下的意义，传承红色基因。浙江人民出版社的《漫画百年党史·开天辟地》以读者喜爱的漫画方式展示百年党史，诠释不同历史时期的党史故事，书稿由党史专家严格把关质量，漫画由知名团队创作，内容生动有趣，贴近当代人的生活。

浙江大学出版社的《见证：一位农民的新中国七十年》是浙江普通农民的回忆录和个人史，也折射了国家的发展史。浙江电子音像出版社、浙江人民出版社的《脊梁：共和国勋章获得者的故事》入选中宣部 2020 年主题出版重点出版物，其以广播剧形式，讲述“共和国勋章”获得者“做隐姓埋名人，干惊天动地事”的初心故事。《迟到的勋章》是由浙江教育出版社推出的图书，由中央军委政治工作部宣传局批准立项，是纪念中国人民志愿军抗美援朝出国作战 70 周年的重点文艺作品，图书讲述“七一勋章”获得者、抗美援朝一级战斗英雄、特等功臣柴云振浴血奋战、九死一生的传奇故事，作品将第一人称的传主口述与第三人称的写作者评述形成复调，入选 2020 年中国作家协会重点作品扶持项目。

浙江出版联合集团立足浙江特色资源，出版了一系列地域特色主题出版物，《诗意栖居：在“浙”里看见美丽中国》《一片叶子的重量》《“两山”之路：“美丽中国”的浙江样本》《“最多跑一次”改革》《中国农民城》《共同富裕的中国方案》《共同富裕看浙江》等图书总结浙江省域治理的探索和实践，为高质量发展建设共同富裕示范区提供浙江例证、浙江实践，为奋斗新时代、奋进新征程提神振气的力作。浙江大学出版社的“新思想在浙江的萌发与实践”系列教材由浙江省领导干部、专家及学者主笔，内容涵盖“八八战略”、新发展理念、两山理念、乡村振兴 、“枫桥经验”、平安浙江、民营经济等专题。浙江人民出版社的《心无百姓莫为官》讲述浙江淳安下姜村致富历程，《美丽中国这样走来：浙江“千万工程”纪实》展示浙江“千万工程”取得的历史性成就，阐释其获得联合国地球卫士奖的样板意义及国际影响，《快递中国》反映新一代中国农民创业史，入围中宣部“五个一”工程。《红色引擎：非公企业党建的传化样本》以非公企业传化集团党建工作为样本，讲述党建引领企业发展的故事，是浙江建设中国特色社会主义制度优越性重要窗口的成果展示。《新时代“枫桥经验”的浙江实践》展现浙江实践，为全国各地学习推广提供参考。《“两山”之路：“美丽中国”的浙江样本》《“两山”重要思想在浙江的实践研究》为推进美丽中国建设提供样本。

3. 出版业与江南地域特色融合

浙江出版业立足主业，集中资源，探索出版业与江南文化融合。以突出“宋韵”“江南”来展示浙江历史文化。围绕彰显浙江特色、传承精神内核的目标，浙江出版联合集团推出《宋人丘壑：宋代绘画思想史》《遇见宋版书》等宋韵文化产品线以及《看见 5000 年：良渚王国记事》《五千年良渚王国》等良渚文化产品线，《二十四节气在江南》、“江南三书”等江南文化产品线，《浙东唐诗之路》《写给孩子们的唐诗之路》等诗路文化产品线等系列重点出版物，全面展现地域历史文化的特色和魅力。浙江大学出版社的“良渚文明丛书”诠释良渚文化发生和发展的历史轨迹，阐释良渚社会结构和使用玉器作为信仰载体的意识形态架构。浙江大学出版社策划出版的百科全书类系列图书“中国历代丝绸艺术丛书”以丝绸艺术为研究对象，精选专业作者队伍和世界各地的丝绸文物，整理展现了汉代后中国丝绸的艺术发展、影响因素以及文化意义。

同时，浙江出版业立足本土改革开放实践中涌现的先进典型人物，出版《陈立群：我在苗乡当校长》《鲁冠球：一位中国农民、改革者、企业家的成长史》《改革先锋谢高华：一个勇于担当的共产党人》《共同富裕看浙江》等反映浙江籍人士进取精神风貌的重点出版物，让优秀传统文化基因与时代精神同频共振、相得益彰，以浙江“重要窗口”来描绘新时代共同富裕的美好蓝图。浙江文艺出版社《改革先锋谢高华：一个勇于担当的共产党人》记录了义乌县委书记谢高华生平经历和推动开办义乌小商品市场等主要事迹，彰显了勇立潮头的浙江精神。《陈立群：我在苗乡当校长》入选2021年度国家出版基金项目，讲述“时代楷模”陈立群在贵州支教的故事，讲述共产党人迎难而上，不惧艰辛的“扶贫战”，对全面建成小康社会具有重要启迪价值。

三、数字出版产业链完成整体建构

1. 浙江出版业搭建出版数字产业链，完善出版整体架构

进入21世纪以来，浙江省出版业综合实力跃上新台阶，高质量发展特征明显，出版产业数字化转型升级加快。乘着改革开放的东风，浙江出版逐步做大，专业出版社相继成立。1983年，浙江省出版总社成立。2000年，浙江出版联合集团正式挂牌成立，所属出版单位做大做强，出版图书、期刊、音像、电子、数字等多种出版物，涵盖编辑、印刷、发行、物资供应、投资等全产业链的发展格局。浙江出版联合集团组建的博库数字出版传媒集团，内有天下网商、博库图书电商、火把知识服务平台，已成为全国拥有多牌照资质的数字出版探路者。

在互联网风起云涌的时代，数字化已大量运用于出版业。传统纸质出版向数字出版转型，已成为改革的重要方向。主题出版也不例外，“互联网+主题出版”已成为浙江主题出版的新发展趋势。坚守主题出版特色的浙江人民出版社，将融合出版视为发展战略的一部分，策划覆盖多种媒介形式的新产品。浙江人民出版社专门设立了数字事业部，要求所有图书必须上架电子版，以专门的团队开发数字化阅读产品。改造二维码，开发集购书看书、评书、听书一体的平台，浙江人民出版社还聚集队伍，开发多项数字出版工程。2018年，浙江人民出版社推出《中华传世藏书》，共166卷，依托全国百余位古籍专家，选收690余种中国传统典籍，总字数逾两亿。利用大数据、AI辅助技术进行自动点校、自动对比、自动排版，经一百多位专家审读和出版社

的四审四校，为数字出版工程量之最，也是国内首套简体横排点校的古籍。同时，浙江人民出版社投入力量，开发国学数据库，共 20 多亿字。浙江电子音像出版社出版的《八一军旗红：少儿动漫军史故事》以动漫讲述军史，以庆祝中国人民解放军建军 90 周年和中华人民共和国成立 70 周年，用 VR 虚拟影像还原我军历史上一系列重大的历史事件和相关战役。VR 书、有声书等新技术正在推动浙江出版走向更广阔的市场空间。

浙江出版业创新图书形式，推出新技术融合产生的新产品，充分调动多媒体的呈现形式和营销渠道，与知识付费服务等不断更新迭代的互联网传播深度结合，开创出版的新格局。浙江文艺社开发有声品牌“桃子姐姐讲故事”，浙江主题出版借力有声品牌，加强与革命圣地、旧址、纪念场馆的合作，推进“青少年红色文化课堂”进革命圣地、进纪念馆，适时适地开展宣传活动，将物质文化和精神文化结合起来，全方位、立体化地向青少年展示红色文化，为红色基因的传承添砖加瓦。

思想引领时代，知识服务用户。从品种匮乏到门类繁荣，从传统图书到多元形式的图书产品，浙江出版业不断完善图书结构，搭建出版数字产业链。浙江教育出版社在 20 世纪 80 年代出版的精品图书《中国少年儿童百科全书》为四卷本，集中了 500 多位作者，历时 5 年完成。上市后，重印 40 余次，总印数 300 多万套。浙江教育出版社的新版《中国少年儿童百科全书》，紧随技术潮流和时代需求，以视频、音频、H5（第五代超文本标记语言）等技术，将平面文字知识以多元的方式呈现给读者，搭建少儿学科知识框架。

《2020 年浙江省全民阅读报告》显示，2020 年浙江成年居民的人均阅读量达到 10.14 本，比 2019 年增加 0.35 本；每天阅读时长在 1 小时以上的人数占比为 31.73%。浙江民众阅读素养提升，离不开优质公共服务的支持。2020 年，浙江图书馆等浙江省内各公共图书馆联合开发的“浙江省文献信息资源共建共享平台”开通。1127 万条县级以上公共图书馆的书目数据在这个平台聚合，实现一站检索浙江省内文献信息资源，实现浙江省公共图书馆数字资源的整合与共享。讲堂、出版文创相融合，通过出版业与其他文化产业的互动融合，提高出版的文化价值。

浙江出版业的发行活动与全民阅读政策相融合，不断提升公共服务能力，数字出版与数字阅读全面发展。农家书屋、农村出版物发行小连锁等工程建设不断深入。浙江全民阅读节、西湖阅读节等活动的举办助力出版物的市场开拓。2017 年，浙江省城乡公共阅报栏（屏）7670 个，其中传统阅报栏 5230 个，电子阅报屏 2440 个，农家书屋 22363 家，农村出版物发行小连锁

488 家。浙江出版联合集团与浙江日报报业集团在浙江省内联合发起的“新青年说”大型融合主题阅读活动，借助主题图书探寻党史和家史，将个人回忆汇聚为群体的记忆，展示时代的沧桑巨变。优秀的出版物紧跟时代、反映时代、记录时代。出版业的高质量发展离不开拥抱新的数字技术。

技术进步使得图书出版走向富媒体出版。网络文学与移动智能技术飞速发展催生出庞大的数字阅读市场。数字阅读带来 VR 以及 AR 沉浸式体验，催生了出版业的崭新生态，从传统图书阅读到电子书阅读，到听广播剧等音频，出版的对象从纸质图书到数字产品，从平面走向立体多元。视听小说能读、能看、能听、能交互。点击终端对话框，作品中的人物从虚拟走向现实，与读者对话。《2020 年度中国数字阅读报告》显示，当年中国数字阅读行业市场整体规模为 351.6 亿元，用户规模为 4.94 亿。浙江省数字阅读用户规模达 2658 万人；数字阅读市场营收规模达 37.17 亿元，占全国市场的 10.6%。而《2020 年浙江省数字阅读报告》显示，浙江数字阅读用户人均电子书阅读量达到 9.7 本，人均有声书阅读量为 6.1 本，每天阅读电子书的用户占比逾 7 成。

新技术使得读者、书店、出版业与社会的连接更加紧密，构筑出新的产业生态。浙江省内各出版机构与时俱进，探索出版产品和服务的数字化营销。为开拓图书市场，浙江出版业以出版服务和产品为纽带，打造涵盖知识生产、营销、发行的全产业链服务平台。参加传统书展外，浙江出版业连续多年举办浙江书展，集合多家出版发行机构和各类图书，集中展示浙江出版的精品力作。浙江出版社与时俱进，运营新媒体，开设微博账号、微信公众号账号以及豆瓣账号。浙江文艺出版社是国内地方出版社中短视频平台直播成绩卓然的急先锋。2022 年，浙江文艺出版社网络直播 43 场，场均直播 3—4 小时，在热门短视频平台推动动漫图书销售，《灌篮高手》《七龙珠》《雪中悍刀行》是其直播间热卖产品。浙江文艺出版社的直播场均销售额近 5 万元。

2. 出版消费线上线下加速融合

出版消费线上线下加速融合是不可阻挡的趋势。图书消费零售额和利润贡献的主阵地由传统书店走向网络书店以及网络营销渠道。对标数字出版融合趋势，以营销模式创新为引领，浙江各出版社优化资源，精耕细作线上销售，加速数字化转型升级，采取“直播带货”“社区社群团购”等营销方式开拓出版市场。同时，举办面向渠道商的在线“云荐会”，打破时空局限，突破服务渠道，更好地服务经销商，打开了线上线下双循环营销新局面。

近 3 年来，受疫情的影响和网络渠道的挑战，新华书店经营面临困境。浙江新华书店有限公司优化内外资源配置，适应市场新发展，对旗舰店购书中心升级改造，组织文化品牌阅读活动，增加用户黏性，实现更优更好发展。2009 年，浙江出版联合集团组建数字出版专门机构，成立全资子公司——浙江出版集团数字传媒有限公司。2019 年，博库网络传媒集团、浙江省期刊总社、浙江电子音像出版社、浙江出版集团数字传媒公司等机构整合组建博库数字出版传媒集团，为浙江出版业增加数字生力军。该集团依靠 4 家单位累积的市场优势，下设博库网、博库书城、海宁博库、湖北博道、浙江省期刊总社、浙江电子音像出版等子公司，各类从业人员 1000 余人，建立了知识服务型平台及新媒体矩阵，依托大数据，以电商渠道、知识服务型平台、“数字 +” 出版为三大业务板块开展业务。展望未来，浙江出版行业将以传统业务融合电商业务为基础，以数据和内容为资源，以新技术为驱动，打造 “数字 +” 出版、新媒体矩阵和综合性的覆盖全域的知识服务平台，实现出版业与其他文化产业的高度融合。

四、浙江出版“走出去”双向发展

1. 浙江出版“引进来”和“走出去”

进入 21 世纪以来，浙江出版业规范有序繁荣发展，市场主体得以确立，逐渐形成了浙江出版联合集团为龙头，社团出版社、大学出版社共同繁荣的发展格局。浙江对外出版贸易富有成效。随着出版转企改制活动迅猛发展，浙江出版业大力实施 “走出去” 战略，积极打造出版品牌，参与法兰克福书展、伦敦书展、华沙书展等全球多个重要书展，组织对外出版精品生产，扩大浙江文化和中国文化在世界的影响力。

浙江出版 “引进来” 和 “走出去” 双向互动格局形成。引进版权图书规模扩大。图书产品和服务是文化交流的重要媒介，图书可以展示东道国和来源国的合作成果。“走出去” 图书覆盖面广泛，涵盖主题出版物、社科出版物、中华文化出版物、文艺出版物、少儿出版物。主题出版物力求阐释中国理念，解读中国经验和价值观点，体现当代中国社会经济、社会、文化、学术的创新成果，让外国读者感受到中国共产党为建设国家和发展经济的不懈努力，从思想、道路、制度、文化、党建等角度，深刻探索、系统阐述中国特色社会主义、中国治理的内在逻辑和成功奥秘，阐释中国共产党的治国理政特色和中国国家治理体系的显著优势，充分体现中国共产党为推动构建人类命运共同体、促进人类和平与发展事业贡献的中国智慧和中国方案。

2. 浙江出版业以精品力作推动出版高水平“走出去”

浙江出版业积极探索数字融合，大力推动主题出版国际化传播。浙江出版联合集团持续推进“溯源铸魂”主题出版工程，做好习近平新时代中国特色社会主义思想阐释及海外出版推广工程，《之江新语》是浙江人民出版社的代表性主题出版物。浙江是习近平新时代中国特色社会主义思想的重要萌发地，《之江新语》对研究习近平新时代中国特色社会主义思想意义重大，对发展中国家具有启示和借鉴价值。浙江人民出版社在全球启动《之江新语》大规模多语种翻译工程，组织推出英文版、西班牙文版、法文版、德文版、日文版等 20 个语种。浙江人民美术出版社出版中文版《蒙克全集》，挪威国王和王后亲临新书发布仪式，对于促进中挪文化交流产生了积极影响。浙江文艺出版社推出的“外国文学名著精品”丛书，热销 30 年。浙江摄影出版社推出的“摄影生涯与传世佳作”系列，获得了世界顶级摄影大师的作品授权。浙江少年儿童出版社引进海外版权的“冒险小虎队”系列累计销售逾 2500 万册。

浙江出版业加强国际合作，在作者队伍建设上，挖掘国内和国外作者队伍。浙江文艺出版社年度排行榜的上榜作者来源既包括国内知名作者，也包括南美、欧美国家的外国作家，2008 年，出版阿根廷作家博尔赫斯作品 8 种；2013 年，出版美国作家费雷德曼作品 14 种；2014 年，出版英国作家加德纳作品 6 种；2015 年，出版美国作家欧什内克作品 8 种；2016 年，出版美国作家菲兹杰拉德作品 11 种。伴随网文出海的兴盛，浙江文艺出版社运营图书作品的原创版权，推动出版“走出去”。2014 年，浙江文艺出版社实施“麦家作品全球推广计划”，推动名家名作的海外输出，麦家作品《解密》的英文版本在美、英等 35 个国家上市。之后，又推出王旭烽的“茶人三部曲”系列俄语版并进行海外推广。浙江文艺出版社通过推动头部作品“走出去”，增加作品的海外影响力，畅销小说《甄嬛传》《芈月传》向欧美国家和“一带一路”周边国家输出多项版权，同时展开全产业链运营，实现影视热播剧与图书的互动，打通出版、影视、漫画、游戏、戏剧等各类媒介的壁垒，以大 IP（智力成果权）模式引领市场潮流。浙江人民出版社在莫斯科书展上推出《少林功夫》俄文版，受到俄罗斯读者的喜爱，并拉动太极拳、年画等关联图书的销售。

在图书销售网络上，浙江出版业积极在海外投资拓展业务，加强海外网络建设。浙江少年儿童出版社在《创造力：孩子成长的第一要素》图书出版后，与芬兰创造力专业培训机构合作，组织中国和芬兰两国儿童多次验证，形成了“创造力”训练开发理想方案。图书成功对外输出版权，芬兰语版和瑞典语版图书同步推出。浙江出版联合集团与美国百胜书店合作的博库书城网络书店在美国落地；其与《欧洲时报》合资在法国巴黎建立的东方书局也开始出版业务的运作；其与“一带一路”周边国家加强合作，在马来西亚600多所华文学校落地海外中小学移动数字图书馆项目，出版中国古典文学四大名著马来译本。

改革开放以来，浙江出版业勇于创新，与时俱进，展现出版的担当和使命，为中华民族伟大复兴，为文化浙江建设，凝聚强大的精神动力，提供丰厚的文化滋养。浙江出版业以国家顶层设计为指导，结合出版社自主策划，出版了一系列贴近时代脉搏，讴歌时代精神的精品力作，通过弘扬中华优秀传统文化、传播革命文化、建设社会主义先进文化，引领社会进步，坚定理想信念，完成了从出版大省到出版强省的建设，出版市场繁荣兴盛，谱写了浙江出版的新时代华章。

图书在版编目（CIP）数据

图说二十年："浙江出版"发展现状与趋势研究 / 何成梁等编著. — 上海：上海教育出版社，2024.12.
ISBN 978-7-5720-2930-1

Ⅰ. G239.275.5

中国国家版本馆CIP数据核字第2025YE2028号

责任编辑　余　地
封面设计　陆　弦

TU SHUO ERSHI NIAN："ZHEJIANG CHUBAN" FAZHAN XIANZHUANG YU QUSHI YANJIU
图说二十年："浙江出版"发展现状与趋势研究
何成梁　等编著

出版发行　上海教育出版社有限公司
官　　网　www.seph.com.cn
地　　址　上海市闵行区号景路159弄C座
邮　　编　201101
印　　刷　上海展强印刷有限公司
开　　本　787×1092　1/16　印张 16
字　　数　290 千字
版　　次　2025年2月第1版
印　　次　2025年2月第1次印刷
书　　号　ISBN 978-7-5720-2930-1/G·2593
定　　价　168.00 元

如发现质量问题，读者可向本社调换　电话：021-64373213